Dionysus' Place
Tra arte e teatro dagli anni Settanta agli anni Duemila

Ernesto Jannini

postmedia●mono

Indice

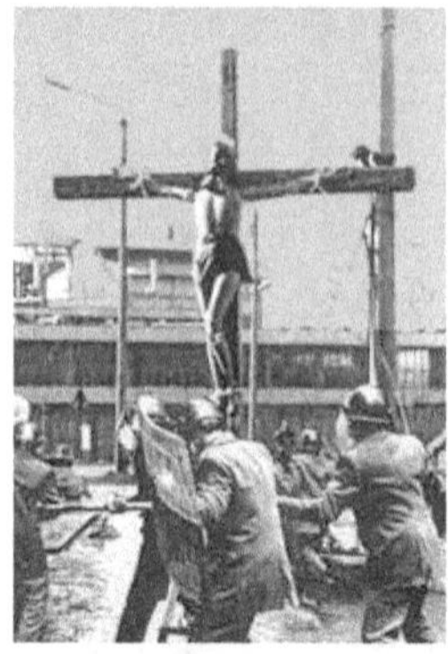

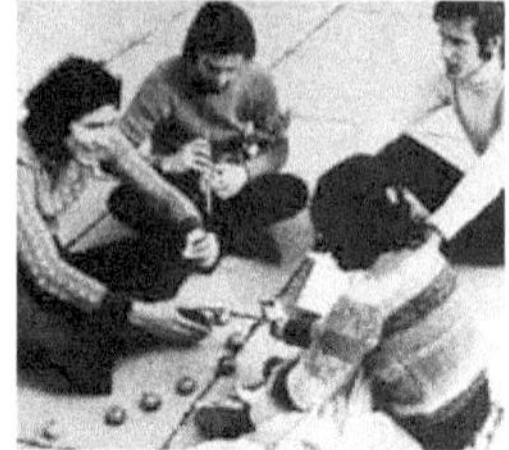

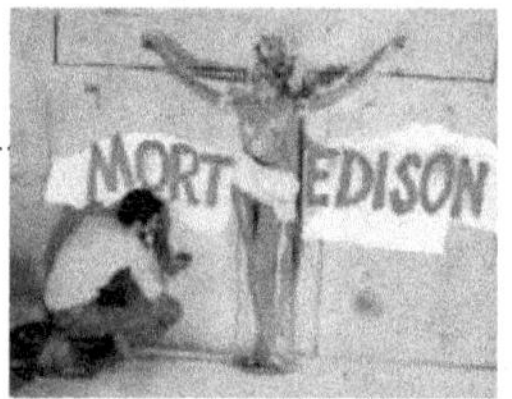

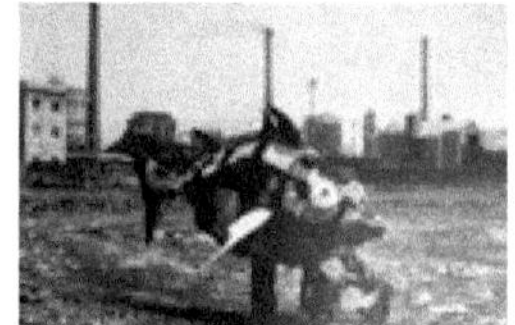

Dionysus' Place. Tra arte e teatro dagli anni Settanta agli anni Duemila
di Ernesto Jannini
a cura di Cristina Casero

© 2021 Postmedia Srl

Book design Porzia Milani

www.postmediabooks.it
ISBN 9788874903061

Dionysus' Place

Ernesto Jannini
La memoria come fertile rivisitazione

prefazione di Cristina Casero

Tra le pagine di questo volume scorre un ricco, articolato e lungo racconto che Ernesto Jannini ha costruito con grande attenzione e con una partecipazione talmente profonda, così radicata nella sostanza del suo fare, che credo possa essere inteso alla stregua di un compiuto autoritratto. D'artista, indubbiamente, ma anche di uomo, di intellettuale *tout court*.

Un racconto fondamentalmente autobiografico, dunque, ma al contempo di ampio respiro, che sa tradursi in un affresco, per lacerti, del panorama artistico che si delinea intorno ad alcune delle più interessanti istanze nell'Italia degli ultimi decenni; un monologo che si anima proprio nel confronto, anche quando a distanza sempre serrato, almeno sul piano delle corrispondenze ideali, con alcuni dei protagonisti della scena culturale italiana, e in particolare napoletana. In questo percorso della memoria, una continua rivisitazione del passato che torna ad essere in questo modo vividamente presente, attivo, innervato di una intensa carica propulsiva, la narrazione si apre, si dilata, su più fronti, a più livelli. Il testo raccoglie, anzitutto, in un vivido alternarsi di registri di scrittura, contributi di differente tipologia e di diversa origine: alcuni testi redatti in passato, ora qui organizzati in un tessuto che dà loro inedite sfumature di significato, accanto a testi appositamente stesi, che portano in sé una stratificazione di letture, poiché sono il frutto di uno sguardo che, rivolgendosi al passato, non solo lo legge con maggiore consapevolezza, ma lo reinterpreta, gli dà nuova linfa, diventando, esso stesso, un 'atto creativo'.

> *Sono sempre più convinto che ricordare [...] costituisca l'occasione per rimettere in circolo le energie che in alcuni momenti della vita abbiamo avuto la fortuna di condividere con gli altri. [...] Ricordare è una continua rielaborazione del mio orientamento culturale e spirituale; lo considero un esercizio prezioso col quale ricostruisco gradualmente la realtà degli eventi che ho vissuto. Così facendo compio un atto creativo, al quale non posso mai mettere la parola fine[1].*

Ciò che emerge dalle parole di Jannini è una ampia riflessione personale, colta, poiché condotta anche sulla scorta di molte letture (classici del pensiero sull'arte, ma non solo, e più aggiornati interventi). Essa però si intreccia, in continuo, con il resoconto puntuale, con la restituzione di fatti, a volte di grande interesse, perché aiutano a ricostruire un quadro più esaustivo del panorama culturale in cui Jannini per quasi cinquant'anni si è mosso. Una miniera di informazioni, mai appiattite però sul registro della cronaca. Al centro di questa appassionata testimonianza sono i temi che da sempre stanno a cuore all'artista e che costituiscono il 'fil rouge' del suo fare in tutta la lunga carriera, le cui tappe sono ben scandite nel libro, impostato cronologicamente per decenni. Con chiarezza si evidenzia, anzitutto, uno dei tratti caratteristici della personalità dell'autore: il ruolo fondante che per lui assume il teatro, una pratica intesa nei termini di una esperienza condivisa, di arte agita, di partecipazione attiva; una esperienza che spinge l'artista all'autoanalisi, a mettersi in gioco in prima persona, nell'esercizio concreto dell'azione. Una tensione, questa, che innerva il percorso di Jannini sin dagli esordi e che si riflette nella viva istanza performativa della sua prassi artistica, evidente sin dall'esperienza degli *Ambulanti*. Un aspetto che, in occasione della partecipazione alla Biennale di Venezia del 1976, aveva colpito Enrico Crispolti che in catalogo include il gruppo di Jannini[2] nella sezione della "partecipazione spontanea", "il primo concreto approccio con il 'partner' sociale che l'operatore culturale, fattosi dunque 'cooperatore', ottiene appunto secondo un modo semplice e immediato, spontaneistico", privilegiando "il momento della liberazione creativa, sia in modo del tutto spontaneistico e quasi orfico (ma con profondi riscontri ancestrali d'ordine antropologico), sia in modo invece di recupero e rapporto con contenuti culturali tipici e ancestrali, e metodologie operative delle culture materiali locali (tentando alla ricostruzione di strutture che le risarciscano)"[3].

Se la concezione dell'arte in stretta relazione con il tessuto sociale si pone sin dagli esordi come il perno intorno a cui si coagulano tutte le spinte creative di Jannini, è ovvio che egli lavora da sempre sulla relazione, nella relazione, e tale dialettica è restituita nella scrittura di questo volume, in una trama che si dipana intorno a una serie di rapporti, sempre forieri di stimoli e suggestioni. Jannini è d'altro canto un artista che guarda con profondo interesse al reale che lo circonda e tale attenzione resta elemento tipico di tutta la parabola della sua carriera: infatti, quell' 'engagement' politico che sostiene gli interventi degli anni Settanta, non viene mai a mancare nemmeno nei decenni seguenti, quando l'autore si interessa con acume e interesse alle trasformazioni del mondo contemporaneo, seguendone le spinte innovative e usando 'reperti tecnologici' in guisa di materia espressiva. Infatti, il percorso di Jannini, al di là delle apparenti cesure, procede di fatto senza una vera soluzione di continuità, nonostante evidenti stacchi sul piano linguistico e su quello espressivo. Muovendosi disinvoltamente attraverso differenti media, egli pratica la pittura e la scultura, spesso declinate in accezione installativa, tenendo sempre alta la tensione al colloquio con lo spettatore, chiamato a partecipare all'esperienza estetica in una chiave che non può più essere meramente contemplativa, invitato a condividere la proposta dell'artista, che sempre va oltre il confine dell'arte stessa, restando radicata nel presente che, con tutte le sue 'fluttuanti' contraddizioni, resta un fertile campo di azione. Da esso Jannini raccoglie non solo suggestioni ma pure materiali, prelevando gli elementi con cui dà vita ai suoi lavori.

Sul piano artistico io mi spingo a compiere questi tentativi di composizioni di frammenti di realtà visiva che scorrono continuamente sotto gli occhi: agisco in una direzione di equilibri fluttuanti, in cui la stasi non è definita una volta per tutte. Volendo estendere questo modello interpretativo alla comprensione della dinamica dell'azione sociale, sono portato a pensare che questi equilibri fluttuanti potrebbero essere intesi come tentativi, già in atto del resto, di convivenze tra culture differenti, sistemi di pensiero e sensibilità opposte. Se accetto l'idea di equilibri fluttuanti, non posso pensare ad un processo puramente addizionale: per esempio una cultura che si somma ad un'altra, piuttosto ad un processo teso alla reciprocità, alla conservazione della propria identità in un percorso di reciproco potenziamento[4].

Se sin dalle esperienze giovanili, per Jannini la pratica artistica non si irrigidisce in schemi linguistici, ma si coniuga con un forte desiderio di implicazione nel reale, diventando esperienza etica, ugualmente cogente è per lui la necessità di una profonda consapevolezza sul piano teorico. La compromissione diretta con la realtà sin dal primo momento, infatti, si coniuga con una intensa propensione al riflettere, sebbene egli non si ponga mai in una postura distaccata o concettuale. La prassi è sempre innervata da un pensiero cristallino, il cui sviluppo scorre non parallelo ma convergente rispetto all'azione. E tale intreccio, che attribuisce alla ricerca dell'autore uno spessore di grande significato, si rispecchia anche nella struttura stessa di questo libro, nel quale il racconto testuale dialoga con una narrazione per immagini, che non ricopre certo un mero ruolo illustrativo rispetto alla parola scritta. In questo dialogo diretto tra parola e immagine emerge in tutta la sua complessità il senso di un cammino ormai pluridecennale, sempre percorso all'insegna dell'obiettivo, tipicamente avanguardistico, di unire l'arte alla vita.

1. Jannini E., *Palestre di vita. Omaggio a Gennaro Vitiello*, Ombre Corte, Città di Castello 2017, p. 15.

2. Il gruppo *Human Power Ambulante*, coagulatosi intorno a Crescenzio Del Vecchio, oltre a Jannini vede la partecipazione di Marta Alleonato, Carlo Fontana, Annamaria Iodice, Claudio Massini, Silvio Merlino, Roberto Vidali e Giuseppe Zevola.

3. Crispolti E., *Italia*, in *La Biennale di Venezia 1976. Ambiente, partecipazione, strutture culturali*, Edizioni 'La Biennale di Venezia', Venezia 1976, vol.1, p. 108.

4. Rimando al capitolo 04.2 *Poligono d'appoggio.*

Dionysus' Place

Introduzione

A seguito della mostra del 2018, inaugurante l'opera site specific *Dionysus'Place*, da me realizzata nel foyer del teatro Pacta di Milano, ho colto l'occasione per fare il punto sul mio rapporto col teatro, passato e presente. L'esperienza teatrale, infatti, - anche se circoscritta a determinati periodi - ha avuto una ricaduta significativa sul mio percorso artistico. In verità mi sono sempre mosso tra arti visive, scrittura e teatro. Pertanto, per mettere nero su bianco, esortato anche da carissimi e autorevoli amici, mi sono deciso a raccogliere i miei scritti elaborati per convegni, riviste cartacee e on line, cataloghi e pamphlet di mostre personali e appunti vari. Da tutto ciò si potrà scorgere le sinergie intercorse tra la mia attività artistica primaria e il teatro, che ho frequentato e che frequento, oltre alla scrittura critica e il mio interesse per altre discipline. Il lettore si troverà davanti un composto variegato, più simile ad un collage; in parte disomogeneo, dovuto al fattore tempo, ai contesti e alle differenti tematiche trattate.

Si parte dagli esordi, per sottolineare l'importanza che hanno avuto gli anni Settanta nella mia formazione umana e culturale. In merito a questo periodo, ed anche ai successivi decenni, ho ritenuto opportuno inserire alcune riflessioni avvenute anche a posteriori, ma che, per motivi tematici, ho preferito affiancare al momento storico preso in esame.

Il fattore tempo, che incide su tutto, mi ha spinto a rivedere alcuni orientamenti del mio pensiero, depurandoli e incrementandoli. Nel contempo ho cercato il più possibile di essere critico con me stesso e con coloro che ho avuto l'opportunità d'incontrare. Naturalmente non credo di essere esente da contraddizioni, che a mio avviso, nel bene e nel male, rappresentano il segno di quella irrequietezza dovuta alla rivisitazione continua delle proprie premesse di pensiero e di azione.

Sono persuaso, infatti, che la 'ricerca' vada di continuo sostenuta da un bisogno di conoscenza, che poi è tensione alla realizzazione di sé condivisa con gli altri, in un percorso di verità; ma quest'ultima, come recita un vecchio aforisma, non è mai data a priori: è un sentiero che si fa percorrendolo.

E dunque, a ben vedere, devo riconoscere che ancor prima di compiere una significativa esperienza come attore, nei lontani anni Settanta, il 'teatro' era, in un certo senso, già presente in me, quando abitavo sulle colline di Capodimonte a Napoli.

Ognuno di noi ha avuto, ed ha, il suo 'palcoscenico', il contesto sociale antropologico nel quale ha agito, si è formato e si forma. Ebbene su queste colline, allora ancora dominate dalla campagna, ma poi lentamente massacrate dalla speculazione edilizia, insieme ai miei fratelli ed amici, iniziavo a crearmi il mio 'teatro personale', fatto di partite di pallone nei campi sterrati senza un filo d'erba, o a trascorrere ore con la palla tra i palazzi giocando ai semplici 'passaggi' o, durante le festività natalizie, a far rimbombare sulle pareti esterne delle case 'botti a muro' e 'tracchi'. Era l'età della coscienza felice, in cui s'ignora che le cose nel mondo si muovono seguendo leggi e volontà degli uomini, i quali sono sempre 'attori', artefici del loro destino, che modellano la realtà creando sfaceli o magnificenze. Ora, da queste poche parole, lascio intendere che la mia idea di teatro rientra, per così dire, in una concezione 'allargata'; nel senso che la vita stessa in tutte le sue variegate espressioni si è sempre presentata ai miei occhi come un 'gran teatro'. Del resto tutti sanno che per ragioni storiche, culturali, antropologiche, a Napoli, la città in cui sono nato e vissuto fino al 1979, il teatro si manifesta di continuo. Non parlo dell'aspetto folcloristico con cui troppo spesso si tende a stereotipare la realtà partenopea: il che è francamente insopportabile. No! Mi riferisco, senza incorrere in campanilismi inopportuni, all'energia creativa che è circolata in questa città e che fa di ogni singolo abitante, a suo modo, un 'attore'; almeno fino a quando non sono subentrati dei mutamenti radicali che ne hanno modificato il volto: cioè fino a quando, poi, "i napoletani hanno smesso di recitare"[1].

Ora, ad essere precisi, la mia storia partenopea, è antecedente al terremoto del 1980, anno in cui già ero di stanza a Como e Milano, lontano dalla Terra Felix, oggi drammaticamente trasformata in *Terra dei fuochi*. Goffredo Fofi, nella prefazione dell'interessante libro di Stefano De Matteis sopra citato in nota, ci avverte che a Napoli "questa mutazione è avvenuta più lentamente che altrove, e la vera svolta è stata quella del terremoto del 1980, la data che ha approssimativamente segnato la scomparsa di un ceto e della sua cultura. Non più 'cultura del vicolo', narrata in teatro da Raffaele Viviani, perché il 'proletariato marginale' ne è stato in buona parte espulso e la parte che vi è rimasta sembra essersi maggiormente adeguata – anche per le costrizioni della sopravvivenza – a una morale non più ambigua e ricca e complessa, consolidata nei secoli, ma affine a quella della piccola borghesia più insicura o a quella della piccola (o grande) criminalità".

Il 'teatro' che io ho vissuto non era quello dell'attuale movida, del B&B e dell'invasione turistica in via Tribunali e in tutti i decumani. Era, in quegli anni, il teatro dei fermenti, neanche quello di Antonio Bassolino che con la 'sua arte' è venuto dopo, agli inizi dei Novanta, paventando un nuovo rinascimento napoletano[2], ma quello vissuto tra gli anni Sessanta e Settanta che spinse gruppi, singoli, associazioni, collettivi, intellettuali, a sperimentare un tipo di cultura alternativa proprio durante gli anni più duri dal punto di vista sociale e politico. Il mio percorso formativo si svolgeva – per dirla con Edmund Husserl – da un lato in immersione totale nel 'mondo della vita' e dall'altro nel mondo della rappresentazione creativa e interpretativa. E il mondo della vita a Napoli, pur con le sue secolari contraddizioni sociali, antropologiche e politiche, è ricchissimo di stimoli culturali e umani. Quindi, per essere ancora più precisi, la

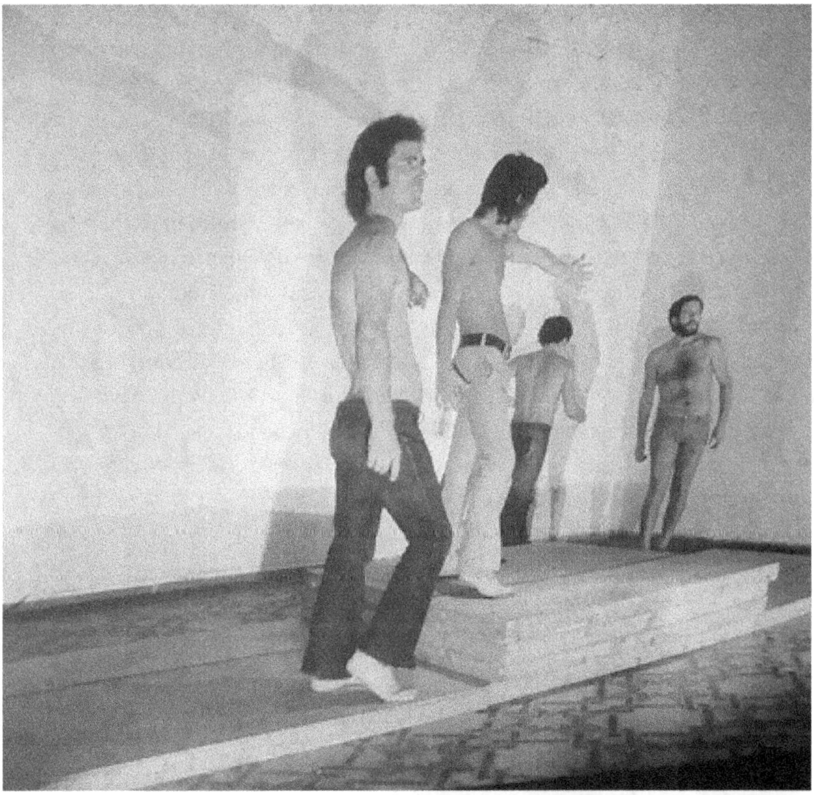

Teatro Libera Scena Ensemble, *Prove
dell'Empedocle*, 1973. Laboratorio di Torre
del Greco (Ernesto Jannini, Silvio Merlino,
Mario Salomone, Giuseppe De Nubbio)

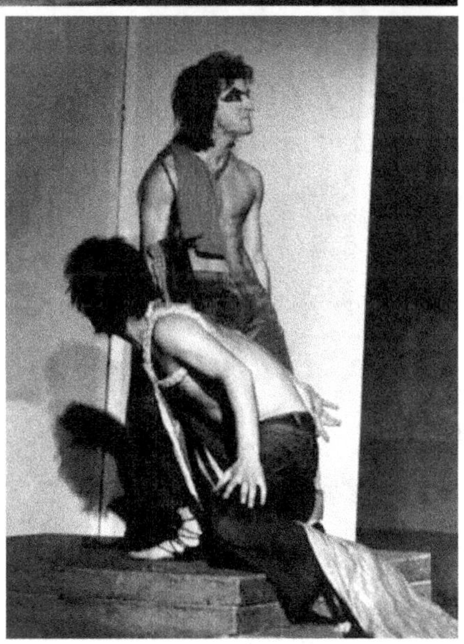

Teatro Libera Scena Ensemble, *La morte di
Empedocle sull'Etna,*1973. Ernesto Jannini
(di spalle) e Silvio Merlino

mia formazione umana e culturale è in debito, su 'due fronti', proprio con il teatro; da un lato, il 'teatro sociale', tragico, delle periferie urbane, nell'accezione 'allargata' di cui sopra, nel cui tessuto m'immersi con più coscienza grazie ai laboratori di animazione che Riccardo Dalisi[3] andava avviando nel Rione Traiano, nella zona a sud ovest di Napoli, insieme ai suoi studenti di architettura, che incominciai a frequentare insieme ad altri artisti; dall'altro lato, l'incontro con Gennaro Vitiello, geniale regista del teatro Esse, che proprio in quegli anni diede vita ad una nuova compagine, la Libera Scena Ensemble: e quindi teatro vero e proprio con una personale e proficua esperienza come attore[4].

Questi 'due fronti' si sono, per così dire, uniti, ed hanno prodotto una significativa ricaduta sul piano della mia operatività artistica dagli anni Settanta, (a partire dal 1975, anno di formazione del gruppo degli *Ambulanti* approdato alla Biennale di Venezia del 1976), fino ad oggi, che mi vede spesso impegnato, oltre ai momenti espositivi, in 'pièce', performance o collaborazioni alle scenografie dei miei amici attori e registi del teatro Pacta di Milano; ma di quest'ultimo riferirò più avanti. Invece, per quanto riguarda i primi significativi esordi artistici degli anni Settanta, ho già avuto varie occasioni per parlarne e scrivere[5]. In particolare ci tengo a ricordare il recente convegno curato da Lucilla Meloni al Macro Asilo di Roma nell'autunno del 2018. La mia relazione sul gruppo degli Ambulanti, messa agli atti, è riportata integralmente nel capitolo successivo.

Dunque si parte da Napoli, inevitabilmente dagli 'sconfinati' anni Settanta[6] vissuti tutti di un fiato. Naturalmente in quegli anni i nostri interessi erano molteplici, non soltanto circoscritti al campo delle arti visive. Si discuteva di tutto, specialmente nell'ambiente dell'Accademia di Belle Arti in via Costantinopoli. Sulle spalle avevamo ancora l'alito caldo del Sessantotto. E dunque, come sopra accennato, in quel periodo iniziai a frequentare alcune personalità di grande spessore culturale: l'architetto Riccardo Dalisi, Leonardo Rossi[7], mentore ed amico fraterno, il già citato regista Gennaro Vitiello, Vitaliano Corbi, Giuseppe

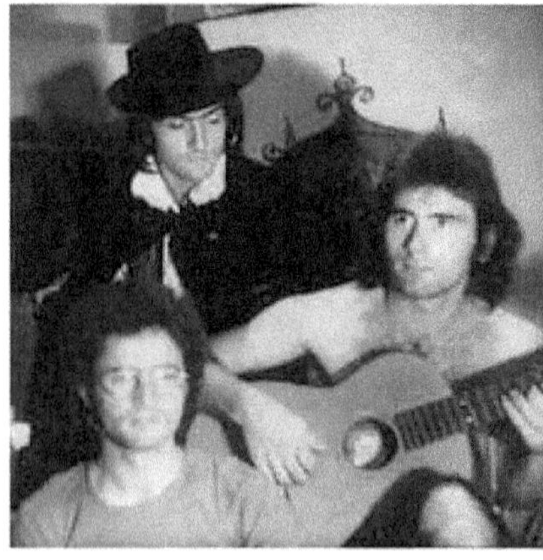

Teatro Libera Scena Ensemble laboratorio di Torre del Greco, 1974, durante le prove di *Un matrimonio d'interesse* di Garcia Lorca (Fernando Pignatiello, Silvio Merlino, Ernesto Jannini- chitarra).

Desiato, Gerardo Di Fiore. Come molti giovani artisti, ero in debito con un percorso formativo basato essenzialmente sul mito della pittura e della scultura. Ricordo i 'dialoghi silenziosi' con lo scultore Augusto Perez, ma anche le accese discussioni nelle aule dell'Accademia con Armando De Stefano, nostro titolare alla cattedra di pittura.

Con Riccardo Dalisi, sin dall'inizio partecipai ai laboratori di animazione al Rione Traiano. Una grande esperienza formativa, poiché l'incontro con il sottoproletariato scardina qualsiasi struttura ideologica precostituita. I laboratori di creatività con i ragazzi di questa classe sociale, voluti dai comitati di quartiere erano, per noi giovani di allora, un eccellente esercizio per sperimentare la costruzione di 'un rapporto autentico' con l'altro. Era ciò che Ronald Laing, nel campo della psichiatria, aveva indicato nella sua *Politica dell'esperienza*. Tutto, però, si svolgeva sul filo del rasoio e nulla era conquistato per sempre. Riccardo spingeva gli studenti, ed anzi, strutturava i suoi corsi alla Facoltà di Architettura, proprio sulla presa di coscienza del sociale. Bisognava uscire insomma, dagli studi e dalle aule universitarie e gettarsi nel corpo vivo della città, con i suoi drammi e le innumerevoli contraddizioni, spogli da qualsiasi cornice autoritaria (come può essere, appunto, quella di un docente di fronte ai suoi studenti) che potesse intervenire a nostro sostegno; eravamo a tu per tu con l'altro, in un contesto socio antropologico che restituiva tutto intero il carico di lacerazioni e fallimenti di una cultura verticistica da un lato e di una politica corrotta dall'altro; dalla speculazione edilizia degli anni Sessanta (le grandi mani sulla città) alla debacle del razionalismo architettonico del rione Traiano e non solo.

Nello studio di Riccardo Dalisi al Vomero, che frequentavo quasi quotidianamente, incontrai il regista Gennaro Vitiello, che mi offrì l'opportunità di entrare, come attore, a far parte dell'Ensemble. Insieme a Silvio Merlino, allo scenotecnico Fernando Pignatiello, a Mario ed Enzo Salomone e a tutti gli altri attori della Libera Scena Ensemble portammo in giro per l'Italia, in Germania ed in Polonia un'idea di teatro d'avanguardia. In quegli anni al sud si parlava di politica di 'decentramento'. Ho recitato in paesi sperduti dell'Irpinia, ma anche al Teatro Grande di Pompei al Teatrino di Corte nel Palazzo Reale di Napoli, ad Amalfi, in Germania e Polonia[8]. Ricordo, di Gennaro, la grande capacità maieutica di far emergere l'attore che è presente in ognuno di noi; la sua profonda cultura mittleuropea, la straordinaria sensibilità nell'accompagnarti all'intendimento dell'opera d'arte e del testo teatrale. Quando leggeva e commentava Dante era impressionante, per coinvolgimento, passione e profondità di significato. Il laboratorio a Torre del Greco in mezzo alle case dei pescatori rimane un ricordo indelebile; come anche un pomeriggio trascorso con Pupella Maggio, la mitica attrice di Eduardo De Filippo.

In quegli anni sentivamo ancora la pressione del Sessantotto, che aveva fatto emergere i limiti di una cultura troppo paternalistica, unilaterale e borghese - anche da parte del PC ovviamente - come ben aveva denunciato Pier Paolo

Pasolini in quegli anni caldi. Penso alla sua poesia, *Il PC ai giovani*, pubblicata su Nuovi Argomenti e nella quale il poeta-regista prende le parti dei poliziotti che avevano caricato gli studenti alla facoltà di architettura a Valle Giulia a Roma, il primo marzo 1968. Gli anni Settanta, si sa, furono segnati dall'escalation degli opposti estremismi.

Troppe tensioni nel sociale… Nel 1969 c'era già stata la strage di Piazza Fontana… Seguirono le stragi di Gioia Tauro nel 1970, quella della questura a Milano nel 1973, di Piazza della Loggia a Brescia nel 1974 e l'Italicus, fino al rapimento di Moro nel 1978 e alla tragedia della stazione di Bologna nel 1982. Quel giorno mi trovavo davanti al Museo Archeologico di Napoli a svolgere la mia ultima performance partenopea. Ancora nel Sessantotto, quando ero studente, ogni tanto il portone dell'Accademia di via Costantinopoli veniva frettolosamente chiuso perché arrivavano bande di facinorosi appartenenti all'estrema destra. C'era l'imperativo dell'azione. Molti giovani scivolarono quasi automaticamente nelle frange estremiste dei NAP e dei NAR (nuclei armati proletari e rivoluzionari). Ho in mente ancora una potente bomba carta che fece saltare in aria il mio motorino parcheggiato fuori dell'Accademia ad opera delle frange estremiste. In un'altra circostanza mi trovai in mezzo ad una sparatoria tra poliziotti e neofascisti. Come tutti, partecipavo ai vernissage nelle gallerie più importanti di Napoli, a partire dalla Modern Art Agency di Lucio Amelio, allo Studio Trisorio, e da Beppe Morra, con le mitiche performance del Teatro delle Orge e dei Misteri di Hermann Nitsch, talvolta interrotte dalla polizia. Naturalmente c'era Lia Rumma, la Cineteca Altro e il Cinema No, la Framart… Si parlava di politica e di arte; era impellente il bisogno di orientarsi in un mondo che stava dando segni d'insofferenza e di squilibri. All'Accademia avevamo in Vitaliano Corbi un punto di riferimento, un intellettuale e critico d'arte lucido e appassionato che ci spingeva alla discussione e all'approfondimento dei temi dell'arte e della filosofia. L'obiettivo era quello di allargare lo sguardo, di rompere gli schemi imposti da una lunga tradizione di pensiero ideologico. In quegli anni portavo nelle tasche del mio giaccone da un lato *Il discorso sul metodo* di René Descartes, e dall'altro il *Marcuse dell'Uomo ad una dimensione*.

Ero molto interessato ad approfondire gli spunti proposti da pensatori e ricercatori di tutti i campi, non solo dell'arte, della pittura e quanto altro… Leggevo Herbert Marcuse, la sua analisi sull'uomo rispetto all'ordine sociale, che lui riteneva impregnato di totalitarismo - già allora 'perverso', dico io - perché inglobava e neutralizzava anche le spinte di opposizione. Come oggi, del resto, dove da questo punto di vista le cose sono peggiorate. Pier Paolo Pasolini era un punto di riferimento con il suo *Empirismo eretico* del 1972 o *Gli Scritti Corsari* del 1975 ed i suoi film… Leggevo Edoardo Sanguineti e m'interessava molto la storia del Gruppo '63 che si sciolse proprio nel 1969. Io sentivo che il lavoro dell'arte non poteva essere soltanto quello di rintanarsi nello studio e stare lì a dipingere…Niente di male in tutto questo, ovviamente; però era necessario avviare un lavoro più profondo, una conoscenza di sé e del mondo e della cultura più densa di scoperte significative. Mi attirava il rapporto con la natura e con la storia e quando lo scoprivo in altri artisti provavo una forte emozione, come davanti al *Vietnam* di Michelangelo Pistoletto, che, pure essendo del 1965, sentivo attualissimo. Anche l'irruenza dissacratoria di Giuseppe Desiato a Napoli mi scuoteva e faceva pensare… Come dire che il lavoro, con la 'elle' maiuscola, è al di là della bella forma, al di là dell'estetismo, che è sempre un grosso rischio, specialmente oggi, perché non sempre un bel lavoro coincide con un buon lavoro. Mi affascinavano le performance delle 'spose' di Giuseppe Desiato, che avevano in sé una bellezza non calcolata a tavolino. C'è una bellezza che affiora quando tu fai da tramite, non so; quando ciò che stai facendo è dettato da una vera necessità storica e spirituale e politica. Come in certe jam session in cui tu hai bisogno di suonare… Certo! Devi avere la tecnica e tutto il resto, però c'è un'urgenza che guida il tutto.

Provai una forte emozione quando iniziai a lavorare - praticamente con niente - con vecchi calzini che mia madre mi passava per asciugare i pennelli. Iniziai a gonfiarli, a dilatarli ad ottenere delle piccole 'sculture'. Giocavo sulle estroflessioni, un gioco plastico accompagnato da una grande ironia, una creatività che nasceva da un altro principio. Napoli era viva, attiva su più fronti, con il teatro di Gennaro Vitello, con Riccardo Dalisi, Arturo Morfino e il Play Studio, Mario Franco, con Mario e Maria Santella e il teatro Alfred Jarry, Vittorio Lucariello e lo Spazio Libero, Gianni Pisani, lo Studio Oggetto di Caserta, la rivista *Marcatrè*, le opere all'avanguardia di Guido Tatafiore. E poi il teatro di Mario Martone, che iniziò con *Faust e la quadratura del cerchio* e nel 1979 *Falso Movimento*.

Dal 1974 al 1976 e gli anni successivi, a Napoli una certa area di ricerca ruotava attorno a Enrico Crispolti. Con il gruppo degli *Ambulanti* partecipai alla Quadriennale del 1975, dove presentai i miei calzini, e alla Biennale del 1976. Si interveniva nel sociale, fuori dagli studi. Ricordo gli incontri a Salerno con il gruppo omonimo (Ugo Marano, Antonio Davide, Giuseppe Rescigno). Per un certo periodo sperimentammo la rottura dell'individualismo narcisistico. Enrico Crispolti stava cercando di produrre uno scossone nel corpo della cultura artistica partenopea, e non solo. Non a caso affisse a Marigliano il *Manifesto ai pittori napoletani* di Umberto Boccioni… Un invito futurista, ancora valido, per rompere il torpore e l'abulia del localismo culturale troppo legato alle sottane del Vesuvio. Quando vai in mezzo alle strade e cerchi di creare qualcosa di valido non hai un'aura' che ti protegge; c'è la cruda realtà e sei a tu per tu con l'alterità. La nostra, però, non poteva essere un'azione artistica politicizzata: erano "atti artistici poveri ma intimamente poetici", per dirla con le parole di Enrico Crispolti stesso. Certamente in quegli atti c'era un principio di libertà che andava al di là della bellezza dei manufatti che portavamo in giro e di cui non è rimasto, e non doveva rimanere niente, se non alcune fotografie. Consciamente o inconsciamente, seguendo e assorbendo il 'geist' di quegli anni, avevamo fatto nostro l'assunto di Joseph Beuys sul principio di autodeterminazione. Oggi le cose sono messe in modo differente. In quegli anni si proponeva un principio diverso, c'erano delle indicazioni paradigmatiche importanti e nessuna sudditanza nei confronti delle istituzioni deputate alla circolazione e promozione dell'arte. Nessun museo, nessuna galleria poteva interferire: andava perduto il piedistallo dell'individualismo narcisistico di cui si nutrivano in fondo anche gli artisti dell'Arte Povera. Bisognava rifondare il ruolo dell'artista, ma era l'artista stesso che doveva farlo. Venivamo esortati a rompere l'unilateralità della comunicazione estetica, senza rinunciare ad una elaborazione linguistica e ad una crescita di coscienza politica. Tutto ciò era ostico e ingestibile dall'establishment, dalle gallerie e dal mercato, abituato a muoversi sul terreno sicuro delle vendite. Non a caso Lucio Amelio fu uno dei primi a demolire l'operazione di Enrico Crispolti, ritenendolo 'colpevole' di mandare allo sbaraglio i giovani talenti. Una posizione, quest'ultima, in curiosa contraddizione con le indicazioni ad ampio respiro di Joseph Beuys che spingeva al dialogo e ad un 'concetto allargato' di arte, divulgato, guarda caso, anche nella galleria di Lucio Amelio. Poi le cose sono cambiate, come è naturale che sia. C'è sempre un principio creativo che si oppone all'altro. Il mercato veniva da un lungo periodo di digiuno e scarnificate operazioni concettuali in bianco e nero; si sopravviveva vendendo l'aria, i concetti, o meglio le foto delle operazioni, la semiotica e il noetico e, poiché in linea di massima un principio non è superiore ad un altro, vince chi è più forte e chi alza la voce o chi riesce ad occupare la scena meglio di un altro. Quando George Maciunas muore nel 1978 sembra quasi che l'elaborazione del lutto e l'interramento (di tutto ciò che da vicino o da lontano aveva avuto a che fare con il flusso dell'arte totale) avvenga improvvisamente. Ecco quindi che esplode la Transavanguardia: morto il re, viva il re; e c'è chi si affrettò a rigirare la *Base del mondo* di Manzoni per ricollocare nuovamente l'artista sul piedistallo.

Dunque era questo il clima culturale della Napoli degli anni Settanta. Una città, come dicevo, in cui il 'mondo della vita' è ricco di stimoli e pure di contraddizioni, perché Napoli è anche il luogo del disordine e quindi delle potenziali opportunità: se si segue la teoria dei sistemi. Se Napoli assorbisse le potenzialità del disordine esterno - che non va inteso soltanto in senso negativo - e si strutturasse ad un livello superiore, diventerebbe impareggiabile; purtroppo c'è la camorra, la mafia, che per definizione è disordine strutturato e pervasivo. Non solo a Napoli, chiaramente, perché nella città dove sono nato e cresciuto ci sono delle forze straordinarie, intellettuali e morali.

Poi, per mille ragioni, mi spostai al nord, in quella di Como e Milano iniziando un nuovo ciclo, un'altra significativa tappa del mio percorso umano e culturale.

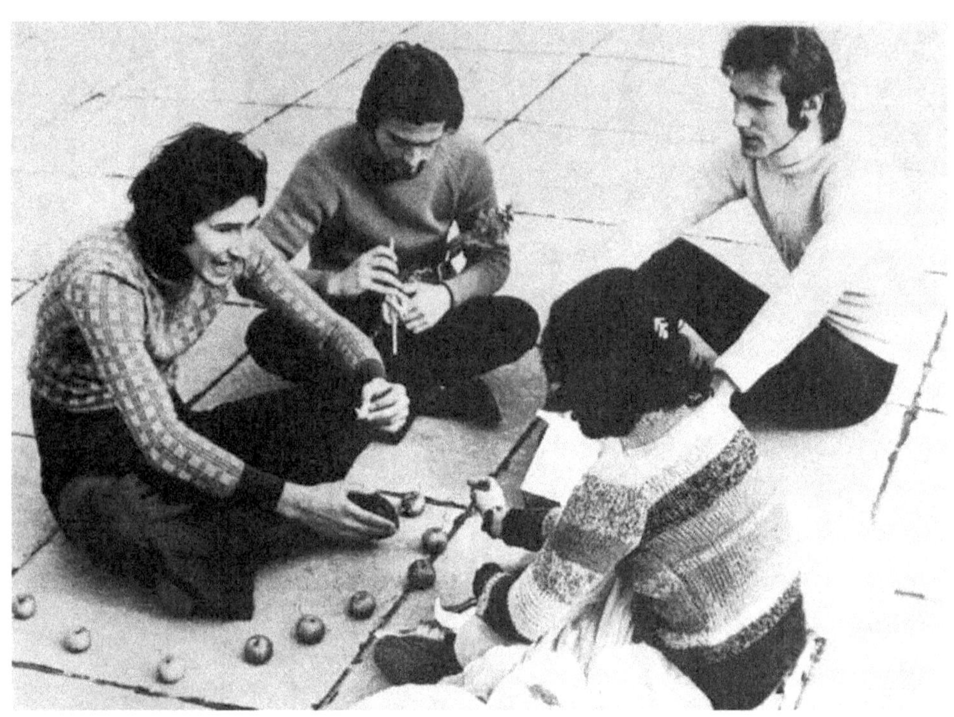

Gruppo *Ambulanti*, *Sui tetti dell'Accademia di Belle Arti*, Napoli 1975
Primo nucleo, Annamaria Iodice, Claudio Massini, Silvio Merlino, Ernesto Jannini

Azioni poetiche
Anni Settanta

Forse mi sbaglio, ma io credo che l'arte abbia già svolto il suo compito.
Forse ho ragione nei termini del mio lavoro. Senz'altro mi sbaglio riguardo
al lavoro di altre persone, ma per quanto mi riguarda l'arte del Ventesimo
secolo ha fatto veramente tantissimo in questo senso. Che cosa? Ha aperto
gli occhi e le orecchie della gente. Cosa poteva fare di più? Adesso penso che
dobbiamo rivolgere l'attenzione ad altre cose e queste cose sono sociali.
John Cage 1966

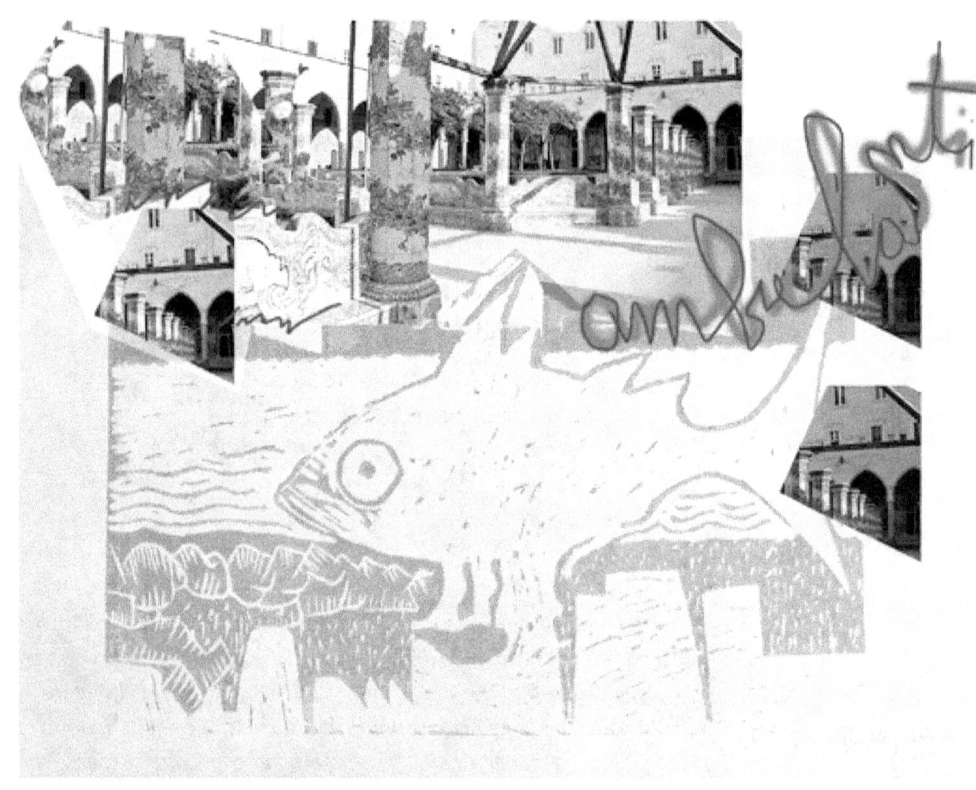

Ernesto Jannini, Chiostro di S. Chiara a Napoli, collage 1977

01.1 LE AZIONI POETICHE DEL GRUPPO DEGLI AMBULANTI

Dagli anni Settanta ad oggi ne è passata di acqua sotto i ponti. Il pensiero, l'orientamento di vita e le scelte artistiche sono stati sottoposti a nuovi stimoli e riflessioni[9].

Eppure il nucleo spirituale di quelle 'generose' esperienze (così definite da Enrico Crispolti) degli anni Settanta è ben stretto nelle mie mani. Nessuna inclinazione nostalgica, naturalmente, perché se è vero, come è vero, che l'artista - oltre ad essere ben piantato con i piedi per terra - ha anche la capacità di dimorare in uno spazio metafisico e atemporale in cui, nei momenti di pienezza attinge alle migliori risorse spirituali, allora il tempo passato può essere un 'luogo' della coscienza da rivisitare continuamente. Non è forse vero che i 'nuclei portanti' di molte esperienze degli anni Sessanta e Settanta sono stati elaborati e riformulati con nuove modalità dagli artisti rientranti nell'arte relazionale? Come mai dopo l'abbuffata degli anni ottanta sul tavolo di un ritorno ad una certa pittura, negli anni Novanta si è ricominciato a parlare e teorizzare del 'sociale'? Cosa vuol dire relazionale, se non attestare la componente essenziale - dal punto di vista antropologico e ontologico – dell'alterità? Vale a dire, quell'altro da me che con la sua sola presenza mi mette in crisi, aprendo un processo di indispensabile, necessario confronto costruttivo. Quindi l'"altro' come fondamento della dinamica di costruzione sociale. Questo nucleo portante, indagato, elevato a paradigma negli anni Sessanta e Settanta è riformulato nei Novanta con argute argomentazioni da quel Nicolas Bourriaud che frequenta artisti come Rirkrit Tiravanija, Gabriel Orozco, Pierre Huyghe, Liam Gillick, Maurizio Cattelan o Vanessa Beecroft.

È anche vero che attorno all' 'operatività nel sociale' si sono levate voci critiche, non sempre in mala fede, perché è vero, come è vero, che una critica costante, possibilmente radicale – per dirla con Pier Paolo Pasolini - deve essere esercitata su tutto e su tutti. Ora, mi pare che il ribadire la necessità di questo atteggiamento critico costruttivo sia anche emerso durante il convegno organizzato da Lucilla Meloni al Macro Asilo di Roma nel 2018 a cui fui invitato a relazionare a proposito del gruppo degli *Ambulanti*, di cui ebbi a far parte negli anni Settanta; intervento che riporto integralmente nelle pagine successive. Visto che il concetto di sociale può scivolare dalle mani come una saponetta bagnata è necessario ridomandarsi: che cosa si intende per 'sociale' e di conseguenza per operatività nel sociale? Se, come si affermava, il nucleo va individuato nella 'relazione', come va intesa quest'ultima? Naturalmente la questione rimane totalmente aperta e non è – almeno da un punto di vista artistico culturale – ascrivibile ad un periodo storico trascorso il quale non se ne parla più. Il 'sociale' è una costante radiale perché attraversa tutti gli ambiti: dal privato al pubblico, e il privato, rispetto al pubblico, è la parte sommersa dell'iceberg. Il motivo per cui Nicolas Bourriaud parla di 'interstizi' in cui l'artista può infilarsi con il suo operare è proprio perché il 'quotidiano' rappresenta la massa portante del sociale, i modi di vivere, di pensare e di agire. E quindi a questo punto si apre la questione della 'forma'che Nicolas Bourriaud intende proprio come 'Formes de vie', come recita appunto il titolo del suo libro del 1999 (tradotto in italiano nel 2015). Una forma di vita che si conquista appunto, e necessariamente, nella relazione, tra individui e individui, tra individui e società. Ora, secondo il critico francese, l'individualismo della ricerca artistica 'tradizionale' crolla sotto la spinta di questa incontrovertibile esigenza d'apertura sociale e ricerca di forma. In sostanza lo stesso concetto teorizzato da Crispolti nel 1975.

Bisogna dare atto all'autore di *Esthétique relationnelle*, di aver continuamente espresso la necessità di una teoria aperta, continuamente disposta a rivedere le premesse – il che, a mio avviso, è una grande cosa – in nome della quale, però, posso obiettare che il crollo dell'individualismo della ricerca artistica non può essere teorizzato in maniera assoluta; col fatto, cioè, che tale teoria rischierebbe di essere, anche non volendo, dogmatica, eccessivamente assertiva. A mio avviso l'individualismo dell'artista – purificato dagli eccessi narcisistici – ha una sua ragion d'essere importante, come vedremo in seguito. Si tratta di proiettarsi in una visione più grande che incorpori al suo interno tutte le componenti della 'condizione umana'.

La domanda 'chi sono io', in quanto individuo, è antica ed implica un approfondimento del concetto d'identità; come dire che 'io sono' in quanto sono in relazione e l'identità non è data per natura o per certificazione anagrafica, ma per un riconoscimento sociale. In altri termini l'"io"sussiste nella relazione con il Tu; fosse anche quel Tu che possiamo avvertire come forza trascendente (Dio?), o con quell'alterità che alberga in me stesso e che mi abita.

Naturalmente rispetto agli anni Sessanta e Settanta, e anche Novanta, il concetto di alterità, di relazione e di identità, si è enormemente esteso. La componente etica che l'alterità trascina con sé ha allungato il suo raggio inglobando in un cerchio più ampio non soltanto gli esseri umani ma anche gli 'enti di natura'. Come dire che noi siamo responsabili di noi stessi e dell'altro'. 'Il principio di responsabilità', espresso da Hans Jonas, ha allungato il raggio e ampliato il cerchio in cui proiettare la nostra azione. E lo stiamo vedendo. Siamo noi, responsabili - con le nostre scelte, il nostro modo di pensare lo sviluppo e quindi il mondo - degli effetti sugli gli enti di natura (come in più e più occasioni ha ribadito il filosofo Umberto Galimberti); siamo noi responsabili della qualità dell'aria, del destino dei mari e dei fiumi, delle specie viventi, delle piante. Dunque, come già da tempo suggerito da grandi ricercatori, il chiedersi che relazione intercorre tra me e l'aragosta e lo schizofrenico (Gregory Bateson) pone sul tavolo, quotidianamente, la questione delle interconnessioni e dello sviluppo. E lo sviluppo vuol dire Tecnica e quindi fare i conti con i principi regolatori di tale sviluppo.

Tutto ciò è arrivato drammaticamente a coscienza oggi. Negli anni Settanta sentivamo una forte spinta spirituale ad operare con 'azioni poetiche': il nostro contributo alla costruzione di un tessuto sociale aperto allo sviluppo di nuove sensibilità e orizzonti di pensiero.

C'era tanta fibrillazione nell'aria. Il gruppo degli *Ambulanti* nacque in questo contesto, tra desideri e tensioni sociali, orientato ad una migliore realizzazione di sé e degli altri. Ed è quanto raccontai al convegno del Macro Asilo, che riporto integralmente di seguito.

* * *

Noi *Ambulanti* eravamo convinti, e lo siamo tuttora sulla base dei nostri individuali percorsi, che la 'poesia', - da intendere come massima espressione del linguaggio artistico, in tutte le sue possibili declinazioni creative, partecipative e di gruppo - si configuri come un elemento fondante per la comunità; nel senso che l'arte, di per sé, rappresenti un fatto politico forte, veramente dirompente, perché penetra nel cuore della coscienza potenziandola. Siamo ancora persuasi che una nuova visione, un cambio di paradigma, dovrà consentire all'uomo di inquadrare l'attuale fase di sviluppo dell'homo oeconomicus come, sì, assolutamente necessaria, ma subordinata allo sviluppo della dimensione sociale dell'homo humanus. E dunque, l'arte partecipata, anche in maniera spontanea o più strutturata, in particolare quella vissuta a diretto contatto con gli altri, concorre a questo fine.

Tra il 1974 -1975, portavamo in giro tali pensieri, spinti da una forte carica emotiva e creativa; sicuri - come lo siamo anche oggi, a distanza di tanti anni - che all'uomo, come pure affermava Joseph Beuys in quello stesso periodo, bisogna applicare il massimo concetto di spiritualità: il che vuol dire pensarlo in una prospettiva alta, di ampliamenti superiori. La dimensione creativa, le cooperazioni, i laboratori e gli interventi artistici in mezzo alla gente aprono la mente verso nuove relazioni con il mondo, fanno crescere la dimensione immaginale, confermando, altresì, la natura antropologica del legame e del dono. Insieme agli altri, ci si educa ad affrontare i progetti, che riguardano il nostro orizzonte sociale; ci si porta, insomma, verso quello sviluppo della dimensione armonica e corale dell'esistenza, nonché vigile e critica, sociale, che compone e risveglia le energie più profonde della zona mito-poietica della coscienza.

Era questa la tensione che ci accompagnava e che guidava le 'azioni poetiche' del gruppo degli *Ambulanti*, di cui ho fatto parte negli anni Settanta; gruppo che ha operato prevalentemente nell'area campana e in alcune città del centro Italia, con un prosieguo da parte mia, tutto individuale, al nord nell'area del comasco. Ci muovevamo in un contesto culturale ed artistico rappresentato da un coacervo di gruppi e singoli operatori sparsi in tutto il territorio italiano. Una situazione fortemente sostenuta dalla lungimiranza di Enrico Crispolti[10], direttamente implicato come operatore e critico d'arte.

Iniziamo, però, col mettere alcuni punti fermi nella ricostruzione del clima di quegli anni. Innanzitutto dove si è formato il gruppo. E qui parliamo dell'Accademia di Belle Arti di Napoli. Eravamo tutti studenti agli ultimi anni del corso di pittura tra il 1975 - 1976. Roberto Vidali[11] veniva da Trieste e per un certo periodo fu ospite nello studio di Giuseppe Desiato[12]. Io ero in amicizia con Silvio Merlino sin dai tempi del liceo; amicizia proseguita negli anni successivi, per aver condiviso l'esperienza del teatro con Gennaro Vitiello, di cui dirò dopo. Oltre a Vidali e al sottoscritto il gruppo era formato da Marta Alleonato, Carlo Fontana, Annamaria Jodice, Claudio Massini, Silvio Merlino e Giuseppe Zevola.

Ancor prima della vera e propria costituzione del gruppo, c'incontravamo all'Accademia per discutere tra di noi, facendo in un certo senso dei corsi autogestiti; il che produceva una qualche irritazione tra i docenti. Crescenzo Del Vecchio[13], il nostro assistente alla cattedra di pittura, invece, incoraggiava le nostre discussioni partecipando attivamente al dialogo. Non passò molto tempo che lo stesso Del Vecchio – captate le nostre crescenti fibrillazioni – ci invitò ad aderire al suo Humor Power[14]. Tra di noi, però, avanzava il bisogno di non dipendere da nessuno. Sentivamo di dover operare in piena autonomia. In seguito ci sganciammo da Del Vecchio e ci presentammo come gruppo *Ambulanti*.

I nostri incontri si svolgevano spesso a casa di Annamaria Iodice o nella pace del cortile della chiesa di Santa Chiara. Le discussioni e i dialoghi prendevano corpo anche quando percorrevamo i Riccardo decumani, fermandoci in qualche bar o pizzeria attorno al Conservatorio e in piazza Bellini. Altre volte gli incontri si svolgevano da Giuseppe Zevola, nella sua bellissima casa sotto la certosa di San Martino, uno dei punti panoramici più straordinari per contemplare la bellezza di Napoli.

Resta il fatto, però, che l'atmosfera, il terreno e il clima dell'Accademia di via Costantinopoli, erano, per noi giovani, tra i più fertili e favorevoli a tenere acceso l'interesse per tutti gli aspetti della cultura, non soltanto visiva. La coesione maggiore tra di noi *Ambulanti* avvenne verso gli ultimi anni accademici. Silvio Merlino ed io avevamo lasciato la *Libera Scena Ensemble* di Gennaro Vitiello. In verità i primi due anni dell'Accademia li avevamo vissuti tra Napoli e Torre del Greco, partecipando come attori ai primi tre spettacoli messi in scena da Vitiello dopo l'esperienza del Teatro Esse[15].

Dunque, Merlino ed io, avevamo alle spalle questa importante esperienza formativa vissuta fianco a fianco con una delle personalità più luminose della cultura partenopea, con cui avevamo condiviso grandi emozioni nel portare in giro gli spettacoli in Europa e in Italia recitando in prestigiosi teatri e ancor più girando - nell'ambito della cultura del decentramento - tra tantissime piazze dei paesi del sud. Vitiello lo avevamo conosciuto nello studio dell'architetto

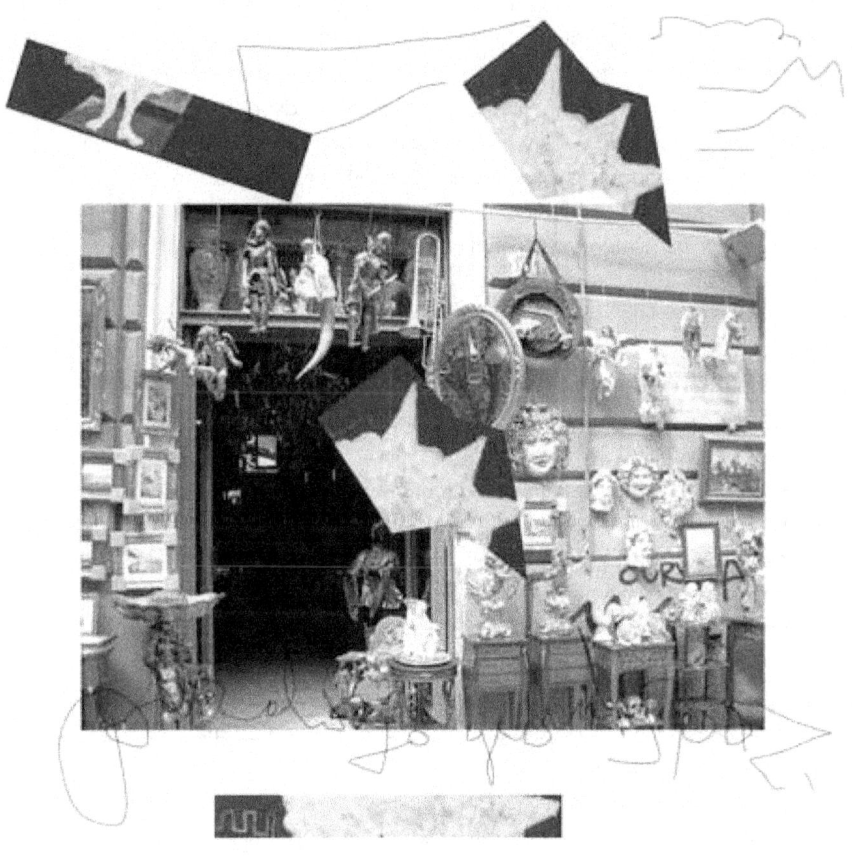

Ernesto Jannini, *Rigattiere in via Costantinopoli*, collage 1976

Riccardo Dalisi[16] che frequentavamo quotidianamente. Per quanto mi riguarda, Dalisi ha rappresentato un altro polo fondante per la mia formazione culturale ed umana, essendo stato invitato a partecipare ai laboratori di animazione che l'architetto aveva avviato al Rione Traiano con gli studenti della facoltà di architettura. Dunque l'incontro con il sottoproletariato apriva le porte di un'altra importante 'palestra' in cui toccavamo con mano la necessità di operare nel sociale in modo non verticistico; ovviamente, perché non puoi rapportarti con i bambini del Traiano, che spesso vedevi giocare in mezzo all'immondizia, e che fondamentalmente ti consideravano un estraneo, con l'arroganza dell'intellettuale, del professore che scende dall'alto dei cieli e va lì per insegnare. Devi trovare la strada per arrivare all'altro. E questo può accadere se sei autenticamente motivato ad aprire uno spazio di ricerca su di te. Pertanto, anche questa esperienza si presentò come un grande esercizio di distacco dalle proprie sovrastrutture culturali e dai propri automatismi psicologici; un esercizio per educarci al raggiungimento di una relazione vera con l'altro.

Come *Ambulanti* entravamo nel sociale adottando modalità 'effimere'. Attraverso le nostre azioni poetiche si cercava di determinare uno scuotimento, una rottura dei flussi routinari nei quali siamo tutti immersi: in particolare il rapporto che abbiamo con lo spazio urbano, il suo attraversamento, il suo uso e consumo in ragione della logica strumentale al servizio del cittadino utente e consumatore. Le nostre erano delle apparizioni che prendevano spunto, sotto l'aspetto figurale, dal deposito iconografico della cultura popolare; cultura popolare nella quale, pur con tutte le sue contraddizioni, eravamo immersi; ma eravamo anche mossi da una verve surreal-dadaista. Cercavamo di aprire orizzonti di dialogo, rimettendo in moto l'immaginario, per riattivare le energie creative appiattite dalla pressa del potere politico economico, che concepisce l'uomo come pura unità statistica. Naturalmente le nostre erano delle azioni poetiche; nel contempo, non eravamo assolutamente lontani da una coscienza politica e di adesione partitica; eravamo, però, consapevoli di non dover confondere i piani. Il *potere* della dimensione immaginale era per noi qualcosa di assolutamente prezioso, ancorché condiviso con gli altri. Per noi *Ambulanti* – e ciò emergeva sempre con più evidenza dalle nostre lunghe discussioni e accesi confronti – il potere accrescitivo della dimensione mito-poietica della coscienza si presentava, con una evidenza cristallina, in tutta la sua rivoluzionaria importanza, ancorché messa al servizio della 'polis'.

In quegli anni avvertivamo la necessità di far emergere all'interno della città la presenza dell'artista. Era evidente che operare in questo modo non costitutiva una elargizione unilaterale sgorgante dalla nostra creatività; piuttosto l'opportunità di decantare, nell'alveo di una reciprocità, la vera dimensione conoscitiva dell'esistenza che si attua attraverso il confronto, l'elaborazione mito-poietica, lo scambio e l'energica frizione – per dirla con Pier Paolo Pasolini - di una critica radicale di ciò che si andava creando pensando e proponendo. Dunque, i nostri interventi non avevano alcunché di monumentale; all'opposto ci muovevamo all'insegna della leggerezza, dell'effimero, come accennavo pocanzi. Ovviamente – è giusto sottolinearlo - praticare l'effimero comporta la stessa tensione della creazione di un'opera duratura. All'effimero bisogna attribuire una valenza importantissima visto che non c'è scritto da nessuna parte che un'opera debba durare in eterno. L'effimero, come modalità operativa, esprime semplicemente un orientamento differente. Del resto - come hanno testimoniato tutti i gruppi di ricerca di quegli anni - non esistono criteri universali e motivi sufficienti per sostenere che arte è soltanto quella realizzata con i mezzi tradizionali. Se vissuta seriamente, la libertà espressiva nell'effimero si presenta, per tutti, come una eccellente *via* di sviluppo e conoscenze.

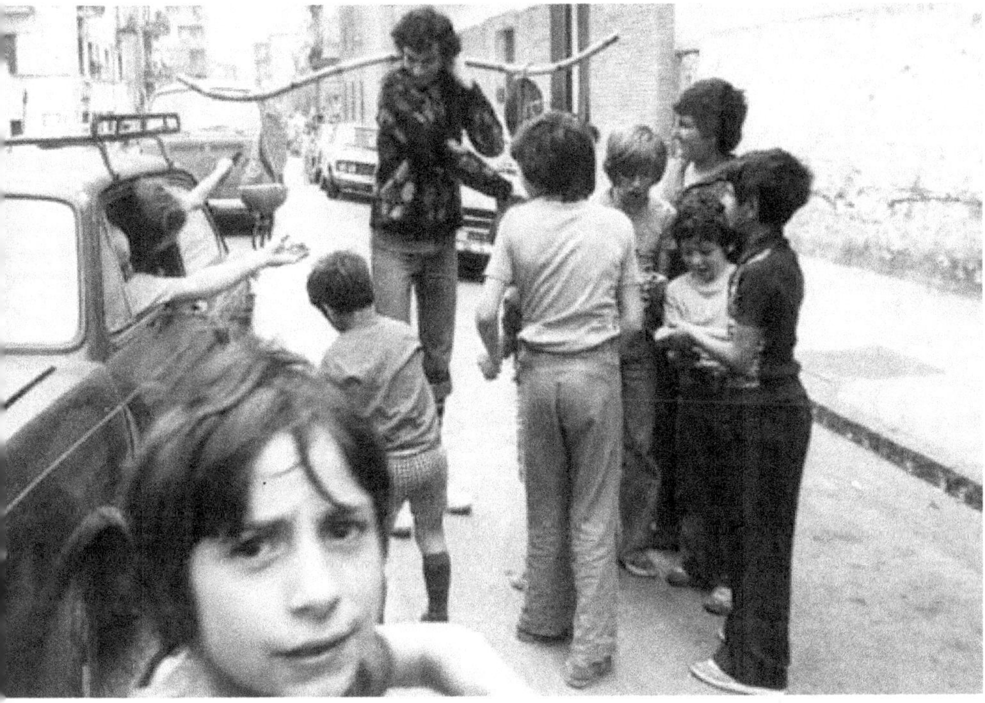

Carlo Fontana, *L'ambulante del colore,* Bagnoli 1976

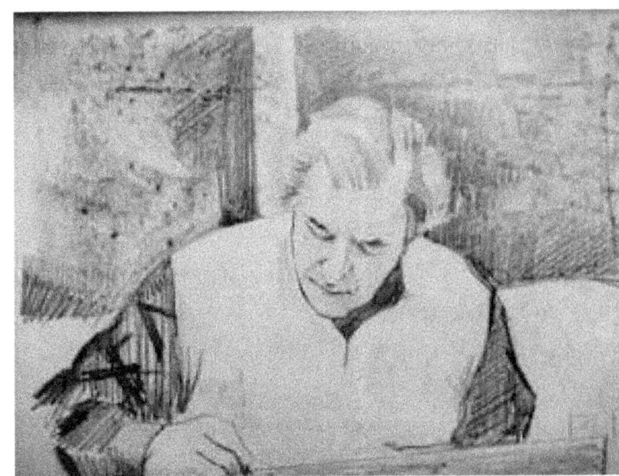

Crescenzo Del Vecchio in un
disegno di Ernesto Jannini

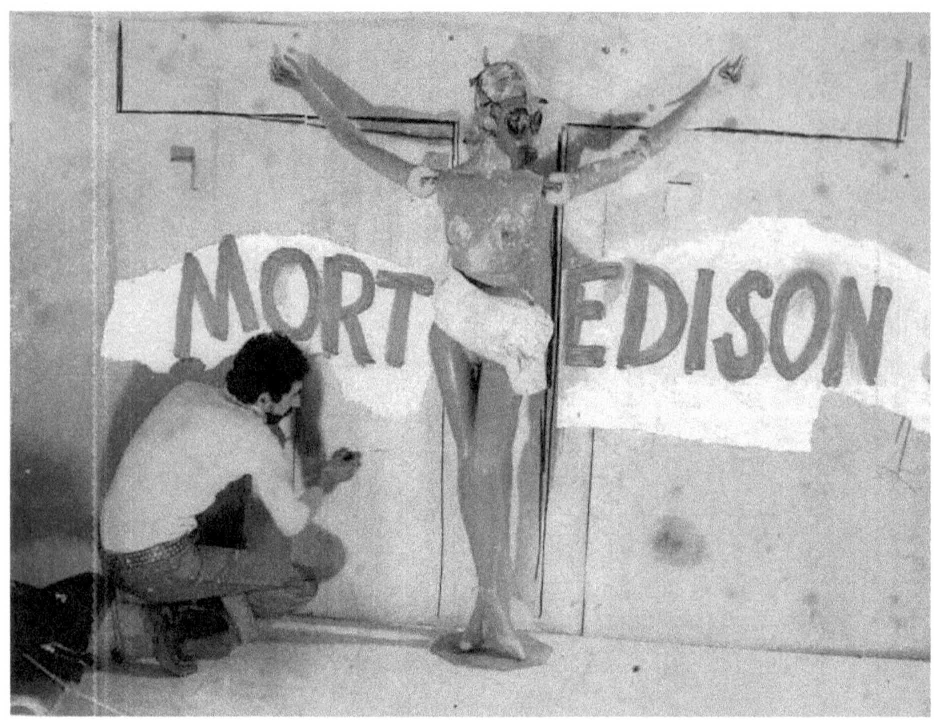

Giovanni Rubino, *Progetto con manichino per la mostra alla galleria Apollinarie*, Milano 1973

Ebbene, nella primavera del 1976 avevamo deciso, come Humor Power Ambulante, di recarci a Bagnoli e d'intervenire per le strade. Nel pomeriggio della stessa giornata ci spostammo sulla spiaggia. Qualche mese dopo partecipammo alla XXXVII Biennale di Venezia[17] su invito di Enrico Crispolti. Con noi c'era anche Crescenzo Del Vecchio. Conoscevamo le contraddizioni di Bagnoli, un centro urbano soffocato dalla presenza del complesso siderurgico dell'Italsider. Mio zio lavorava agli altoforni e spesso mi raccontava dei turni estenuanti a cui era sottoposto e l'atmosfera tra il surreale e il metafisico che si viveva all'interno, tra le colate d'acciaio, la luce intensa, le scintille, l'aria acre che stagnava negli ambienti. Il lavoro era duro. Questi racconti mi colpivano nel profondo e nel contempo muovevano l'immaginario.

Bagnoli industriale, con l'enorme complesso che allungava i suoi tentacoli nel mare, con i suoi moli d'attracco, si presentava come un mostro invasivo che con il suo alito di ceneri e fumo aveva intriso di sé tutta la città. E gli effetti nocivi di questa pervasività la riscontravamo anche nella mestizia dei racconti della gente che incontravamo. D'altronde, – Giovanni Rubino e in seguito il Collettivo Autonomo di Porta Ticinese[18] lo avevano ben evidenziato - non era accaduto la stessa cosa a Porto Marghera e all'Ilva di Taranto?

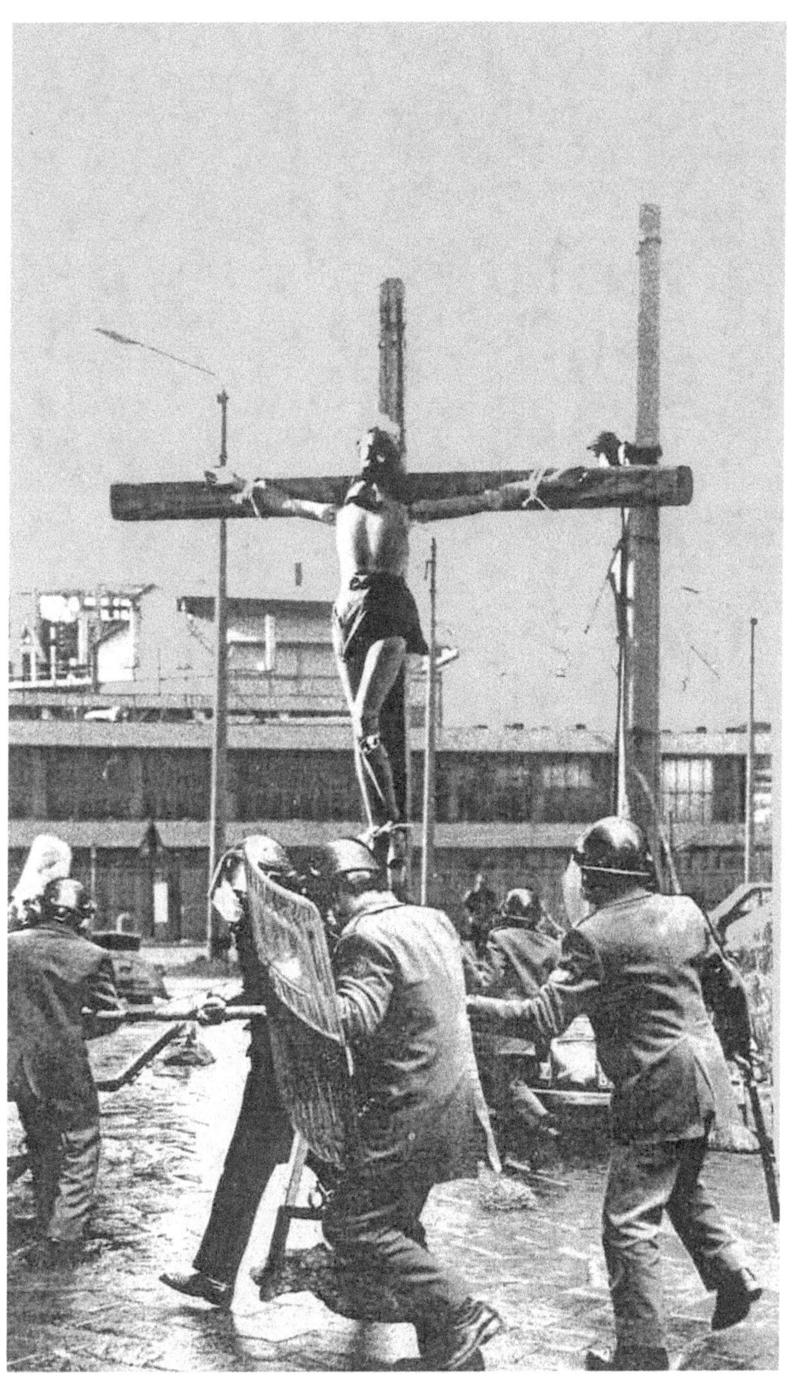

Giovanni Rubino, *Intervento davanti alla Montedison di Marghera*, Marghera 1973

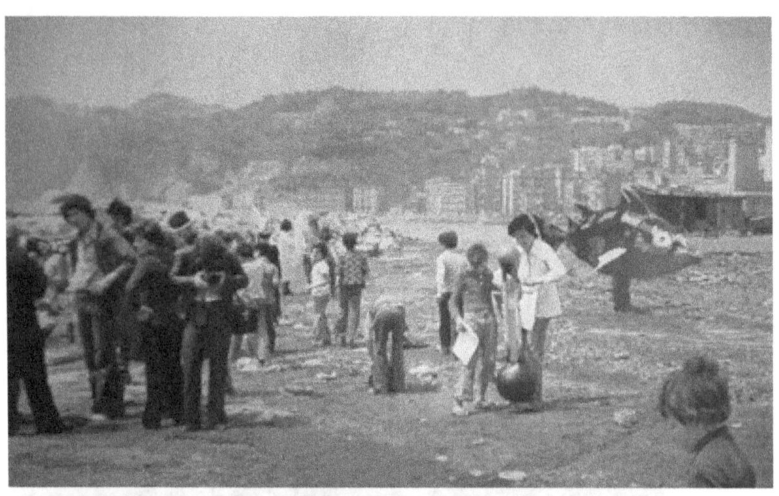

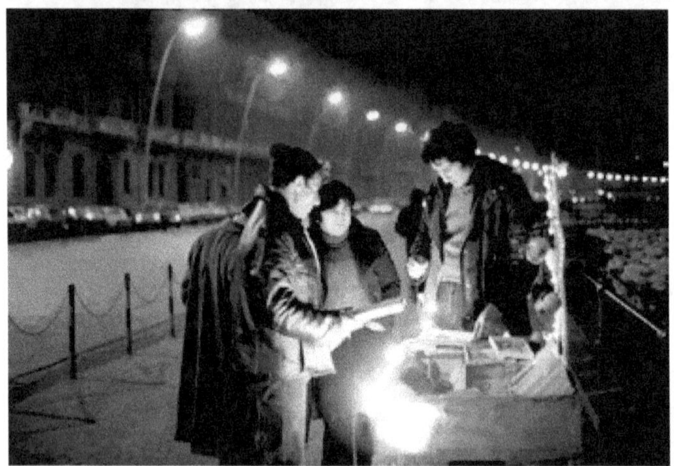

Gruppo *Ambulanti* sulla spiaggia di Bagnoli,
Biennale di Venezia, 1976

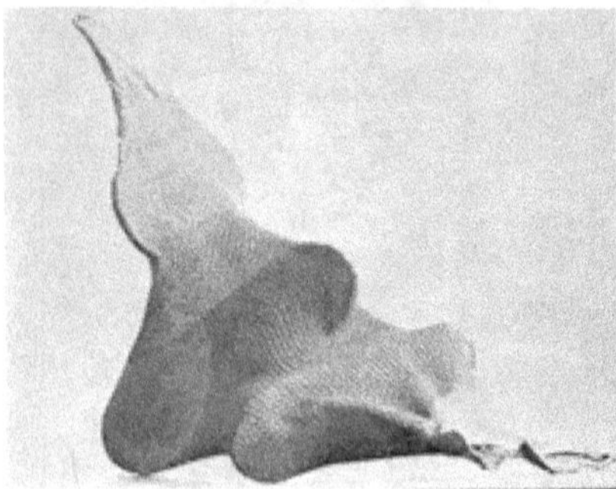

Claudio Massini, Napoli, via Caracciolo 1976,
Le ore del contrabbando

Calzino, alla Decima Quadriennale di Roma,
dedicata a la Nuova Generazione, 1975

Così percorremmo le strade principali tuffandoci in mezzo al traffico cittadino. Ogni tanto effettuavamo delle soste per incontrare la gente incuriosita dalla nostra processione. Naturalmente i primi ad essere catturati dai nostri oggetti erano i bambini. Crescenzo Del Vecchio, con qualche spatolata di stucco, bloccava sui muri delle case le immagini del suo privato di famiglia: foto del matrimonio, dei figli, a tavola con i parenti e quanto altro. Insomma noi provavamo, con i nostri gesti poetici, a creare delle piccole epifanie, o ad aprire – avrebbe detto Pino Pascali – uno squarcio nel 'muro del suonno' e, con il dialogo, a costruire immagini su immagini, affiancando queste ultime che nascevano dal logos, alle azioni, ai gesti e manufatti.

Quando nel nostro deambulare Giuseppe Zevola vedeva delle residue pozzanghere di trascorse piogge, le colorava con tempere liquide e con tinte diverse. Oppure donava sacchetti pieni di fumo o vendeva pietre riscaldate dal calore delle mani o Gocce di pioggia di Napoli. Egli 'toccava' il reale con la levità e la grazia del poeta, che con la 'realtà' stabilisce rapporti sempre più profondi e linguisticamente innovativi. Ora, è risaputo che l'azione poetica, come pure tutta l'arte in generale, potenzialmente, predispone ad una totale apertura verso il mondo. Lo stesso concetto di realtà diventa qualcosa di non statico, specialmente se l'esperienza creativa, immaginale, si compie insieme agli altri.

Nei nostri incontri preparatori, nel chiostro di Santa Chiara, discutevamo sul tema dei rapporti umani, sul posto che l'arte occupa nel mondo, sulle sollecitazioni che essa produce, su ciò che essenzialmente indica dal punto di vista concettuale e spirituale, ed anche sul 'potere' che ha l'artista, e l'arte in generale, di sconfinare nella denuncia sociale, slittando in un territorio che apparentemente non le appartiene; in realtà sostanzialmente libera di muoversi come vuole.

L'intervento a Bagnoli nel 1976 è stato un momento molto importante e partecipato. Claudio Massini, aveva creato un carrettino a forma di stella e uno con delle luci accese: una sorta di piccolo chiosco che portò in via Caracciolo di notte sul lungo mare di Napoli. Arrivavano anche i contrabbandieri di sigarette che dopo il primo momento di curiosità s'infervoravano in lunghe e accese discussioni.

Erano, i nostri interventi, azioni che ci davano l'opportunità di incontrare l'altro nella sua condizione esistenziale, di non ridurlo puramente a un concetto, a uno stereotipo del pensiero.

Io avevo costruito un pesce grandissimo, un oggetto fiabesco, il *Pesce Rosso*, che portai poi alla Biennale di Venezia, colorato, realizzato con un'armatura di vimini e delle stoffe ricavate da semplici calzini dai vivaci colori, lasciati a vista proprio come un patchwork. Con questa maschera dal sapore primitivo e carnevalesco andavo in giro ed incontravo una moltitudine di persone.

Annamaria Iodice creò una sorta di sportello portatile, molto ironico, dal quale si affacciava per vendere simbolicamente biglietti per "conquistare il

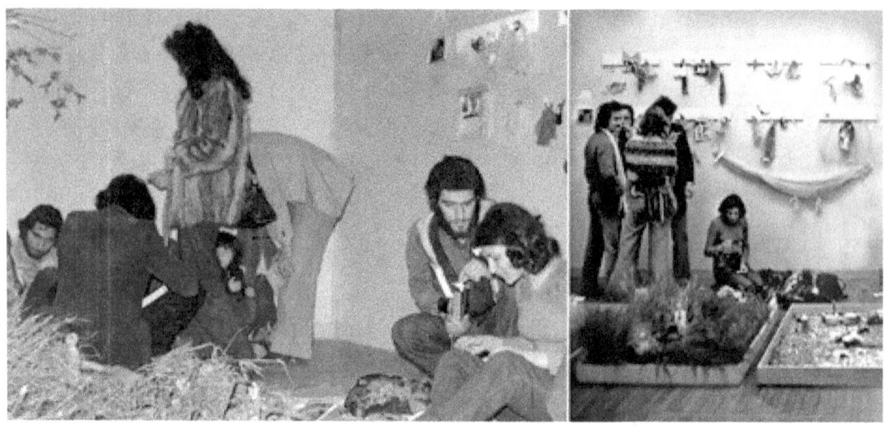

Annamaria Iodice, X Quadriennale di Roma 1975. Intervento aperto al dialogo con il
pubblico con manufatti realizzati sia precedentemente sia sul posto

paradiso con pochi soldi". La dimensione ironica ci serviva per creare quel
distacco necessario in ogni atto di conoscenza e in ogni momento di creatività.
Silvio Merlino, ad esempio, aveva creato una sorta di 'sitar' – un particolarissimo
strumento musicale – e regalava partiture musicali fantastiche.

Carlo Fontana, appariva come un venditore di luce spirituale, portando sulle
spalle una specie di grande bilancia con le coppe colme di tessere di mosaico
che distribuiva a tutti, in particolare i ragazzi, attirati da questa magica figura.
Marta Alleonato, con grande ironia, donava garze (come lenzuola strappate) da
annodare, per 'evadere'dal carcere della realtà opprimente, mentre sugli scogli
dipingeva farfalle con il catrame recuperato dalla battigia. Roberto Vidali,
regalava barchette dei sogni a tutti quelli che incontrava.

Naturalmente, il nostro gruppo, era in rapporto con tutti gli altri artisti e
operatori campani e con questi ultimi, per un certo periodo, c'incontrammo a
Salerno, invitati da Antonio Davide, Mario Chiari, Ugo Marano, Giuseppe
Rescigno[19] e da Enrico Crispolti.

Prima e dopo Bagnoli realizzammo tanti altri interventi: per le strade di
Napoli, nei paesi limitrofi, ai festival dell'Unità, alla Quadriennale di Roma del
1975, alla Biennale di Venezia del 1976, al quarto Giugno Popolare Vesuviano
del 1977, alla Biennale di Gubbio del 1979, da Rosanna Chiessi al festival
performance-musica-poesia di Cavriago di Reggio Emilia del 1978, e in tanti altri
luoghi.

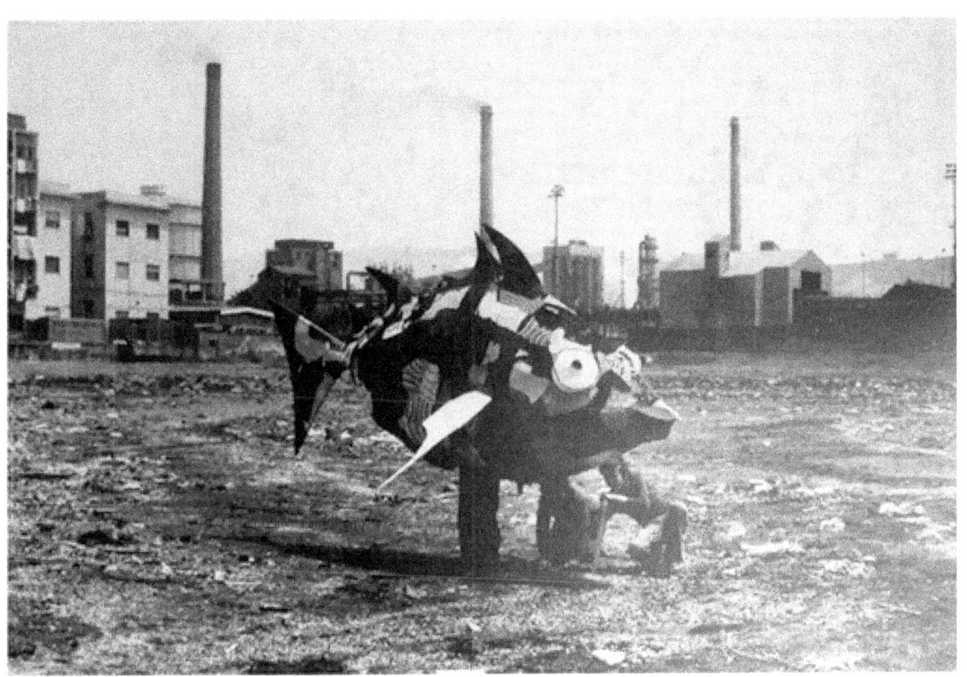

Ernesto Jannini, *Biennale di Venezia 1976*
Il Pesce Rosso, intervento sulla spiaggia di Bagnoli

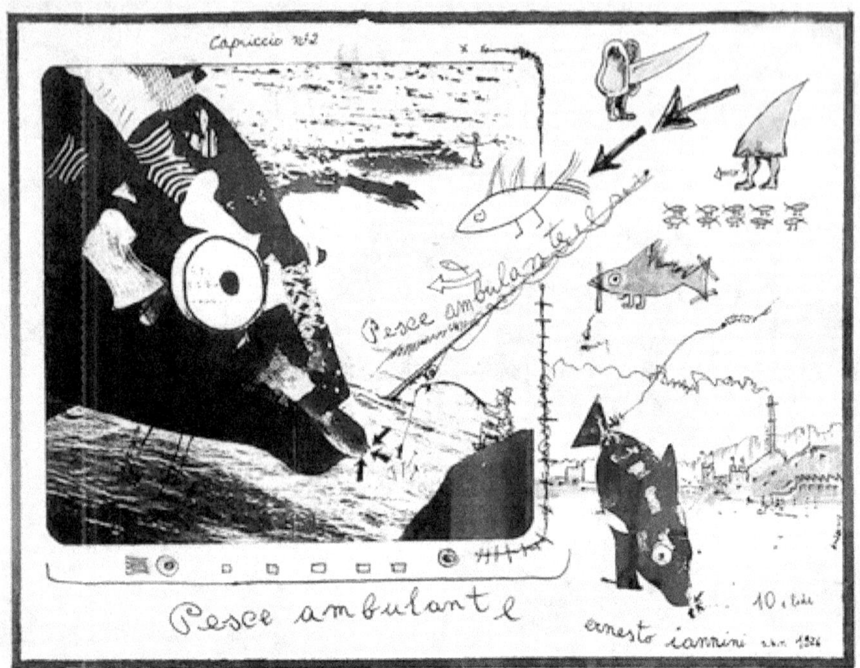

Ernesto Jannini, *Il Pesce Rosso*, 1976
Tecnica mista. Collezione privata, Roma

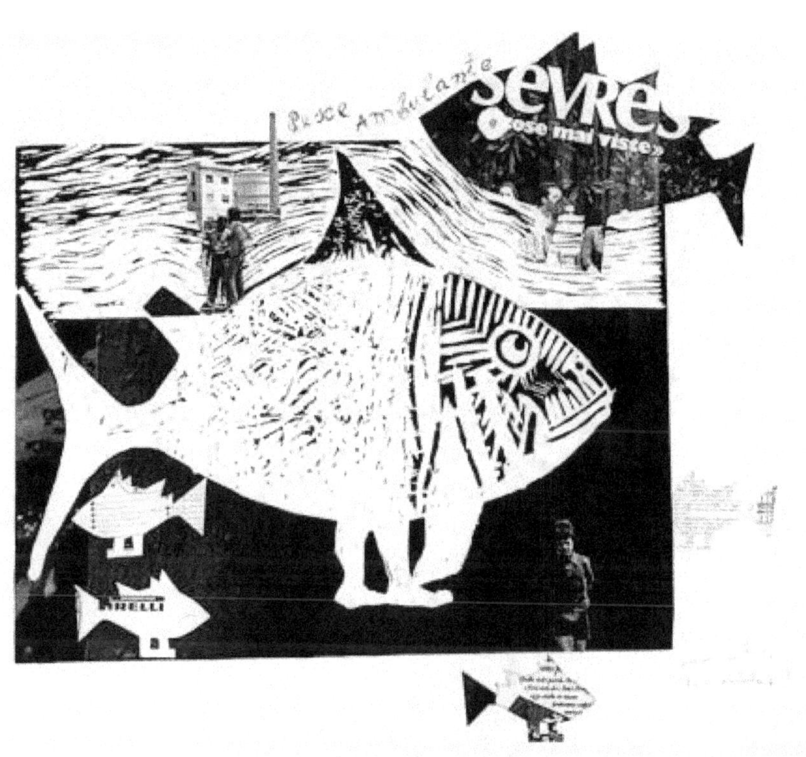

Ernesto Jannini, *Il Pesce Rosso*, 1976
Tecnica mista. Collezione privata, Roma

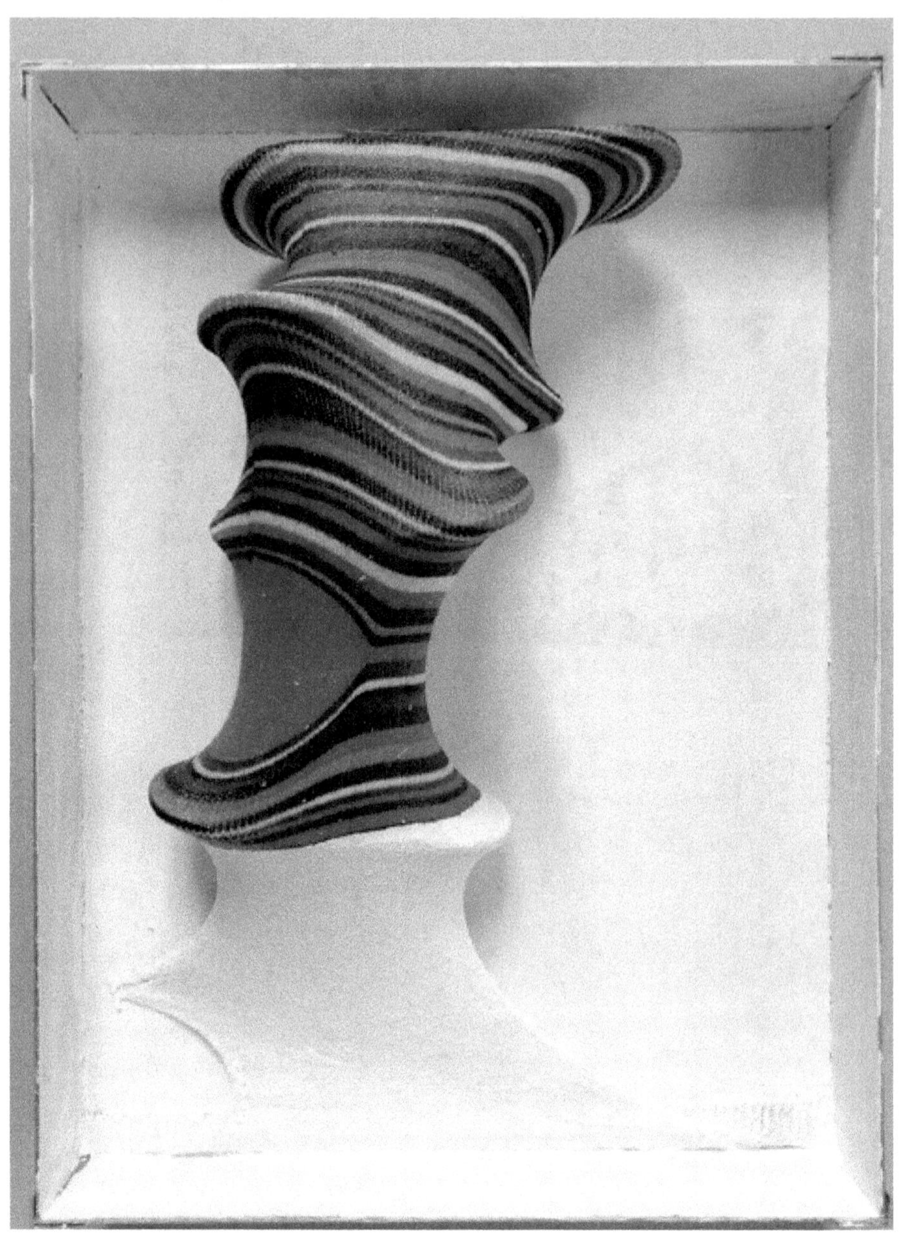

Ernesto Jannini, *Dilatazione*,1975
Calzino su tela, cm 42 x cm 32
Collezione Università Vanvitelli, Santa Maria Capua Vetere

01.2 IL PUNTO DI SVOLTA
Riflessioni a margine del convegno Italia anni Settanta

Sulla spinta di ulteriori stimoli che mi giunsero dal convegno del Macro Asilo decisi di approfondire i temi relativi al mutamento sociale iniziato in quegli anni e alla conseguenziale modificazione della figura dell'artista e al suo orientamento operativo. Così, cogliendo l'occasione per il mio impegno al contributo culturale della rivista *sdefinizioni.altervista.org* di BrigataEs (fondata da Aldo Elefante, autentico outsider) iniziai a buttar giù qualche appunto. Ero spinto, più che altro, dal bisogno di chiarire a me stesso - dopo tanti anni da quella particolare stagione artistica, con l'ausilio delle esperienze vissute e di letture intercorse - le ragioni di quel mutamento. Così scrissi queste riflessioni a margine del convegno[20].

* * *

Si potrebbe sostenere che le società risorgono sempre socraticamente, nel porre in dubbio le ragioni di qualsivoglia establishment, attraverso l'ironia e una sottesa e radicale critica dell'acquisito. Tra gli anni Sessanta e Settanta è iniziato un processo maieutico nel corpo della società a livello planetario, di disvelamento dei limiti di un fare arte troppo separata dalla vita, tracciando i primi significativi solchi per l'edificazione di un diverso paradigma. Da un'ottica più allargata i movimenti artistici degli anni Sessanta e Settanta rientrano in quella spinta verso il nuovo paradigma che Fritjof Capra, dalla sua postazione di fisico aperto a trecento sessanta gradi, ha ben evidenziato nel suo *Punto di svolta*[21]:

I movimenti sociali degli anni Sessanta e Settanta rappresentano la cultura ascendente, che è pronta al passaggio, all'epoca solare. Mentre la trasformazione è in corso, la cultura declinante si rifiuta di mutare, aggrappandosi ancor più tenacemente alle sue idee superate; né le istituzioni sociali dominanti sono disposte a cedere i loro ruoli guida alle nuove forze culturali. Esse continueranno però inevitabilmente a declinare e a disintegrarsi, mentre la cultura nascente continuerà a propagarsi, sino ad assumere a sua volta il ruolo di guida.

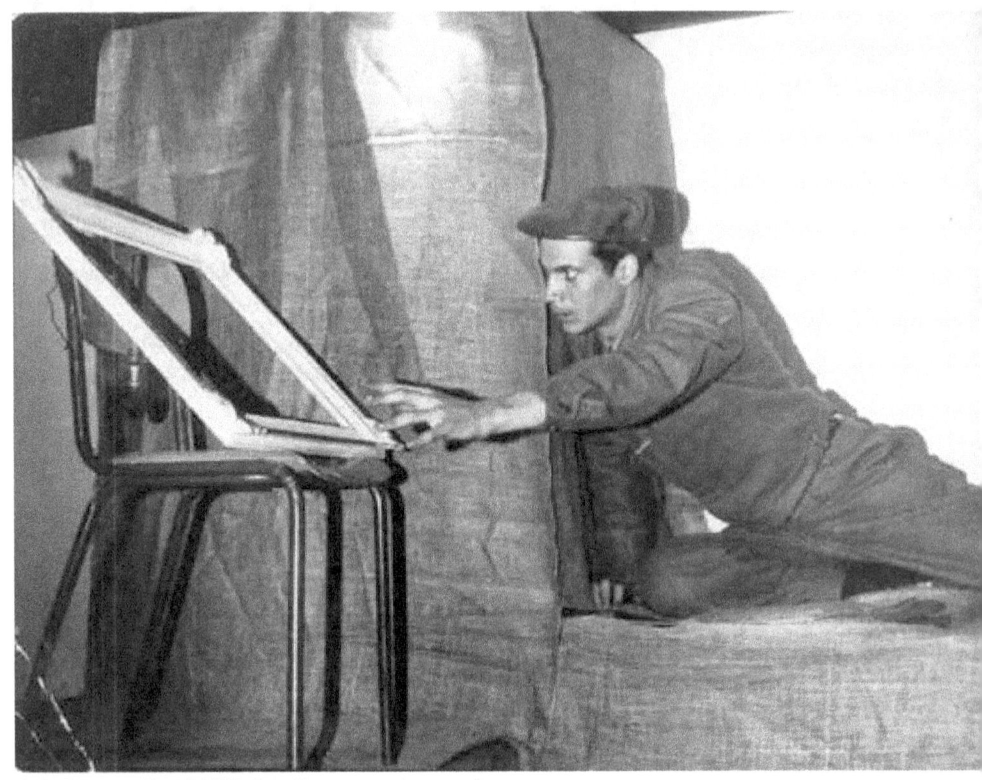

Carlo Fontana, Napoli 1974, *Fate l'amore non la guerra*

Naturalmente si può e si deve obiettare che l'accrescimento della coscienza (estetica, politica, individuale e collettiva, ecc.) e quindi il processo di sviluppo storico delle nazioni avviene in molteplici modalità culturali e creative. L'evoluzione o l'involuzione del processo culturale e politico sono condizionati da una molteplicità di variabili. Lo stesso Fritjof Capra, sempre nel suo *Punto di svolta*, ci offre una lunga disamina sui modelli dell'evoluzione dei processi storici, partendo da quelli elaborati dal grande storico inglese Arnold Toynbee[22], il quale prospetta curve ascendenti e discendenti in varie fasi di transizioni. È pur vero, però, che nel prefigurare il futuro, o 'un' futuro, si può correre il rischio di essere apodittici, generalisti e schematici. Ciò nonostante, tutti possono constatare che il concetto stesso di democrazia è stato sottoposto ad una costante verifica sia nel corso del secolo breve che nell'attuale inizio del nuovo millennio, ed ampiamente sconfessato dai fatti. Le carte costituzionali degli Stati, in più e più occasioni, si sono rivelate scritture di buone intenzioni. È inutile citare gli esempi storici dell'immediato passato o del presente per sottolineare le continue contraddizioni in cui versano le nostre democrazie. Ciò nonostante, è innegabile che le spinte al mutamento affiorino all'interno del corpo sociale. Malgrado gli scenari di devastazione fisica e morale offertici dai teatri di guerra, dal lacerato campo dell'economia, dalla pervasività perniciosa delle attività mafiose e ndranghetiste, locali ed internazionali, il mondo non si arrende. Il sorgere di un principio opposto è inevitabile; al *"Rumore del male"*, come recita l'indovinato titolo del libro di Umberto Rollino[23] si oppone la lenta ascesa della nuova cultura nascente. Naturalmente non si può inquadrare questa dinamica evolutiva-involutiva secondo schemi meccanicistici, come se la storia fosse un dispositivo ad orologeria che compie i suoi giri periodicamente. Non sappiamo se in futuro il *"Rumore del male"* continuerà ad essere ancora più assordante o se le democrazie sapranno, con la forza di un principio nuovo, disgregare, o quanto meno, ridurre in maniera drastica la sua azione corrosiva. Non ci sono formule o ricette; un sentiero lo si fa percorrendolo, aprendo a fatica la pista, estirpando erbacce e rovi, dissodando il terreno. Ciò che conta è che nella costruzione di 'una nuova cattedrale' confluiscano le spinte delle nuove forze culturali.

E dunque nel mutamento, o meglio, nella tensione al mutamento, possiamo riscontrare una forte spinta al raggiungimento di un grande ideale, di quella grande utopia che immagina, prefigura la possibilità di nuovi sviluppi, differenti forme che sintetizzano altre dinamiche sociali. Grandi utopie che muovono l'immaginazione, ma che devono fare i conti con l'effettiva fattibilità dei progetti immaginati. Si sa che le grandi utopie rischiano sempre l'eccesso enfatico, la retorica, la prosopopea. La retorica del programma è sempre dietro l'angolo, ma questa non va confusa con l'autentica spinta al rinnovamento. Ciò che conta è tenere in pugno il nocciolo rivoluzionario, capirne l'essenza. Riccioli ed orpelli retorici sono sempre presenti e vanno messi in conto. Si pensi alla retorica degli appelli futuristi, agli altisonanti elogi marinettiani, al mito della tecnica, dell'automobile, della guerra.

Il processo di rinnovamento sociale è lento, graduale; si avvale di tutte le forze positive, che talvolta ignorano di convergere in un obiettivo comune.

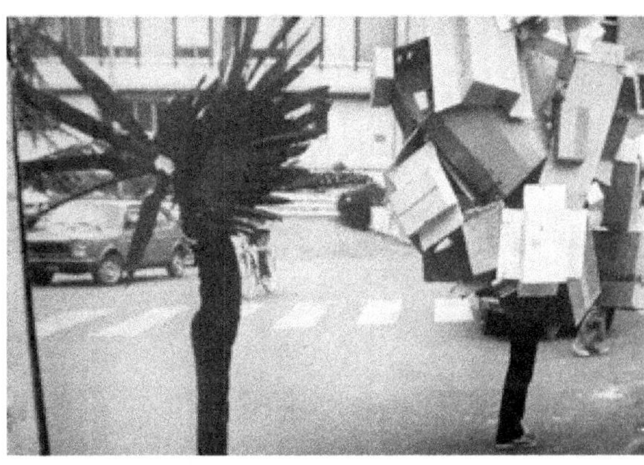

Cavriago di Reggio Emilia 1978,
Ernesto Jannini e Silvio Merlino,
Festival di arti visive, galleria
Pari e Dispari

L'arte esercita il suo particolare peso, un peso notevole, a volte sottovalutato all'interno di questo processo. Certamente, nel processo storico, colpiscono di più le spinte al mutamento violento. Il lavoro dell'arte è invece un lavoro lento che incide sui gangli della sensibilità profonda della coscienza. Le rivoluzioni politiche, al contrario, esigono spesso un tributo di sangue per far valere le ragioni del diritto sulle ingiustizie sociali.

Talvolta si pensa di far maturare il nocciolo rivoluzionario nell'arco di un breve tempo, che è il tempo della violenza, come lo è stato quello dei brigatisti rossi. Gli anni Settanta sono stati gli anni in cui il piombo fuoriusciva dalle canne roventi delle P38, ma anche gli anni in cui gli artisti hanno dato il meglio di sé, penetrando nel sociale con la ricchezza di nuovi approcci creativi.

Tutto ciò è storia nota. Eppure la riflessione su queste contrapposizioni tematiche è lungi dall'essere archiviata poiché, specialmente oggi, le variabili che agiscono all'interno del corpo sociale, come si diceva, sono molteplici ed aprono continuamente la questione della forma, dei linguaggi, dell'assetto, del volto che una democrazia vuole assumere. La questione sociale è una costante del processo storico, sempre messa in fibrillazione dalle variabili, che fanno capo alla gestione dell'economia, ai diritti acquisiti e sanciti e quelli che ancora attendono un canone. Basti pensare ai temi cosiddetti 'eticamente sensibili', di fronte ai quali si scontrano le forze regressive e quelle innovative.

Per non parlare della questione del lavoro, il rapporto che intercorre tra quest'ultimo e le variabili della tecnologia, la cui accelerazione liberatrice distrugge inesorabilmente la dimensione 'artigianale' delle prestazioni e, ancor più significativo, riduce sempre di più, secondo una curva esponenziale, il numero dei lavoratori.

Oggi, è sotto gli occhi di tutti il quadro febbricitante dell'intreccio tra economia, lavoro, libero mercato, e i suoi effetti reticolari, le connessioni, le dipendenze reciproche; per non parlare dell'etica cinica delle delocalizzazioni che ci portano alla questione dell'attuale globalizzazione.

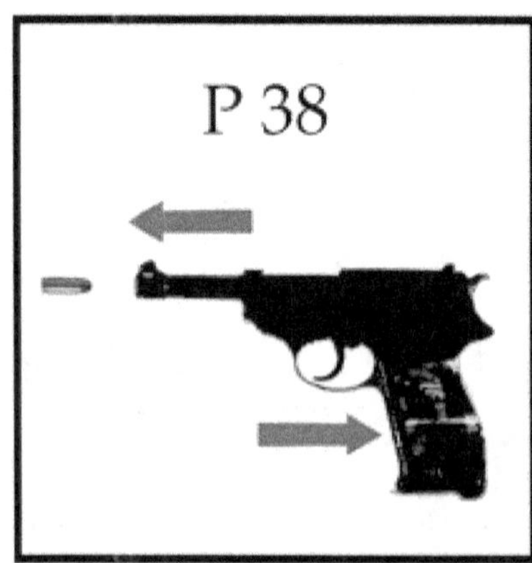

P 38. Elaborazione grafica di Ernesto Jannini

E dunque la questione della 'forma' che, nell'arte si libera nel pluralismo espressivo, nelle molteplici modalità operative, è stato un tema portante degli anni Sessanta e Settanta. E lo è tuttora.

01.3 PLURALISMO. Mail a Stefano Taccone

A proposito del pluralismo espressivo devo confessare che le precedenti considerazioni scaturite dal convegno di Lucilla Meloni e dalle mie 'riflessioni a margine' ne aprirono altre, al punto che dopo aver visto il video della presentazione del libro di Stefano Taccone, *La contestazione dell'arte*, svoltosi tra artisti critici ed accademici, sentii la necessità di scrivergli per sentire il suo parere in merito alle mie considerazioni da questo stesso video scaturite.

Alla presentazione del libro erano presenti, oltre all'autore, Gerardo Di Fiore e Maria De Vivo. Le osservazioni di quest'ultima, in merito al rapporto tra creatività (libera) e ideologia (talvolta soffocante e condizionante lo sviluppo creativo), mi indussero a rielaborare alcuni concetti.

Così, durante il periodo estivo del 2014, scrissi a Stefano alcune mail che diedero inizio ad un breve dialogo a distanza. A tal proposito riporto di seguito anche la risposta di Renato Brancaccio, oltre a quella di Stefano Taccone, che con passione e puntiglio si sofferma su alcuni passi della stessa mia mail. Inoltre, sempre su sua richiesta, in merito ad un approfondimento di una mia installazione del 1979 portata a Gubbio insieme agli *Ambulanti*, prolungai la mia analisi sulle ragioni che mi spinsero ad elaborare quel particolare progetto. Aggiungo che in quel periodo le mie considerazioni critiche sugli anni Settanta le portavo avanti anche con gli incontri informali tra amici artisti. Con l'amico Paolo Rosa dello Studio Azzurro di Milano, purtroppo scomparso nell'agosto del 2013, ricordo le lunghe telefonate proprio in merito alle problematiche qui affrontate. A dire il vero il suo libro, *L'arte fuori di sé. Un manifesto per l'età post-tecnologica*, (Feltrinelli 2011) fu oggetto da parte mia di una lunga recensione su *Juliet Art Magazine*. Scritto insieme a Andrea Balzola, il libro affronta in maniera radicale la 'mutazione' della figura dell'artista (vedi il capitolo tre: "L'artista plurale") che da operatore solitario si fa portavoce di progetti relazionali, di creazione di 'stazioni' in cui attivare le migliori energie della comunità, sia pure attraverso l'acquisizione consapevole dei nuovi strumenti tecnologici e dell'uso della Rete.

* * *

Caro Stefano[24]

come promesso finalmente prende forma qualche mia considerazione dopo aver visto il video della presentazione del tuo libro *La contestazione dell'arte*[25].

Penso, però, che prima di affrontare alcune questioni bisognerebbe indagare di più sulla natura del pensiero ideologico, su come si struttura e procede nelle sue rappresentazioni: chiedersi in che misura, e in che modi, questa modalità del pensiero abbia influito, condizionato, il corso della storia e, nel nostro caso, della recente storia dell'arte.

Si è parlato tanto della fine delle ideologie, del tramonto delle grandi narrazioni. Mi chiedo se questi tramonti si siano effettivamente compiuti o, per altri versi, non si siano trasformati in 'altro', lasciando sostanzialmente invariate molte questioni.

La nota fondamentale dell'ideologia è il carattere strutturato di una elaborazione teorica in vista di un orientamento culturale o politico; diciamo di un sistema di idee il cui interno è governato, o dovrebbe essere governato da un principio di coerenza e da un principio applicativo (azione); o meglio, dalla sincronica realizzazione di coerenza e applicazione (teoria e prassi): dunque due fondamentali condizioni per poter strutturare in maniera organica la propria visione del mondo.

Come inserire, dunque, queste brevi riflessioni all'interno della discussione sull'arte – in occasione della presentazione del tuo libro *La contestazione dell'arte* tra te, Maria De Vivo, Gerardo Di Fiore, Renato Brancaccio e agganciarle a quel punto che nella mia ultima mail non ti era chiaro circa la questione dell'ortodossia e l'eterodossia?

Guardando il video mi ha colpito la riflessione della De Vivo quando, ad un certo punto, rilevava – in riferimento ai movimenti artistici degli anni Settanta - una "saturazione ideologica che impediva al soggetto di esprimersi pienamente"[26].

Avendo operato artisticamente in quegli anni Settanta, dopo tanti lustri, mi sono sentito in dovere – sollecitato da De Vivo – di chiarire a me stesso alcuni punti che reputo importanti, e a condividerli, in attesa di un tuo riscontro dialettico.

Se arte è pensiero ed azione, ciò vuol dire che anche l'arte può rischiare di divenire 'ideologica'; oppure l'arte è 'sempre' ideologica, poiché dà origine ad una narrazione, un'operazione, ad una rappresentazione conclusa. Il principio di coerenza e il principio applicativo sono presenti nell'arte come nell'orientamento politico e in altre sfere della vita; soltanto che la finalità politica va verso la realtà immanente, fattuale, di ottenimenti, di risultati concreti mentre l'arte sollecita e sviluppa il piano mito-poietico e 'presa di coscienza' della realtà: almeno come la intendo io; tant'è che quando l'arte, nella modalità della pittura, si mette tout court al servizio di una ideologia politica, come nel caso del realismo socialista, sentiamo che perde la sua connotazione, diventando un'altra cosa.

Ora, a proposito dell'ortodossia e dell'eterodossia, è sotto gli occhi di tutti che, allo stato attuale, nel 'mondo dell'arte' convivono le due figure dell'artista ortodosso e dell'eterodosso. In me stesso sono presenti queste due modalità. L'eterodossia nell'arte si è esplicitamente manifestata a partire dagli anni Sessanta per poi fluire negli anni Settanta sulla 'piattaforma' Duchamp, vale a dire dall'idea che l'artista possa essere altro da ciò che si pensava fino a quel momento: cioè senza dover passare tutta la vita – parole di Duchamp – davanti ad un cavalletto.

Ma vediamo con calma in che cosa consiste questa ortodossia e se è effettivamente una questione che si può liquidare facilmente.

L'artista ortodosso è colui che raccoglie le energie mentali e spirituali nel recinto del suo studio; ha necessariamente bisogno di questo raccoglimento, del silenzio, che si rivela una componente essenziale (ma ciò vale anche per lo scrittore, il poeta, il compositore, lo sceneggiatore, il progettista) per lo svolgersi del processo creativo, fatto di intuizioni, sintesi, razionalizzazioni, dubbi, fallimenti ecc. che lo vedono impegnato in un "corpo a corpo" con la sua personale rappresentazione o progetto. Egli non deve dar conto a nessuno di questo processo creativo, se non a quella zona più profonda di sé che si fa cavità, cassa di risonanza, al cui interno risuonano le voci e i suoni di ciò che va facendo, valutando il più possibile, spesso con l'istinto, l'autenticità e la pregnanza di ciò che elabora. Soltanto se ritiene effettivamente pregnanti, 'vive' le sue rappresentazioni, i suoi oggetti e progetti (fossero anche le più sofisticate proposizioni analitiche-concettuali), egli può – per così dire – licenziarli, farli circolare nel mondo. Almeno questo dovrebbe essere, a mio avviso, l'atteggiamento consono ad una ricerca seria per poter parlare di arte. L'artista ortodosso è in relazione con sé stesso, - fa 'luce a sé stesso'- per usare un'espressione buddista, anche se, potenzialmente, come l'artista etero, è in connessione con tutto ciò che conosce e sente e quindi non è una monade isolata dal resto del mondo. Il processo creativo passa attraverso la sua censura o benedizione, essendo egli, quando si trova in questa condizione, unico responsabile delle opere.

Per contro, l'artista etero, vale a dire colui che si misura con gli altri, lavora e crea con gli altri, assumendo altri contesti che non siano quelli consegnati dalla tradizione, avvia il processo creativo con modalità differenti: progetta happening, performance, azioni interattive, con finalità finanche 'politiche', di denuncia come, tanto per fare un solo esempio, nel caso di Hans Hacke[27]; o di provocazione, di animazione sociale e di realizzazione collettiva con la comunità del luogo. L'artista eterodosso ama gli sconfinamenti; è un fuoriuscito, non indossa mai lo stesso vestito: quanto meno è un vestito differente. Il suo armadio ha più scaffali, per un cambio di stagione plurale.

Bisogna ammettere, però, che a questa libertà dell'artista plurale si affiancano grandi rischi, che possono compromettere la condizione stessa di libertà. Questo è il mio punto di riflessione che reputo importante. Anche Joseph Beuys affermava con Michael Ende che: "Quando tutto è possibile, niente è più... possibile"[28].

Naturalmente non penso di esaurire in queste poche righe una problematica così complessa. Conviene ricordare che di ciò si è parlato ampiamente negli anni Settanta, quando si discuteva della 'perdita dello specifico'; nel senso che l'apertura dell''operatore artistico' verso il sociale, apriva al 'rischio' di una vaporizzazione della pratica artistica; almeno di quel fare artistico tradizionalmente inteso, - si cercava di precisare -, ponendo quindi dei dubbi circa lo sconfinamento dell'artista (e non soltanto l'operatore sociale) in altre aree più propriamente dominate da artefici deputati a quella particolare specifica disciplina.

Insomma, tornando al video in questione, è come se la De Vivo lasciasse intendere dalle sue parole che l'artista operatore estetico di quel periodo storico avesse rinunciato alla sua individualità entrando in debito d'ossigeno con il suo bisogno di 'esprimersi pienamente'.

La mia riflessione, a distanza di tanti anni, è sospinta da un semplice bisogno di chiarificazione poiché si ascoltano, o si leggono, ancora dichiarazioni dogmatiche da parte degli addetti ai lavori. Se negli anni Settanta l'antitesi tra operatore nel sociale e artista solitario poteva avere una sua ragione d'essere, oggi non è più così.

C'è voluto del tempo per acclarare che l'operatività ortodossa non necessariamente si scontri con l'operatività etero e che i due momenti sono ugualmente necessari allo sviluppo della coscienza.

La 'pratica' dell'attuale operatività artistica conferma ampiamente questa tesi[29]. Vedere una contrapposizione tra i due momenti vuol dire, oggi, non vedere che il nostro tempo ha bisogno di risposte, orientamenti e sensibilità, volte ad una maggiore comprensione della complessità del fenomeno uomo-società[30]. E quindi quell'antitesi si è dissolta, a mio avviso, grazie all'integrazione tra le due modalità operative, le quali si proiettano nella dimensione espressiva dell'arte in vista di una più grande libertà.

Resta il fatto, però, che anche, e forse soprattutto, a questa grande libertà conquistata sul campo, che ha spazzato via luoghi comuni e dogmatismi vari[31], a questa libertà, patrimonio comune di molte generazioni, come accennavo nella prima parte di questo scritto, si affiancano alcuni grandi rischi. Ci tengo a evidenziare questo punto, essendo anch'io un artista che cerca di praticare questa grande libertà conquistata col tempo. Sottolinearne i rischi! Come quelli di scivolare nel 'libertinaggio', nella licenziosità e, talvolta, soverchieria artistica. Si è sì liberi di esprimersi individualmente o in gruppo o operando nel sociale; ma, ammettiamolo pure, non sempre si è all'altezza di risultati soddisfacenti, talvolta neanche sufficienti e che ci lasciano sconcertati per la loro gratuità. Ecco perché bisogna essere molto rigorosi e critici con sé stessi e gli altri. Non è forse vero che di fronte a certe 'operazioni' o in molte esposizioni si esce con un senso di vuoto, di occasioni mancate? E ci si chiede: "Che cosa è mancato?".

Dunque si è portati ad interrogarsi sulla finalità dell'operatività artistica, sul come può stare in piedi, sull'effettiva validità culturale e incisività dell'arte, del suo rapporto con il contesto storico, antropologico e politico, sulla sua possibilità di entrare a far parte di un tessuto connettivo più ampio, orientato verso un'utopia di mondo unitario, ad esempio, in un mondo che unitario non è. E riflettere sulle finalità dell'arte che s'intrecciano con le urgenze della vita (ma anche su questo bisognerebbe discutere), cercando nel contempo di chiarificare la portata rivoluzionaria dell'arte. Infatti, l'arte reca in sé una energia inimmaginabile, certamente una particolare energia, che a volte rischia di girare soltanto su sé stessa, come un potente motore privo di un albero di trasmissione.

Pensiamo a quando Trotzki, sollecitato da Breton, scrisse sul numero cinque della *Partisan Review*:

"L'arte può diventare una forte alleata della rivoluzione solo se rimane fedele a sé stessa". Eppure siamo nel 1938, un tempo lontanissimo, ed è un proletario, marxista, materialista dialettico, a parlare. E allora che cosa vuol dire essere fedele a sé stessa? Oggi, in un mondo a capitalismo avanzato, immagino che questa visione di Trotzki possa far sorridere qualcuno.

Quindi, per tornare al punto, da un lato corriamo il rischio non essere all'altezza di praticare questa grande libertà, dall'altro il pericolo di rimanere bloccati nel mastice del dogmatismo ideologico che applicato all'arte crea grande confusione, poiché non si tiene conto che tra un principio creativo, una modalità creativa e un'altra non ci può essere né soluzione di continuità, né supremazia.

Detto questo non aggiungo niente di nuovo a ciò che per decenni è stato dibattuto anche oltreoceano – tanto per fare un altro esempio paradigmatico - tra le posizioni del formalismo di Clement Greenberg e il postmodernismo critico di Rosalind Krauss. Ancora una volta antitesi tra posizioni inconciliabili che hanno logorato i nervi di non pochi teorici i quali si sono arrovellati attorno alle nozioni di creatività, incisività, originalità, di necessità della 'forma' o di superamento dello statuto modernista in funzione di un allargamento su altre piattaforme operative[32]. Sottolineo tutto ciò per ribadire che le contrapposizioni tra pensatori denotano un lato sordo, un angolo morto, che non vede la complessità della realtà di cui l'arte trattiene e rimanda gli aspetti storicamente determinati, inseriti in una temporalità e contingenza ed altri sovra-storici, atemporali, che garantiscono la lunga vita, poiché dell'arte toccano l'essenza. E con ciò, caro Stefano, vedi che io stesso ho introdotto un altro doppio tema o un'altra contrapposizione; dunque un'arte temporalmente e storicamente determinata per la quale non c'è un giudizio che la possa affossare ed un'arte che insegue l'essenza atemporale, senza per questo essere 'lontana' dalla realtà. In linea di principio, infatti, possiamo affermare che non ci sono ragioni necessarie e sufficienti, che non c'è nessuna norma, protocollo, regola o canone, orientamento, che sia universalmente valido per l'arte. Che l'arte rifugge da prescrizioni imposte e che, al contrario, ogni singolo artista o movimento o gruppo cerca la 'sua' regola, i 'suoi' principi di orientamento.[33] Gli unici parametri attendibili, forse, sono quelli relativi allo sviluppo in pienezza dell'opera, la sua riuscita e il suo 'senso' profondo. Qualunque sia la modalità, il modus operandi, ci si muove in coerenza con ciò che si sente-pensa-crede.

Insomma nell'arte non c'è una verità da perseguire, ma un percorso da sperimentare, qualunque siano le modalità adottate. Ciò che conta è il potenziamento, l'accrescimento, il più globale possibile della propria e altrui coscienza. Non possiamo mai sapere in anticipo quali possano essere gli 'effetti' di questo potenziamento. Ad ogni modo, come sostiene Tiziana Andina: "Essa (l'arte) ha dunque l'assoluto privilegio di poter fare ciò che vuole"[34].

Come artista ho dubitato delle categorie dogmatiche, che spesso si traducono in teorie prescrittive; in un mondo mobile e fluido, in tutti i sensi, mi resta la certezza dell' 'evidenza', come esperienza interiore. L'arte è 'plurale' e bisogna saperne cogliere tutte le sfaccettature. Quando un brano di Miles Davis ti cattura, non dubiti: ascolti. Quella pregnanza dell'opera musicale è un'evidenza. Ciò vale per un quadro, una performance, un'installazione. Ora, però, questa 'evidenza' non è universalmente condivisibile; infatti ci può essere qualcuno che di fronte a qualsivoglia opera può rimanere assolutamente impassibile; insomma, non è data gratuitamente, è un processo che passa attraverso l'ascolto profondo, come nel caso della musica. Diverso è quando ci troviamo davanti ad una proposizione analitica di Joseph Kosuth, la cui evidenza appartiene ad un altro piano. Ma siamo capaci di passare da una modalità all'altra senza pregiudizi ideologici o interferenze dogmatiche? A sintonizzarci con le differenti coerenze espresse dalle modalità?

Cosa vuol dire, quindi, 'esprimersi pienamente', per ritornare alle parole di Maria De Vivo? Potremmo mai dire che Riccardo Dalisi con tutto il lavoro portato avanti nel sociale non si sia espresso pienamente? E la stessa cosa non vale anche per Joseph Kosuth, singolo artista che ha adottato una modalità operativa completamente differente? La crescita intellettuale morale ed estetica dell'individuo e delle masse quella che, riferita all'individuo, Adorno definiva Bildung, passa attraverso molteplici modalità operative, espressive e di apprendimento, nel contesto storico e culturale; e dunque a maggior ragione oggi, in cui il soggetto è frammentato, e si aggira in una cultura di frammenti.

* * *

Caro Stefano, (risposta dell'artista Renato Brancaccio)

non ho avuto il piacere di conoscere personalmente Ernesto Jannini. Le argomentazioni contenute nello scritto che ti ha inviato, e che mi hai gentilmente girato, mi sono sembrate per più di un verso interessanti. Alcune le ho molto condivise, come ad esempio quella relativa alla definizione di artista ortodosso e/o eterodosso, altre mi hanno suscitato alcune perplessità e mi hanno indotto a qualche riflessione, che riporto qui di seguito.

La domanda che Ernesto pone, circa la fine o meno delle ideologie, deve essere evidentemente retorica. Non è difficile infatti rilevare che una di esse, l'ideologia cosiddetta "liberista", è imperante e ha distrutto tutte le altre. Al punto che, nell'attuale fase storica, si è parlato di "pensiero unico". Ultimamente forse in crisi, ma per adesso comunque "unico". Francamente nutro dubbi anche riguardo alla equazione secondo cui l'ideologia comunista sia solo rappresentata dal realismo socialista. Mi pare un modo tutt'altro che esaustivo di affrontare il tema complicatissimo degli errori, degli orrori, della crisi e della implosione dell'Unione Sovietica, e più in particolare la questione del rapporto tra arte e ideologia comunista.

Ricordiamoci che la spinta rivoluzionaria del cubo-futurismo è parte integrante della stessa ideologia e che le interpretazioni dell'ideologia comunista sono state multiformi, dialettiche, spesso antagoniste le une con le altre e soprattutto sono state di altissimo livello dal punto di vista artistico, volendo soffermarsi solo ad alcuni pittori: penso a Siqueiros, Orozco, a Picasso, come a Otto Dix e ai principali dadaisti, in Italia a Licini, a Vedova, a Napoli a Lippi, Barisani, Luca il Gruppo P.66, l'elenco sarebbe lungo.

Bisognerebbe iniziare ad ammettere un fatto incontrovertibile, eppure assai scomodo per molti: lo sviluppo progressivo dei diritti sociali e delle libertà e della pace in Europa occidentale dipese in buona misura anche dalla "minaccia sovietica"; scomparsa questa, guarda caso, stanno progressivamente venendo meno quelli. Di contro si stanno aprendo e moltiplicando scenari di guerra come logico sviluppo di una ideologia economica-finanziaria in atto, condita da estremismi religiosi, anch'essi sollecitati dalla stessa ideologia della distruzione di tutti gli istituti di democrazia, produttrice tra l'altro di un'onda, che sta montando, di cultura di destra e fascista.

Io credo che in questo tempo bisognerebbe soprattutto indignarsi e quindi allertarsi rispetto al tentativo quasi del tutto riuscito, da parte dell'ideologia del pensiero unico, di annullare tutta l'articolazione di pensiero e di organizzazioni del Novecento. Un processo di annullamento che talvolta condiziona anche i più accorti tra noi.

Ho trovato interessante dicevo il riferimento di Ernesto alla distinzione tra artisti ortodossi ed eterodossi, questi ultimi definiti in base alla "piattaforma" Duchamp. Egli si chiede se oggi si possa essere ortodossi o eterodossi, e confessa che lui si sente un po' l'uno e un po' l'altro. Ecco, al riguardo io credo si debba preliminarmente chiarire che quella piattaforma era storicamente determinata. Era cioè concretamente necessario affermare che l'arte della "rappresentazione" era finita e iniziava quella che personalmente ho talvolta definito arte della "presentazione". Per analizzare quel passaggio storico, bisognerebbe anche ricordare che parallelamente a esperienze straordinarie, come ad esempio, per farne uno, l'arte di comportamento di Giuseppe Desiato, si fece largo pure una produzione che io chiamo 'furba', inclusa gran parte della Transavanguardia, dell'Achille Bonito Oliva ed altri. A tale proposito sarebbe utile che Ernesto desse uno sguardo all'articolo mio e di Emiliano, *Transretroguardia del capitale*, contenuto nel volume *Transiti. Dall'avanguardia al contemporaneo* (Guida, Napoli, 2011).

Se dunque ricollochiamo storicamente il problema, io penso che la questione per il tempo presente non sia tanto quella di essere ortodossi o eterodossi. Forse la sfida per l'oggi dovrebbe piuttosto consistere nel riflettere sul processo di disgregazione concettualizzante in corso - che Michaud ha acutamente definito "iperempirismo postmodernista" - e nel provare a interromperlo, incuneandosi nei suoi contraddittori meccanismi. Molti di noi ritengono che un modo, in tal senso, potrebbe consistere nell'aggiornamento della critica alla statica modalità retorica della rappresentazione oggettuale dell'arte, per rilanciarla invece come dinamica istanza di trasformazione sovversiva del linguaggio e del comportamento, come esperienza che punti sempre più a chiudere la forbice tra l'artista, l'opera-evento e il fruitore, e che si proponga di rivoluzionare ancora una volta il loro rapporto sociale. Ma di questo magari, grazie a te e ad Ernesto, avremo modo di discutere e approfondire in nuove occasioni di incontro.

* * *

Caro Ernesto, (Risposta di Stefano Taccone)

non posso che iniziare a scrivere ringraziando ancora una volta sia te, che hai dedicato questa riflessione di tale impegno e respiro al mio libro, sia Renato Brancaccio, che ha tempestivamente voluto aggiungere alcune opportune e gradite considerazioni, e tutti coloro che hanno seguito e continueranno a seguire il dibattito – coinvolti o meno direttamente nelle vicende – e magari avanzeranno ulteriori contributi! La vostra solerzia ha contribuito a mantenere acceso l'interesse per uno volume uscito ormai ben oltre un anno fa e che 'fuori mercato' nell'accezione più positiva - ed anche orgogliosa del termine – non si fonda se non innanzitutto sul genuino interesse di chi lo legge e ne trae spunti di riflessione per la propria vita, prima ancora che per la propria "professione", oltre che naturalmente sul mio piacere personale di averlo scritto, di raccontarlo ed anche – perché no? – quando opportuno di "autocriticarlo". Eraclito ci insegna infatti che tutto scorre e l'acqua del fiume in cui mi immergevo circa due anni fa, quando ero nel pieno della stesura de *La contestazione dell'arte*, è ormai – piaccia o no – trascorsa da un pezzo. Ma, detto questo, passo subito al cuore della tua lunga lettera, dalla quale, data la pur felice densità, ho cercato di estrapolare alcuni punti chiave, onde non rischiare di cogliere solo di striscio o, peggio ancora, di eludere - pur non volendo - le urgenti questioni che poni.

La tua lettera inizia con la distinzione – poi aleggiante tra le righe un po' per tutto il resto del testo - tra artista 'ortodosso' ed 'eterodosso', a partire dall'affermazione della amica e collega Maria De Vivo durante la presentazione del mio libro del ventotto maggio scorso, per la quale, negli anni di cui mi sono occupato, esisteva una «saturazione ideologica che impediva al soggetto di esprimersi pienamente». La prima tipologia designa, in sintesi, l'artista che «è in relazione con sé stesso, fa "luce a sé stesso" […] anche se, potenzialmente, è in connessione con tutto ciò che conosce e sente. Il processo creativo passa attraverso la sua censura o benedizione essendo egli unico responsabile delle opere». La seconda, sempre in sintesi, riguarda «colui che si misura con gli altri, lavora e crea con gli altri, assumendo altri contesti che non siano quelli consegnati dalla tradizione, avvia il processo creativo con modalità differenti: progetta happening, performance, azioni interattive, con finalità finanche "politiche", di denuncia […], di provocazione, di animazione sociale e di realizzazione collettiva con la comunità del luogo […] ama gli sconfinamenti; è un fuoriuscito, non indossa mai lo stesso vestito: quanto meno è un vestito differente. Il suo armadio ha più scaffali, per un cambio di stagione plurale». Quindi concludi osservando «che l'operatività ortodossa non necessariamente si scontra con l'operatività etero e che i due momenti sono ugualmente necessari allo sviluppo della coscienza. Vedere una contrapposizione tra i due momenti vuol dire, oggi, non vedere che la realtà ha bisogno di risposte, orientamenti e sensibilità, volte ad una maggiore comprensione della complessità del fenomeno uomo-società».

Facciamo ora però un passo indietro, lasciando per un attimo in sospeso l'esito cui sei giunto, e consideriamo quanto afferma Sigmund Freud in una sua alquanto celebre conferenza del 1907 dal titolo *Il poeta e la fantasia*: «Dobbiamo provare a cercare le prime tracce dell'attività poetica già nel bambino? L'occupazione preferita e più intensa del bambino è il gioco. Forse si può dire che il bambino impegnato nel gioco si comporta come un poeta: in quanto si costruisce un suo proprio mondo o, meglio, dà a suo piacere un nuovo assetto alle cose del mondo»[35]. Più tardi, divenuto adolescente, «smette di giocare», ma di fatto «abbandona soltanto l'appoggio agli oggetti reali: invece di giocare ora fantastica. Egli fabbrica castelli in aria, costruisce quelli che si dicono sogni ad occhi aperti»[36]. Non di meno «l'uomo felice non fantastica; solo l'insoddisfatto lo fa». Sono desideri insoddisfatti le forze promotrici delle fantasie, e ogni singola fantasia è un appagamento del desiderio, una correzione della realtà che ci lascia insoddisfatti»[37]. Da qui a concludere che «tanto l'attività poetica quanto la fantasticheria costituiscono una continuazione e un sostituto del primitivo gioco infantile»[38] - pur a tratti esprimendo egli stesso, non senza un pizzico di paradosso e contraddittorietà, il proposito di ridimensionare il grado di adeguatezza della sua teoria nel momento stesso in cui la enuncia - il passo è breve[39].

Mi pare pertanto, caro Ernesto, che tale teoria della genesi e dell'essenza dell'artista e dell'attività artistica – a rigore Freud parla sempre di "poeta" e di "attività poetica", ma il discorso può essere senz'altro tranquillamente esteso ad ogni altra forma d'arte – non solo si riveli assai prossima alla figura che tu definisci "artista ortodosso", ma sia in grado, qualora confermata, di avallare l'opportunità letterale della stessa categoria che tu avanzi.

Consideriamo però anche le critiche che Lev Vygotskij rivolge a tale lettura freudiana del fenomeno artistico e, più in generale, allo stesso metodo psicoanalitico rivolto all'arte – e non solo -, allargando la sua confutazione anche ad altri autori di tali tendenze come Otto Rank e Hanns Sachs: tutte queste teorie, denunciano «nella definizione della forma artistica […] il lato più debole»[40] - «Non sarebbe tanto più naturale e sbrigativo fare a meno di tutta questa complicazione della forma e, in modo ingenuo e aperto, deviare e dare sfogo al desiderio corrispondente?»[41], si chiede retoricamente lo psicologo sovietico -, il rifiuto di realmente «descrivere e spiegare queste forme sul piano della psicologia sociale», e ciò malgrado la scoperta «che l'arte, per sua essenza, è conversione del nostro inconscio in forme sociali, aventi cioè nella società un certo significato e la funzione di foggiare in un certo modo il comportamento» si debba agli stessi psicoanalisti.[42] Un limite facilmente spiegabile con «due peccati d'origine» impliciti nella psicoanalisi: «la pretesa di ricondurre a qualunque costo tutte senza eccezione le manifestazioni della psiche umana al solo e unico desiderio sessuale»[43] e l'attribuire «all'inconscio una portata smisurata», riducendo di conseguenza «allo zero assoluto la coscienza consapevole»[44]. «Mai e poi mai», conclude Vygotskij, «l'arte potrà essere spiegata fino in fondo partendo dal piccolo giro della vita individuale, giacché inderogabilmente essa esige una spiegazione che si riallacci al grande giro della vita associata»[45].

Mi pare pertanto che tale correzione di Vygotskij alla teoria della genesi e dell'essenza dell'artista e dell'attività artistica freudiana e psicoanalitica in genere non solo rimetta in gioco le ragioni della figura che tu definisci "artista eterodosso", ma sia in grado, qualora confermata, di mettere in crisi l'opportunità letterale della stessa categoria che tu avanzi.

Continuando il periplo intorno alle integrazioni-confutazioni della tesi sull'arte di Freud, abbandonando però il terreno psicologico per approdare su quello filosofico, potremmo imbatterci nel Mario Perniola de *L'alienazione artistica*[46] il quale, in coerenza con la sua concezione dell'arte, enunciata fin dalla prima pagina, come «categoria storica precisa, della quale è possibile individuare l'origine e lo sviluppo, comprendere il significato e progettare il superamento»[47] la reputa «sbagliata sotto due aspetti fondamentali: in primo luogo egli, nel definire l'arte, non specifica affatto le sue caratteristiche al punto da ritenere inessenziale il suo supporto materiale, mentre essa in tanto esiste in quanto si fonda sul reciproco rimando dell'autore all'opera; né si cura minimamente della sua origine e natura storica al punto da definirla universale, lasciandosi così inconsapevolmente ricuperare dall'estetica contemplativa. In secondo luogo la concezione freudiana della realtà è interamente non dialettica e astorica. L'importanza dell'unità dialettica del soggetto ed oggetto consiste proprio nel fatto che da un lato ogni manifestazione oggettiva della storia è opera dell'uomo, dall'altro ogni espressione soggettiva appartiene a pieno titolo alla storia. Per Freud invece da un lato la tendenza originaria dell'io è quella a seguire un 'principio del piacere' che non ha posto nel mondo esterno e può essere soddisfatto pienamente solo in modo autistico, dall'altro il mondo esterno è concepito in modo astorico come una forza che frustra la tendenza dell'io al piacere e lo costringe ad ammettere un 'principio della realtà', a cui esso riesce a sottrarsi solo mediante il sogno, la fantasia, l'arte, la nevrosi o l'attività realizzatrice»[48].

Ponendo il pensiero di Mario Perniola a confronto con il tuo dualismo ortodossia-eterodossia dell'artista, possiamo così constatare che, sempre se confermato nella sua validità, esso oppone almeno due elementi di dubbio rispetto al tuo discorso. Se infatti decidiamo di attribuire il giusto peso alla dimensione squisitamente 'storica' dell'arte, non possiamo non domandarci anche chi ed in base a quali criteri conferisce la patente di ortodossia o meno e si sa che 'storicamente' tale prerogativa è prettamente appannaggio delle classi dominanti ed anche posto che a noi la loro cultura non piaccia – e che dunque pensiamo a criteri differenti rispetto ai loro quando bipartiamo la realtà in tali categorie – siamo sicuri di essere così radicalmente affrancati dalla loro influenza proprio sul piano culturale, fenomeno che invece - in quanto appunto di classi 'dominanti' si tratta - dovrebbe essere invece assai probabile ed in una certa misura persino inevitabile? Se, del resto, tra l'uomo e la storia sussiste questa necessaria dialettica, che invece a Freud sfuggirebbe del tutto, fino a che punto si può pensare che l'autonomia dell'arte – o l'attività dell'"artista ortodosso", come diresti tu – costituisca il territorio in cui "il soggetto si esprime pienamente" e non equivarrebbe invece tale autonomia ad un mero adattamento che, disperando in qualunque trasformazione dell'esistente, persegua il solo fine di eludere la caduta nella nevrosi e - nella misura in cui nega la sua natura di compensazione 'parziale' – riveli piuttosto esso stesso la sua portata 'ideologica'? Quel «senso di vuoto, di occasioni mancate» che si avverte spesso all'uscita di molte esposizioni – che tu opportunamente richiami – non potrebbe essere appunto inteso come la conseguenza di una crescente coercizione ad esprimersi sempre più 'parzialmente' finché si resta su di un piano di 'ortodossia', in altra ottica definibile di 'separazione'?

01.4 IN MERITO ALLA BIENNALE DI GUBBIO DEL 1979.
(Mail del 2 agosto 2017 a Stefano Taccone)

Nella piazza dei Consoli di Gubbio[49] intervenni con una installazione sul tema del calcio. Il lavoro nacque da uno spunto di un precedente filmato che avevo girato in occasione di una partita di calcio del Napoli. Premetto che non sono un tifoso, anche se il calcio giocato l'ho praticato da dilettante e mi è sempre piaciuto. In occasione della partita del Napoli in questione andai allo stadio con un voluto distacco per osservare tutto ciò che girava attorno a questo evento. Ne ricavai parecchi spunti ed in seguito, come scrissi a Crispolti, elaborai anche una sorta di poesia e molteplici disegni. Strutturai il mio progetto di Gubbio pensando ad un rito di liberazione; non soltanto liberazione dall'eccessiva tensione che i tifosi manifestavano e che immerso nella folla dello stadio, tra ottantamila persone, sentivo penetrare in me in maniera pervasiva. Non è esagerato affermare che nella passione calcistica c'è un investimento quasi totale dell'io; a Napoli tutto ciò si percepisce ancor più che in altre città. Era, dunque, necessario conoscere più approfonditamente tutto ciò, penetrare nella recondita psiche della città.

Ricostruii la porta del calcio in scala reale situandola quasi al centro della piazza. Appesa alla traversa della porta situai la "sposa", un personaggio un po' metafisico, con la veste a 'panier' quasi dechirichiano, anzi saviniano, fatto di stoffe e, il volto/maschera, realizzato con scaglie, sempre di stoffe. Esprimevo il senso di straniamento che talvolta avvertivo attraversando i vicoli di Napoli, frequentando alcune botteghe ricche di cianfrusaglie o di bambole e vecchi manichini, magari giustapposti all'onnipresente icona della squadra del Napoli o ai ritratti dei calciatori. In egual modo trovi tutto questo accanto al Volto Santo o all'immagine della Vergine.

A Napoli c'è una specie di metafisica barocca che si percepisce soltanto in alcuni momenti e che aleggia nella zona dei decumani, nei vicoli dove non arriva mai il sole.

Ebbene queste combinazioni d'immagini, di cui Napoli è ricca, mi colpivano profondamente, come se la città avesse elaborato inconsapevolmente un suo particolare linguaggio, unico, irripetibile.

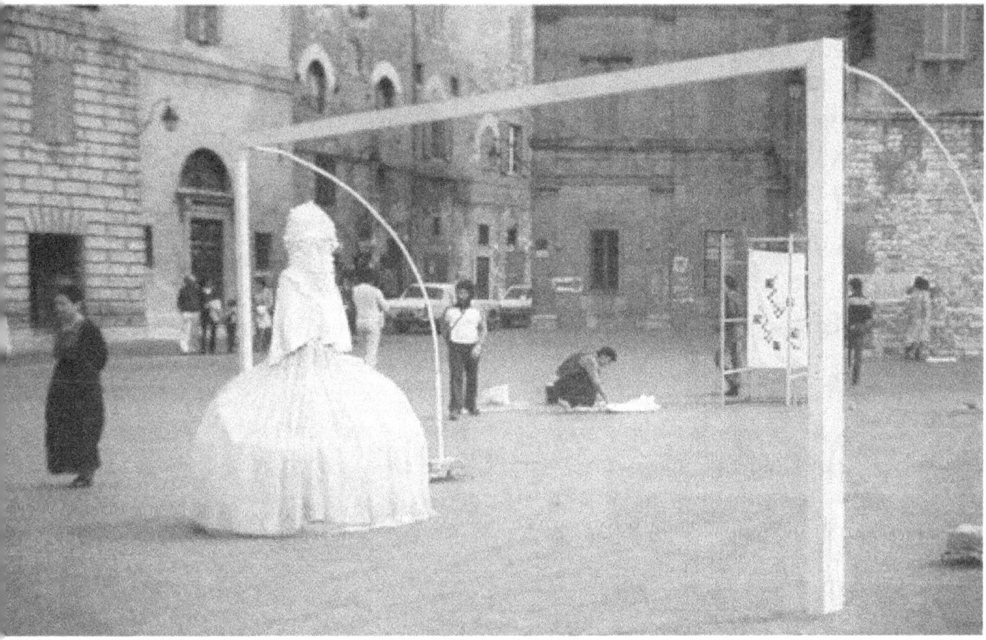

Ernesto Jannini, Biennale di Gubbio 1979, *Installazione in Piazza dei Consoli*

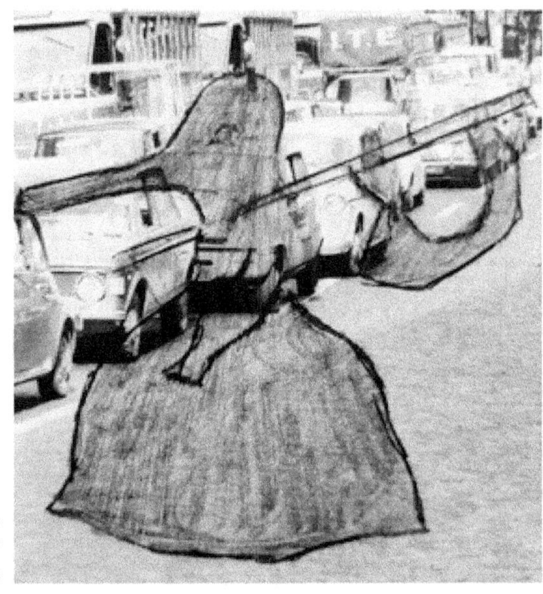

Ernesto Jannini, Napoli 1977, *Progetto intervento urbano*, cm 6,5 x cm 7 Inchiostro su foto

A Gubbio bruciavo in un catino appoggiato su un trespolo di metallo le immagini dei santini e dei calciatori. Come in un rito religioso il sacerdote con il suo turibolo asperge incenso io liberavo nell'aria le immagini della mia simbologia partenopea.

Accanto a questo rito pagano, che svolgevo più volte nell'arco della giornata, le persone potevano sentire l'intenso odore di fenolo della creolina (collocata in un altro bacile), proprio la stessa che in alcuni vicoli della città veniva usata per disinfestare e derattizzare le strade (almeno negli anni Sessanta-Settanta); insomma la stessa sostanza che Thomas Mann evoca nel suo *Morte a Venezia*.

Questo coacervo di immagini e sensazioni cercai di articolarle nella mia installazione-performance.

Così mi portavo a conoscere più da vicino la dimensione antropologica della mia città, a creare innanzitutto, attraverso il lavoro, le condizioni di una dimensione di distacco dalla mia appartenenza socio culturale, ovviamente non per disconoscerla, ma per portarla su un piano di coscienza attraverso una strutturazione simbolica e rituale che soltanto l'operatività artistica poteva offrirmi.

La condivisione di questo rito con la gente era parte essenziale del lavoro ma, come sempre, nulla era garantito a priori, poiché la performatività di queste 'azioni poetiche' entrava senza preavviso nel tessuto sociale di Gubbio e quindi in un tessuto culturale e storico del tutto differente dal sostrato partenopeo.

1. Stefano De Matteis, *Napoli in scena*, Donzelli Editore 2012, pag. 6

2. Il riferimento è relativo al periodo in cui Antonio Bassolino ha ricoperto il ruolo di sindaco di Napoli, dal 6 dicembre 1993 al 24 marzo 2000, la cui gestione sul piano culturale ha visto l'arte contemporanea entrare direttamente nei luoghi della città, in particolare le stazioni della metropolitana, contrassegnate da un forte valore artistico.

3. Nato a Potenza il primo maggio del 1931, ha ricoperto la cattedra di Progettazione presso la facoltà di Architettura di Napoli. Presso la stessa facoltà è stato direttore della Scuola di Specializzazione in Disegno Industriale. Negli anni Settanta, assieme a Ettore Sottsass, Alessandro Mendini, Andrea Branzi e altri, è stato tra i fondatori della Global Tools, contro-scuola di architettura e design che riuniva tutti i gruppi e le persone che in Italia coprivano l'area più avanzata della cosiddetta "architettura radicale". Nel 1981 ha vinto il premio Compasso d'Oro per la ricerca sulla caffettiera napoletana. Da sempre impegnato nel sociale (resta fondamentale l'esperienza del lavoro di quartiere con i bambini del Rione Traiano, con gli anziani della Casa del Popolo di Ponticelli e negli ultimi anni l'impegno con i giovani del Rione Sanità di Napoli), ha fondato l'Università di strada, l'associazione Semi di Laboratorio e ha promosso il "Premio Compasso di latta", iniziativa per una nuova ricerca nel campo del design nel segno del sostegno umano, della ecocompatibilità e della decrescita. Negli ultimi trent'anni si è accostato sempre più all'espressione artistica come via regia della sua vita dedicandosi intensamente alla creazione di un rapporto sempre più articolato e fecondo tra la ricerca universitaria, l'architettura e il design, la scultura e la pittura, l'arte e l'artigianato, mantenendo al centro la finalità di uno sviluppo umano attraverso il dialogo e il potenziale di creatività che ne sprigiona. Nel 2010, dopo una lunga ricerca preparativa, ha promosso la prima edizione del "Premio Compasso di latta", iniziativa per una nuova ricerca nel campo del design nel segno del sostegno umano, della ecocompatibilità e della decrescita. Diverse mostre dedicate alla sua attività di architetto, di designer, di scultore e di pittore sono state allestite in Italia e all'estero. Tra queste citiamo: la Biennale di Venezia, la Triennale di Milano, la Biennale di Chicago, il Museo del Design di Denver, il Guggenheim Museum di New York, il Museo di Copenaghen, il Museo di Arte Contemporanea di Salonicco, Palazzo Reale di Napoli, la Galleria Lucio Amelio di Napoli, la Fondazione Cartier di Parigi, il Museo delle Arti Decorative di Montreal, il Tabak Museum di Vienna, il Museo Zita delle Spandau di Berlino, Castel dell'Ovo a Napoli.

4. Rimando il lettore al mio, *Palestre di vita*, Editore Ombre Corte, Verona 2017. Omaggio a Gennaro Vitiello, regista della Libera Scena Ensemble, con ampi riferimenti ed analisi degli spettacoli a cui ho partecipato come attore.

5. Cfr. Intervista a Ernesto Jannini, in JULIET ART MAGAZINE n° 147, aprile 2010; Tina Abbate, *Il bambino liberato. Riccardo Dalisi e le periferie urbane*. Artetra Editore, 2019, pp.123-136.

6. Gaia Salvatori, in *Arte in movimento. Gli anni Settanta in Campania*, Postmedia Books 2018. Vedi capitolo 13, *Gli sconfinati anni Settanta. Qualche nota introduttiva*, pp.13-18.

7. Leonardo Rossi, architetto, per molti anni ha collaborato con Riccardo Dalisi dividendo lo studio in Calata San Francesco al Vomero. È stato mio professore di architettura al liceo artistico e a lui e sua moglie Rosamaria, va la mia più grande stima. A loro devo le prime vere significative letture di autori formidabili come Iddu Krisnamurti, nonché la partecipazione a numerosi seminari incentrati sulla musica e sulla ricerca spirituale tenutasi a Napoli nello studio di Dalisi e, successivamente, nelle sezioni del Centro Coscienza di Milano e, annualmente, nel periodo estivo nelle sedi di Morosolo in provincia di Varese.

8. Ernesto Jannini, *Palestre di vita*, Ombre Corte Editore, 2017.

9. Relazione di Ernesto Jannini al Convegno ITALIA ANNI SETTANTA: Gruppi, collettivi d'artista, spazi autogestiti nel decennio della contestazione a cura di Lucilla Meloni, Museo MACRO ASILO di Roma, 10 novembre 2018.

10. Enrico Crispolti venne a mancare proprio durante i giorni del convegno, al quale doveva partecipare invitato da Lucilla Meloni come ospite d'onore. È obbligatorio ricordare che Crispolti fu dal 1984 al 2005 professore ordinario di Storia dell'Arte Contemporanea nella Facoltà di lettere e Filosofia dell'università di Siena; dal 2001 rivestì la carica di Direttore della Scuola di Specializzazione in Storia dell'arte nella stessa facoltà. Precedentemente era stato Docente Incaricato e poi Ordinario di Storia dell'arte nell'Accademia di Belle Arti di Roma, dal 1966 al 1973, e Ordinario di Storia dell'Arte Moderna nella facoltà di Magistero e poi di Storia dell'arte Contemporanea nella Facoltà di lettere dell'Università di Salerno, dal 1973 al 1984. Nel 1962-63 tenne un corso sull'arte contemporanea nella Facoltà di Architettura dell'Università di Roma La Sapienza, e per alcuni anni, fra fine Settanta e primi Ottanta, lezioni e corsi nella Scuola di Perfezionamento in Storia dell'Arte dell'Università Statale di Milano.

11. Roberto Vidali è nato a Capodistria nel 1953. Dal 1955 risiede a Trieste. Dopo aver compiuto gli studi presso l'Accademia di BB.AA. di Napoli si è dedicato alla promozione dell'arte contemporanea. Dal 1975 al 1987 è stato direttore esecutivo per la sezione arti figurative del Centro La Cappella di Trieste, dove ha curato quarantaquattro mostre, tra le quali ricordiamo quelle di Riccardo Dalisi, Giuseppe Desiato, Stefano Di Stasio, Silvio Merlino, Zivko Marusic. Dal 1979 al 1985 ha collaborato alla pagina culturale del quotidiano «Il Piccolo» e dal 1980 è direttore editoriale della rivista Juliet. Ha inoltre firmato svariate pubblicazioni; tra le altre: «L'uva di Giuseppe» (1986), «Uhei, uistitì» (1988), «Sul Filomarino slittando» (1990), «Bestio!» (1993), «Merlino, pinturas» (1993), «Massini, Enkaustos» (1994), «Sofianopulo, quadros» (1994), «Oreste Zevola, rosso tango» (1994), «Mondino, tauromania» (1995), «Barzagli, impressos» (1995), «Libellule» (1995), «Perini, photos» (1996), «Notturno, setas» (1996), «Ascoltatemi!» (1997), «Kastelic, cadutas» (1997), «Damioli, Venezia New York» (1998), «Onde di formiche a far filari» (1998), «Carlo Fontana» (1999), «Topin meschin» (1999), «Giungla» (1999). Dal 1991 è coordinatore per l'attività espositiva dell'Associazione Juliet nella cui sede ha presentato innumerevoli artisti; tra gli altri si segnalano: Gilardi, Mazzucconi, Cattelan, Jannini, Pezzi, Ontani, De Paris, Garutti, Kostabi, Giacon, Cuoghi e Corsello, Mondino, Damioli, Kocheisen + Hullmann, Botto & Bruno, Alex Pinna. Nel 1994 ha collaborato alla pagina culturale del quotidiano «La Cronaca» e nel 1997 ha pubblicato alcune interviste sulla pagina culturale de «Il Meridiano». Dal 1998 è direttore incaricato della PARCO Foundation di Casier. Dal novembre del 2000 collabora al mensile «Network Café». (cfr. Zam.it)

12. Ho conosciuto Giuseppe Desiato proprio agli inizi degli anni Settanta rimanendo colpito dalla sua personalità di artista trasgressivo, vera forza della natura e dalla profonda eticità del suo orientamento culturale e politico. Per ogni riferimento alla sua opera varrà la pena di consultare *Il corpo come linguaggio* scritto da Lea Vergine e l'ampio volume antologico presentato da Gillo Dorfles in occasione di *Manifesta 7* a Trento dedicata all'artista napoletano.

13. Crescenzo Del Vecchio è stato nostro assistente alla cattedra di Pittura all'Accademia di Belle Arti di Napoli. Ha vinto il Premio Michetti nel 1972 e il Premio Pettenon nel 1972 e 1974. Fu tra i promotori di *Proposta '66* e del gruppo *Studio P.66*, con i quali partecipò a numerose mostre. Nel 1976 partecipò alla Biennale di Venezia su invito di Enrico Crispolti. Presente in numerose Triennali e Quadriennali.

14. Humor Power fu ideato da Del Vecchio. Gli Ambulanti aderirono solo nella prima fase alla formazione del gruppo.

15. Il Teatro Esse. L'inaugurazione dello spazio avvenne il 27 dicembre del 1966 con *La magia della farfalla*, l'opera è tradotta dallo stesso Gennaro Vitiello, dal testo ancora inedito in Italia, di federico Garcia Lorca *El Maleficio de la Mariposa*.

16. Gennaro Vitiello propose a Riccardo Dalisi di collaborare alle scenografie dell'*Urfaust* di J. W.Goethe. Per l'occasione Dalisi elaborò oggetti scenici di forte impatto emotivo avvalendosi delle sue famose 'tecniche povere'.

17. L'invito alla XXXVII Biennale di Venezia agli Ambulanti, allora giovanissimi, suscitò, come era prevedibile, sentimenti contrastanti tra i docenti dell'Accademia.

18. Il Collettivo Autonomo Pittori di Porta Ticinese si costituisce nel 1973 a Milano ed è composto da Giovanni Rubino, suo fondatore e autore di performance pungenti nei confronti della pervasività delle industrie e dei loro effetti devastanti, da Corrado Costa, Gabriele Amadori, Narciso Bonomi, Mario Borgese, Nino Crociani, Cosimo Ricatto, Roberto Lenassini, Roberto Sommariva.

19. Il gruppo formato da Antonio Davide, Ugo Marano e Giuseppe Rescigno, si presentò in prima uscita in occasione della rassegna teatrale Nuove tendenze a Salerno e successivamente a Reggio. Fondatori dello spazio Officina 75 di Mercato San Severino si presentarono poi con il nome di Gruppo di Salerno 75 alla Biennale di Architettura di Venezia e alla VIII Biennale del metallo di Gubbio nello stesso anno.

20. Pubblicato in: *Sdefinizioni.altervista.org* > sdefinizioni.art.mag >dilatazioni_3_2018.

21. Fritjof Capra, *Il Punto di Svolta*, Feltrinelli Editore 1984, pagg. 345-346.

22. Arnold Joseph Toynbee, (Londra 14 aprile 1889 – New York, 22 ottobre 1975). Grande storico inglese rappresentante di spicco della corrente Britannica dello storicismo diffusasi nella seconda metà dell'Ottocento. Vedi: *Il punto di svolta*, pagg. 26-29.

23. Umberto Rollino, *Il rumore del male*, 2009 Edizioni Cento Autori srl, Napoli.

24. Stefano Taccone (Napoli, 1981), addottorato in Metodi e metodologie della ricerca archeologica e storico-artistica presso l'Università di Salerno, è docente di Storia dell'Arte nei licei. Dal 2013 al 2015 ha insegnato Storia dell'arte contemporanea presso la RUFA – Rome University of Fine Arts. Ha pubblicato le monografie *Hans Haacke. Il contesto politico come materiale* (Plectica, Salerno 2010); *La contestazione dell'arte* (Phoebus, Castelnuovo di Napoli 2015); *La radicalità dell'avanguardia* (Ombre Corte, Verona 2017) e la raccolta di racconti *Sogniloqui* (Iod edizioni, Castelnuovo di Napoli 2019). Ha curato il volume *Contro l'infelicità. L'Internazionale Situazionista e la sua attualità* (Ombre Corte, Verona 2014). Collabora stabilmente con le riviste "OperaViva Magazine" e "Segno". Suoi saggi e recensioni sono apparsi sulle riviste "Boite", "Sdefinizioni", Sudcomune", "Titolo", "TK-21", "Tracce", "Undo.net", "Walktable".

25. Stefano Taccone, *La contestazione dell'arte. La pratica artistica verso la vita in area campana. Da Giuseppe Desiato agli esordi dell'arte nel sociale*, 2013 by PHOEBUS sas Editore, collana "Aisthesis

26. Rimando al video della presentazione del libro di Stefano Taccone, *La contestazione dell'arte*, You Tube, 3 giugno 2014.

27. Hans Haacke, artista nato in Germania nel 1936 e residente a New York dal 1965. Celebre per le sue indagini artistiche tra arte, potere, mercato. Ha affrontato diversi temi riguardanti la libertà d'espressione e la responsabilità in una società democratica con particolare attenzione agli aspetti artistici in relazione al contesto socio-politico, e agli aspetti espositivi e commerciali dell'opera.

28. Joseph Beuys-Michael Ende, *Arte e politica. Una discussione*, 1994 Ugo Guanda Editore, pag.93.

29. Mi riferisco anche al concetto di 'lateralità' espresso da Michelangelo Pistoletto. Vedi: www.michelangelopistoletto.it tutti gli scritti; Achille Bonito Oliva: Intervista a Michelangelo Pistoletto in *Dialoghi d'artista*, Electa 1984.

30. Edgar Morin, *Il metodo*, Milano, Feltrinelli,1989, pp.28-29.

31. Vedi l'annosa polemica novecentesca tra astrattisti e figurativi.

32. Rimando a: Andrea D'Ammando e Matteo Spadoni: *Letture dell'informe*. Exibart.com, 13 ottobre 2014.

33. Rimando a: Ernesto Jannini. *Punto origine. Instabilità o mobilità*. TITOLO n°7 inverno 1991-92

34. Tiziana Andina: *Filosofie dell'arte. Da Hegel a Danto*, Carocci Editore, 2012.

35. S.Freud, *Il poeta e la fantasia*, trad.it in Id. *Saggi sull'arte, la letteratura e il linguaggio*, Vol. I, Boringhieri, Torino 1969, p.49. Le citazioni, dalla nota 35 a 48, sono dello stesso Stefano Taccone.

36. Ivi, p.51.

37. Ivi, p. 52.

38. Ivi, p. 57.

39. Ibidem.

40. L.S. Yygotstij, *Psicologia dell'arte*, trad.it, Editori riuniti, Roma 1972, p. 117.

41. Ivi, p. 119.

42. Ivi, p. 120.

43. Ibidem.

44. Ivi, p. 121.

45. Ivi, p. 126.

46. Cfr. anche il mio Mario Perniola, *L'alienazione artistica*, in Sdefinizioni, Napoli n° 0,1 ottobre 2013. http:// sdefinizioni.altervista.org/sdefinizioni art mag/recensioni 15.html.

47. M. Perniola, *L'alienazione artistica*, Mursia, Milano, 1971, p.9.

48. Ivi, pp.178-179.

49. Piazza dei Consoli. *Biennale eugubina* a cura di Enrico Crispolti, 1979.

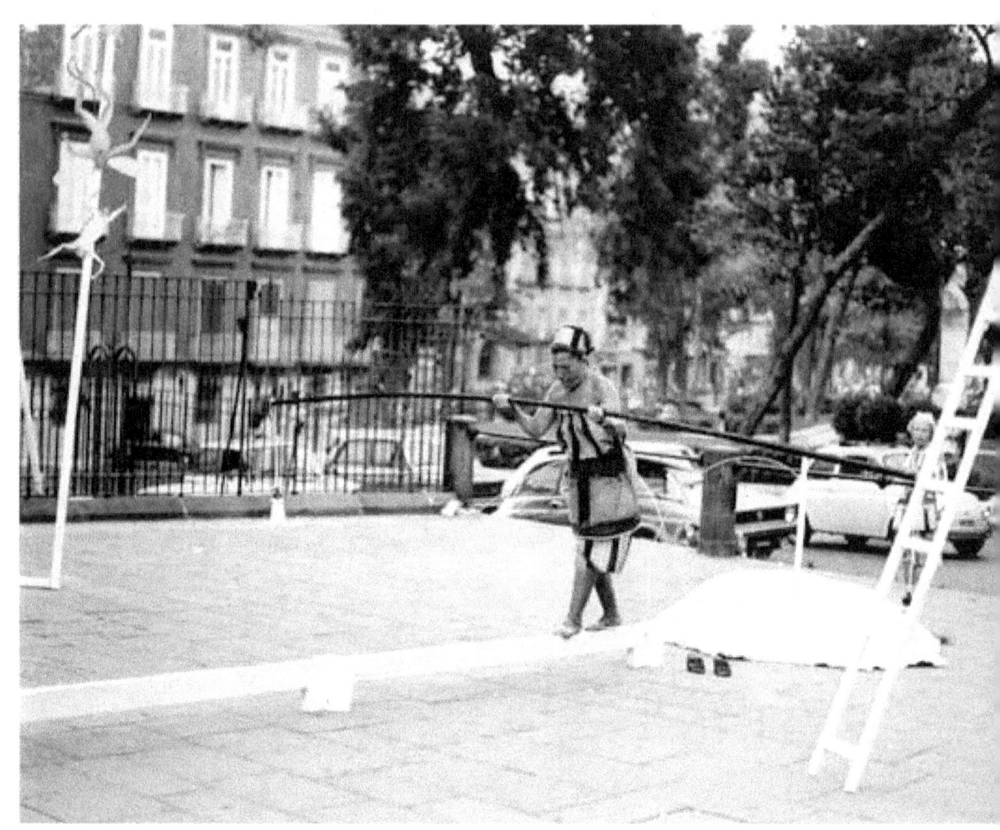
Ernesto Jannini, *Il gioco dell'equilibrio*. Napoli 1980

Chips
Anni Ottanta

*Gli Ambulanti ..., benché giovanissimi, in Italia, non soltanto hanno lasciato
esiti anche di qualità poetica che vanno ormai rintracciati e definitivamente
riconosciuti, ma sono dunque all'origine di linee di lavoro tuttora altamente
produttive, come è quella individuale di Jannini e degli altri compagni 'ambulanti'.
Voglio dire in termini ulteriori, in una ricerca che s'approfondisce giorno per
giorno, in motivazioni nuove, ma con una teleologica che queste proposizioni
contraddistingue nella fedeltà rinnovata (ma critica) a quelle premesse, che
costituiscono ormai un nostro comune patrimonio*[1].

Enrico Crispolti, 1981

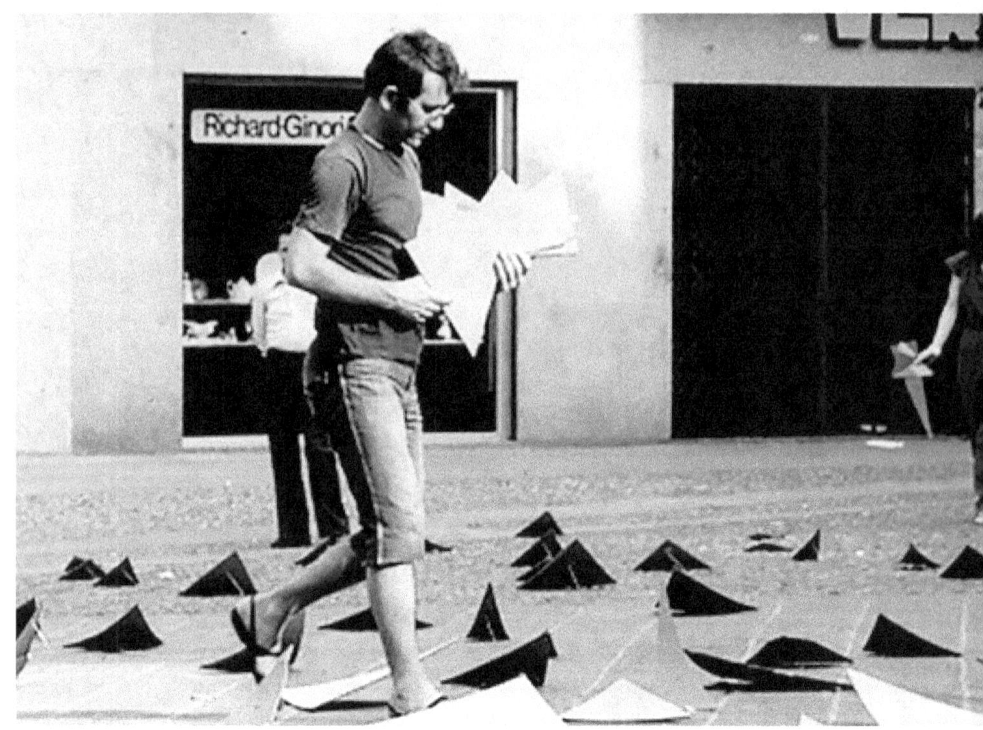

Rassegna arti visive, *I Luoghi*. Como Piazza S. Fedele, 1981, Installazione urbana

02.1 DIARIO GIALLO

Ci sono momenti in cui la solitudine ti costringe a mettere nero su bianco, a fissare sulla carta anche i pensieri più fugaci o ad approfondire alcuni temi importanti che non possiamo rischiare di perdere.

Stare da soli, con i propri pensieri, lontano da tutto e da tutti è una necessità primaria, esattamente come quella che ci spinge verso gli altri. La solitudine è lo spazio tra una nota e l'altra, attesta il valore delle pause e l'importanza del silenzio, come dimostra l'esperienza musicale di John Cage, che del silenzio ci dice essere pregno di 'musica', se si è capaci di ascoltare.

Il silenzio è soltanto l'alternanza tra una attività e un'altra. Forse la solitudine non esiste; siamo sempre in movimento, anche nella quiete di un bosco; solo che la 'mente' si muove in modo differente.

* * *

Nel 1980 lascio Napoli e mi sposto, a Lurate Caccivio, in provincia di Como. Partecipo alla rassegna arte visive organizzata dal teatro Città Murata, intervenendo con una installazione in piazza San Fedele a Como. Intervengo nello spazio con migliaia di triangoli di cartoni colorati, installazione che in seguito porterò anche al Festival Textilgestaltung di Linz in Austria. La città che diede i natali ad Alessandro Volta ha un indubbio fascino e il colpo d'occhio del lago fa la sua parte.

Frequento Milano spostandomi in treno o in auto. Tante mostre, tante gallerie, in primis Franco Toselli. I compagni *Ambulanti* si sono trasferiti tutti a Treviso dove insegnano nei licei artistici. Hanno costruito un complesso di case-studio e luogo espositivo (che in seguito prenderà il nome di *Parco Fundation*) su un isolotto del Sile, il 'fiume del silenzio' che nasce dai mille 'fontanassi' del territorio di Casacorba. Un progetto, quest'ultimo, che aveva preso piede anni addietro a Napoli, in casa di Silvio Merlino.

Ogni tanto gli amici vengono a trovarmi a Como, ma sento che il clima è cambiato e i nostri percorsi di vita e di arte gradualmente si diversificano. Roberto Vidali, a Trieste, al Centro La Cappella, organizza una mostra a 'quattro mani' (Uhe Uistiti)[2].

Nella mia nuova casa studio inizio un percorso di solitudine e riflessioni che vado ad appuntare nel mio *diario giallo*: un bel quaderno con copertina in tela cartonata comprato negli anni passati a Varsavia durante uno dei viaggi con la Libera Scena Ensemble di Gennaro Vitiello.

Il nord ha il suo fascino. Inizio gradualmente a sintonizzarmi col paesaggio. Affacciandomi dal grande terrazzo della mia abitazione osservo in lontananza la corona dei monti del comasco e del lecchese, con il Resegone che trionfa su tutti.

Ciò che più mi piace di queste terre, è la luce cristallina che si presenta in alcuni giorni quando la tramontana ripulisce il cielo dall'inquinamento. Ho iniziato ad apprezzare questo vento, che ora amo più di ogni altro, per le splendide giornate di sole che ci regala.

* * *

In agosto ritorno a Napoli. Davanti la piazzetta antistante al museo archeologico realizzo un'azione poetica dal titolo *Il gioco dell'equilibrio*, in cui invito giovani e adulti a percorrere un asse d'equilibrio circondato da simboli e icone popolari. È la mattina del sabato due agosto e con me sul posto sono presenti Claudio Massini, Annamaria Iodice, Silvio Merlino ed altri amici[3]. L'azione si svolge con la partecipazione attiva degli scugnizzi, degli adulti, di una bancarellara che sposta il suo trabiccolo colmo di gadget, affiancandosi ai miei oggetti sistemati sull'ampia pavimentazione. È una delle prime persone che si lascia coinvolgere nel gioco. Mi sembra già un ottimo inizio. La partecipazione della gente è reale. L'evento suscita curiosità e la miccia del dialogo col pubblico si accende subito. Ad un certo punto Annamaria, con aria preoccupata, comunica a tutti che qualcuno degli astanti ha appreso dalla radio che "qualcosa di grave è accaduto a Bologna". La verità è che mentre noi eravamo impegnati a svolgere azioni poetiche, - quasi in contemporanea -, alla stazione ferroviaria di Bologna Centrale veniva messo in atto uno dei più gravi attentati da parte di alcuni militanti della destra estrema, appartenenti ai Nuclei Armati Rivoluzionari. Come tutti, la sera stessa, attraverso i notiziari, nello sconcerto e dolore generale, venimmo a conoscenza del numero dei morti e dei feriti. Erano passati soltanto sei anni dalle stragi di Piazza della Loggia a Brescia e del treno Italicus.

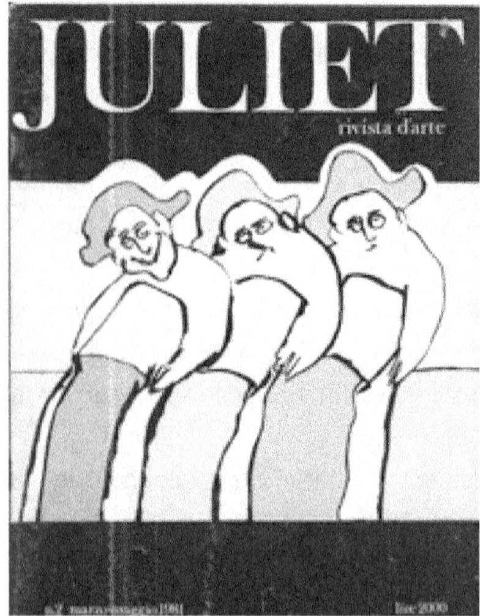

Copertina del numero 2 di *Juliet Art Magazine* 1981.
Progetto grafico di Oreste Zevola.
Courtesy Associazione Juliet

* * *

L'estate del 1985 la passo ad Ischia con gli *Ambulanti*. Ci ritempriamo al sole tra infinite discussioni sull'arte, pesca ai totani, spaghetti allo scoglio e vini vermentini indimenticabili. Se non fosse che la retorica è sempre dietro l'angolo direi che la solarità del sud è ineguagliabile. Ma a sud c'è una ricchezza che non coincide soltanto col paesaggio: è nello spirito, nel genius loci, nel passato denso di storia che affiora dai ruderi di un anfiteatro o dal dialetto.

Rimango a Lurate Caccivio fino al 1987, e fino a quella data continuo a sviluppare la tecnica dei calzini che aveva caratterizzato la mia produzione degli anni Settanta[4].

Così inizio, con gli adeguati accorgimenti, a realizzare delle mie sculture. Utilizzo vimini e filo di ferro plastificato per creare la struttura. A differenza degli oggetti come il *Pesce Rosso*, impiegato nelle azioni di gruppo a Napoli, basate essenzialmente sul concetto di effimero[5], questi oggetti devono durare, come tutte le sculture, per cui m'impegno a trattare i materiali con una certa cura. Una volta realizzato il guscio della struttura stendo su di essa un patchwork di stoffe ricavate da calze e magline elastiche. Per l'occasione in studio creo delle vasche nel cui interno incanalo il gocciolamento delle prime mani d'imprimiture, costituite da acqua e colla vinilica, che stendo sulle stoffe. Dopo questa fase, tratto lo strato superficiale con un pastone di sabbia colla e tempera la cui resa definitiva è simile ad un intonaco durissimo. Prima di passare alla pittura finale stendo uno strato di catramina liquida, in modo da rendere la superficie inattaccabile dall'umidità.

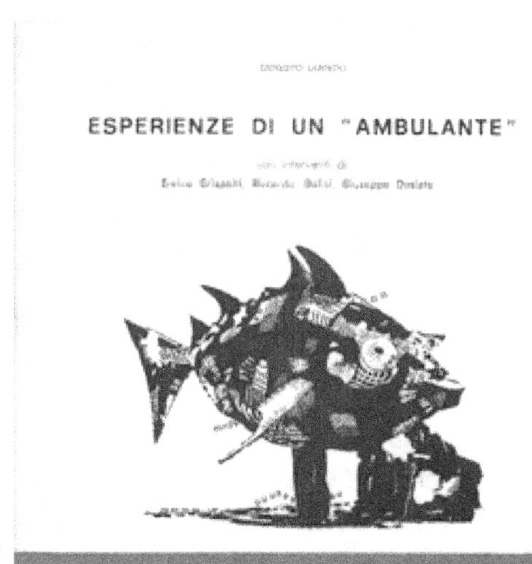

Copertina di *Esperienze di un Ambulante*, 1981, Pietro Laveglia Editore - Salerno

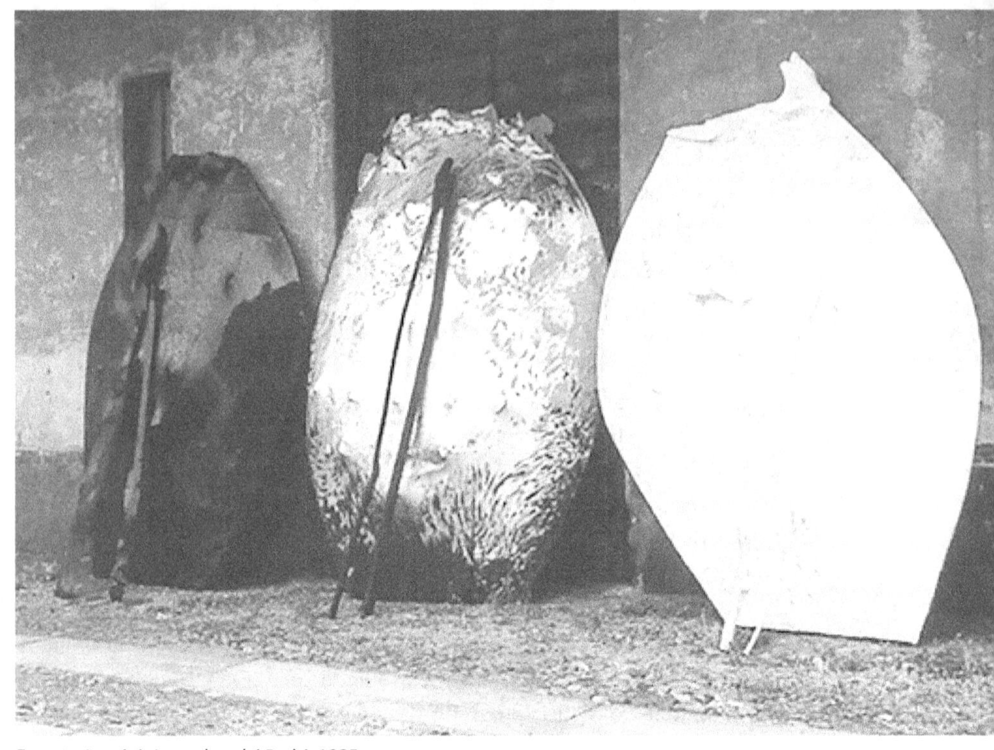

Ernesto Jannini, *Le ombre dei Padri*, 1985
Vimini, stoffe e tempera cm 210 x 288x 288 cad.
Collezione Museo d'Arte Contemporanea MAGA di Gallarate

Qualcuno ha scritto e paragona queste sculture a delle barche; Roberto Vidali scrive di "armi sacre", di "stoffe sacre" o di "scudi". Quest'ultimo appellativo ha preso piede. In effetti queste sculture si presentano come dei totem. La forma chiusa che li contraddistingue, ad ogiva o, se si vuole, a foglia lanceolata, racchiude simbolicamente le energie che in questo periodo, non privo di difficoltà, posso mettere in campo. Questa tensione all'unitarietà formale dell'opera, è un messaggio di forza che indirizzo a me stesso; forse per affrontare le forti antitesi in cui mi dibatto in questo periodo, per non disperdere le mie energie.

Gli Scudi[6] sono le mie icone che mi costruisco per aprire un'altra via di conoscenza. Nel mio studio queste sculture hanno il valore di una presenza assolutamente indispensabile. Quando per realizzarle piego col fuoco i vimini, che mi servono per la struttura ad ogiva, quest'atto di piegatura diventa per me un vero rito. In quel gesto di forgiatura creo le basi per la mia meditazione più profonda.

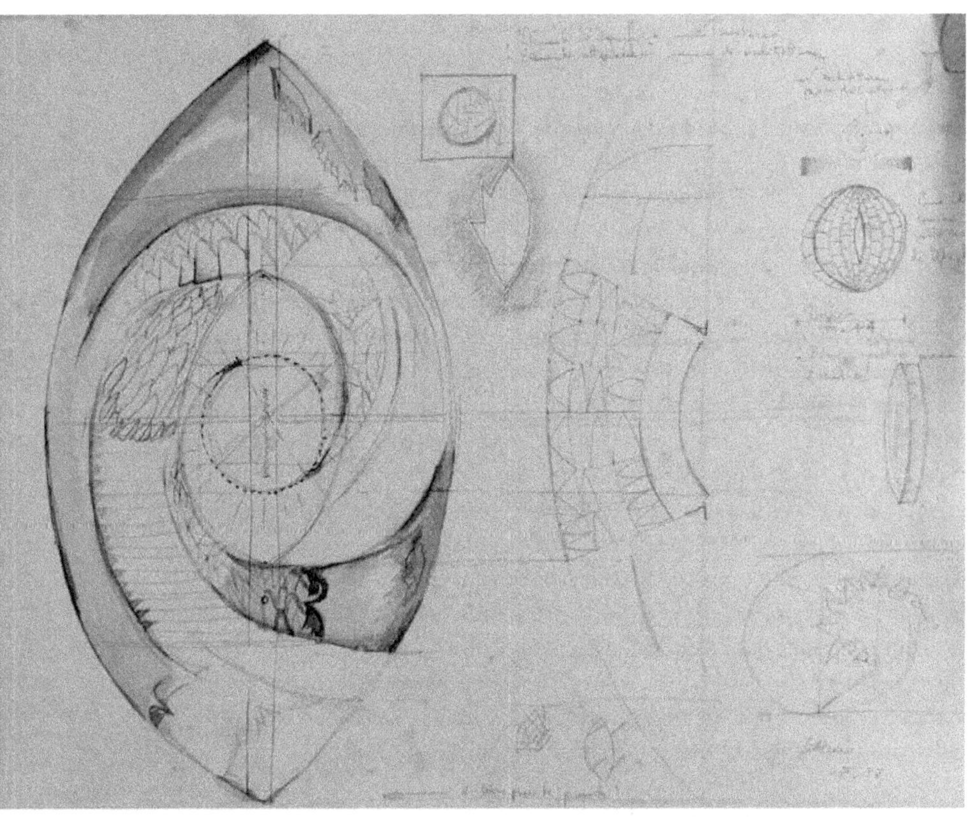

Progetto per *Grande scudo*, 1987. Matita e acqurello su carta, cm 34,5 x cm 30

Lurate Caccivio 1985

Sono giorni in cui rifletto sull'occhio, su questo straordinario organo che ci consente una continua 'presa diretta' col mondo. Eppure, sappiamo che qualsiasi atto percettivo non è mai innocente e che la percezione implica un processo attivo della mente che dialoga con la nuda datità. Vedere, come ci insegna la scienza della percezione, è un processo di apprendimento che inizia gradualmente dopo che si è venuti al mondo. È molto difficile, se non impossibile, che un cieco dalla nascita possa riacquistare la vista *d'emblée*. Egli dovrà infatti allenarsi per sviluppare quel particolare coordinamento occhio-cervello-mano-corpo che lo porterà a relazionarsi con il mondo fino a che questo processo diventerà del tutto 'naturale'.

I nostri occhi si affacciano sul mondo con la stessa semplicità con cui muoviamo le gambe per muoverci; ma, come una danzatrice coordina il movimento delle gambe in modo particolare, così lo sguardo dell'artista che 'contempla' la realtà[7], procede in maniera del tutto differente dal naturalissimo guardare.

Dietro lo sguardo metafisico degli artisti dei santi e di chissà quante altre persone, c'è una mente che coordina i dati visivi in un modo differente, che crea sfondi particolari sui quali, per così dire, viene adagiato l'oggetto della percezione. Lo 'sfondo', - cioè ciò che nella mente sta prima dell'atto percettivo -, o ciò che l'oggetto evoca in quel momento, è di fondamentale importanza per la sintesi percettiva. In un certo senso la temperatura spirituale del soggetto è in forte debito con questi sfondi. Si potrebbero fare molteplici esempi per dimostrare ciò. Se facciamo ricorso alla psicologia del colore o ai contributi preziosi della gestalt teoria, potremmo suggerire un parallelismo prendendo ad esempio due semplici colori. È del tutto evidente che un cerchio giallo su un ampio sfondo viola ha un valore percettivo differente dallo stesso cerchio giallo su uno sfondo verde o marrone. I contrasti simultanei dei colori cambiano e generano sensazioni diverse. In modo simile accade quando contempliamo le cose; tutto dipende dallo sfondo che ci portiamo dentro e che siamo capaci di creare nel momento della percezione. Per uno scienziato come Albert Einstein lo 'sfondo' che si portava dentro era dato dalla sua tensione alla impenetrabilità del creato, basata essenzialmente su un sentimento religioso laico :

Sapere dell'esistenza di qualcosa che non possiamo penetrare, sapere della manifestazione della ragione più profonda e della più radiosa bellezza, accessibili alla nostra ragione solo nelle forme più elementari, questo sapere e questa emozione costituiscono la vera attitudine religiosa; in questo senso, e solo in questo senso, sono un uomo profondamente religioso[8].

Ora, il fatto è che anche l'artista si predispone più facilmente, per suo impegno precipuo, ad operare un cambio di sfondo in cui le cose appaiono sotto una luce differente, di modo che il significato delle stesse tende ad essere amplificato, ricco di inattese e maggiori connessioni; mostrando a lui stesso la

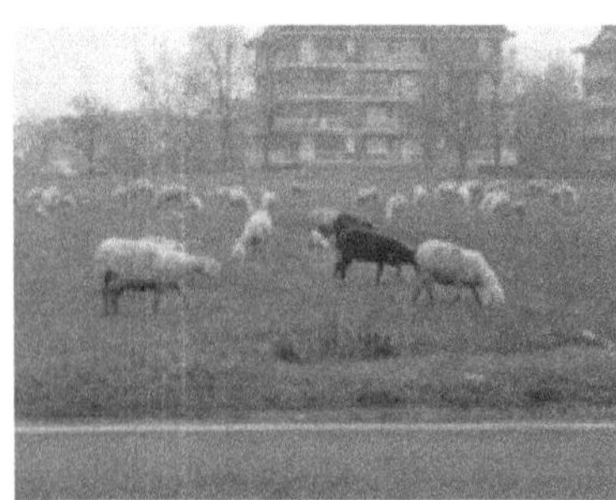

Pecore, 2015
Foto Ernesto Jannini

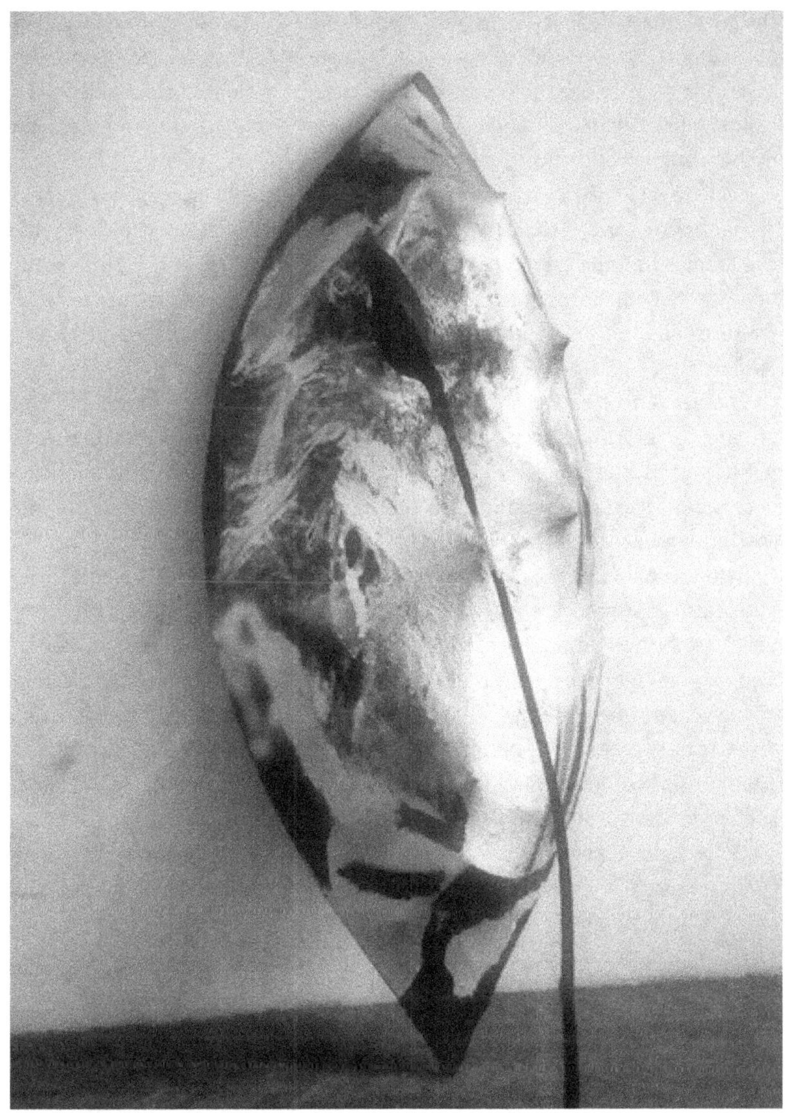

Scudo,1983 Proprietà privata Milano

possibilità di connettere gli enti del mondo in maniera del tutto differente dal solito. L'unica cosa che l'artista può sperimentare è questa amplificazione, che si traduce in un potenziamento della sua interiorità; in tal modo egli ritorna al mondo arricchito da questa esperienza. Per conseguenza egli sente la necessità di trasmettere i risultati di questa amplificazione e lo fa attraverso l'opera. È del tutto comprensibile che egli tenda a dimorare sempre più in tale dimensione. In questo senso l'arte ci rende più umani in quanto ci permette di sviluppare ciò che potremmo definire "dimensione musicale" della coscienza. Benché, di quest'ultima, sia impossibile dare una definizione esaustiva possiamo senz'altro osservare che essa è un quid potenzialmente in espansione, il cui desiderio, nei casi migliori, è quello di raggiungere livelli più alti, tendere cioè sempre a più ricche relazioni di significato col mondo.

È anche vero che l'uomo nel suo lungo percorso storico oltre a tendere verso 'le magnifiche sorti e progressive', si è reso autore delle efferatezze più estreme; che la lotta tra eros e thanatos lo contraddistingue tra gli enti viventi e che, nonostante Sofocle sostenesse nell'*Antigone* che "Molte sono le cose mirabili, ma nessuna è più mirabile dell'uomo" forse, tra tutti gli enti, l'uomo è il più terribile[9].

Eppure, l'atto creativo, al quale affido le mie speranze, che sia singolo o di gruppo, in cui, si presuppone, si sperimenti il valore della coralità, consente questo accesso ad un piano più elevato. Naturalmente per arrivare a tanto è necessario sviluppare l'occhio nella sua globalità, che per me coincide con l'occhio interno, quello dello spirito.

In fondo, per far sì che ci possa essere una prospettiva di civiltà è necessario uno scatto di visione, in modo da non rimanere inchiodati allo stato ordinario delle cose. Se non c'è amplificazione e creazione di nuovi sfondi non c'è sviluppo alcuno. In tal senso lo sguardo dell'artista è sempre paradigmatico, indicatore di una via possibile di sviluppo basata su un sostrato di sensibilità e pensiero.

L'artista si predispone più facilmente a questi 'scatti' percettivi; scatti che possono sorgere in qualsiasi momento, osservando le cose più comuni e che sono propedeutici alle visioni più profonde.

Ci sono alcuni pensieri di Pino Pascali, ad esempio, che spesso mi ritornano in mente, alcuni che si possono cogliere nel libro *Autoritratto*, di Carla Lonzi[10]:

Un animale, per me, è una cosa stranissima, è già un fenomeno vedere passare delle pecore vicino a delle case, oppure vicino a un uomo, c'è già uno scatto che non fa parte di quello che è organizzato, già un'altra cosa che si affaccia. Per me, è molto più strano vedere un cavallo che vedere una macchina, o un missile che va, non so, a 7000 km all'ora, capisci?"

Più avanti Pino Pascali aggiunge:

Mi meraviglia di più, vedere, non so, anche un bambino molto piccolo, proprio perché i bambini non fanno parte del mio... e una volta che riesco a vedere la loro delicatezza, la loro così, veramente mi fa scattare di piano.

Alla base della 'stranezza' e anche della 'meraviglia' (Aristotele docet) c'è il movimento che la nostra mente compie nel momento in cui fa cadere i veli del senso comune, per il quale le cose sono lì, ferme, o in movimento, ma non ci turbano più di tanto se non avviene uno scatto nuovo. Il mondo è come se fosse soffocato dall'indifferenza percettiva e le cose appaiono prive di una effettiva risonanza, come se tutto fosse costituito da un'unica sostanza in cui le differenze si appiattiscono. Al contrario, l'artista, va oltre lo stato ordinario di coscienza che subisce come uno scossone, portandolo a intuire infinite possibilità di relazioni tra le cose. È sicuramente uno stato estremamente stimolante, di appagante trasfigurazione e contemplazione. Naturalmente sappiamo che esistono altre possibilità per abbattere l'indifferenza percettiva o, se si vuole, quella che alcuni definiscono insopportabile piattezza dello stato ordinario di coscienza. E qui, come si può intuire, mi riferisco a quella via rapida che fa ricorso all'uso delle droghe. Per gli allucinati, però, la realtà, più che trasfigurata in uno scatto superiore, appare deformata psichicamente. Il viaggio, spesso senza ritorno, dei tossicodipendenti indica, 'comunque', e con estrema chiarezza, il bisogno dell'uomo di andare al di là di 'ciò che è': cioè al di là dello stato ordinario di coscienza. Il rischio, però, che questo viaggio possa trasformarsi in una fuga piuttosto che una conoscenza e un potenziamento di sé, è più che una semplice ipotesi. Il dramma è sotto gli occhi di tutti. Solo in rari casi, e presso alcune popolazioni, l'uso degli allucinogeni ha rappresentato un mezzo per cercare la 'via con un cuore'[11]. Per contro, le comunità terapeutiche esprimono l'eroico sforzo di portare al di qua coloro che, per mille motivi, si sono avventurati al di là della dimensione di 'normalità' senza tener conto degli effetti devastanti delle droghe. Naturalmente ci sono molti artisti che fanno uso di sostanze, magari anche per accendere il loro immaginario; con ciò non affermo nulla di nuovo, anche se dubito che una creazione artistica d'alto livello possa nascere in uno stato d'ingovernabilità psichica[12]. Gli 'scatti' - per dirla ancora con Pino Pascali – mi piace immaginarli a partire proprio da uno stato ordinario di coscienza. La consapevolezza di passare dall'ordinario allo straordinario fa la differenza. Naturalmente sui concetti di normalità (e pur anche di 'pazzia') sussiste una corposa letteratura scientifica; e si sa che i due temi sfuggono ad una presa immediata. Tanto per fare un esempio, bisognerebbe chiedersi se sia normale, ancorché supportata da una decisione razionale, sganciare una bomba atomica su una popolazione provocando milioni di morti; o se sia normale praticare stupri e pulizie etniche; o se sia normale accettare con una nauseante acquiescenza la distruzione sistematica dei territori e dei mari; se sia normale che la maggior parte delle popolazioni del mondo soffra la fame; se sia normale che non si sia ancora realizzata una equa distribuzione della ricchezza; ecc. ecc.

Non mi addentro nella problematica della pazzia, data la vastità della questione (Michael Foucaul, Ronald Laing, David Cooper, Franco Basaglia docet). Forse essa abita in noi più di quanto sospettiamo. Bisogna accostarsi ad essa, alla cosiddetta non-normalità dei matti con rispetto ed umiltà, sospinti da un vero interesse di conoscenza, così come hanno fatto alcuni ricercatori artisti negli anni Settanta[13]. Possiamo intuire, però, come conferma la letteratura scientifica, che il disturbo psichico sia l'espressione di un disagio profondo dell'individuo, il quale si ritrova in un territorio 'altro' 'lontano' da quel consesso umano e sociale che costituisce la 'normalità del vivere'.

L'espansione della coscienza, oltre lo stato ordinario, è stato motivo di grandi esperimenti anche nel campo medico scientifico[14].

Il processo artistico – per tornare a noi -, segue, invece, la sua strada e le sue particolari coerenze. Ma l'espansione della coscienza può essere favorita dalla contemplazione profonda, operando uno scatto di piano per riprendere l'espressione di Pino Pascali.

Quando, ad esempio, osservo un albero posso dimenticarmi che sono 'io' ad osservarlo ed arrivare ad una fusione totale tra la cosa osservata e l'osservatore[15]; oppure osservare l'albero e me stesso che guarda l'albero; o ancora osservare l'albero in rapporto a tutto ciò che mi circonda. La percezione si carica così di elementi apparentemente estranei all'atto percettivo stesso che, evidentemente, si presenta come un atto complesso. L'albero, infatti, può essere percepito anche in rapporto alla totalità delle forze che riesco a 'sentire' o ad intuire che siano a fondamento dell'universo. La cosa osservata esce dalla sua particolarità, dal suo localismo, per così dire, e viene messa sullo 'sfondo' di una struttura di forze interiori con le quali interagisce. Quanto più cresce questa complessità dello sguardo, tanto più il salto dal particolare ad una visione globale (naturalmente sempre temporaneamente globale) ed unitaria, si manifesta con frequenza e potenza. In un certo senso questo rapporto tra il singolo oggetto e l'universo di forze circostanti fa pensare – volendo azzardare una similitudine – al rapporto che passa, nella musica classica, tra il solista e l'orchestra. Infatti, quando il nostro ascolto si fa superficiale, troppo spesso riusciamo a seguire principalmente la linea melodica del solista, mentre il tutto dell'orchestra lo percepiamo in secondo piano. Se invece il nostro ascolto diventa più profondo ed ampio, cogliendo la complessità di tutte le voci degli strumenti che intersecandosi formano un'unica realtà sonora, allora percepiamo il solista, e il tutto dell'orchestra, come una unica e inseparabile struttura, la cui architettura interna tanto più si arricchisce quanto più la penetriamo. Con questo esercizio l'istante della nostra percezione sarà sempre più qualitativamente alto, aprendoci ad una comprensione più profonda delle apparenze, portandoci gradualmente a raffinare il lato rozzo del nostro sentire.

L'espansione della coscienza, il suo potenziamento attraverso le vie dell'arte implica una disciplina non proprio alla portata di tutti. Naturalmente le immagini prodotte dagli artisti assumono necessariamente un carattere di transitorietà in quanto costituiscono solo il riflesso parziale di una ben più complessa dinamica interiore. La produzione di opere da parte degli artefici attesta la necessità di questo processo creativo che non ha mai fine. Insomma, le cose non si svolgono in maniera indolore poiché non sempre filano lisce come si crede. Bisogna considerare che esiste una relazione strettissima tra il mondo dei princìpi (A) (sentimenti, intuizioni, idee), il campo degli elementi formali (B) (i mezzi materiali impiegati) e l'obiettivazione, cioè l'opera (C) (l'immagine in senso ampio, in quanto oggetto prodotto), o in altri termini il 'discorso'. Difatti si possono rilevare delle immagini ad alto potenziale, diciamo di "spessore", di significato e bellezza, ed altre a basso potenziale di spessore. Anche se apparentemente i tre elementi che costituiscono questa relazione possono sembrare separati, in realtà essi costituiscono il corpo di una unica condizione di unità spirituale. È pur vero che se l'obiettivazione (C) è scadente allora andranno riconsiderati più attentamente le condizioni di (A) e (B) che con essa si fondono. Spesso si dice che le intenzioni di quell'artista sono buone, ma non altrettanto i risultati. Il campo degli elementi formali va considerato con molta attenzione, ma con altrettanta attenzione va preso in esame il campo dei princìpi, cioè il mondo interiore, la sua formazione ed il suo arricchimento. Il campo dei princìpi, per sua natura subiettivo, deve fare i conti con gli elementi formali. Anche le "pure" idee degli artisti concettuali, - tanto per fare un esempio -, hanno dovuto essere incanalate in qualche supporto e quindi trovare una 'forma' per poter esprimere l'intenzionalità creativa. Naturalmente il mondo dei princìpi non si limita soltanto a delle "idee": esso costituisce il sostrato più profondo e complesso dell'uomo la cui totalità non può essere contenuta soltanto in una idea-concetto.

Ora, a ben vedere, sorge un'altra riflessione o un interrogativo. Che cos'è questo 'sentire', quest'istante che si carica di qualità altissime? Questa mente dell'artista, che io chiamo 'sinfonica' procede in modo del tutto differente da quelle coerenze su cui basiamo il nostro pensare e sentire ordinario, per cui un coltello rimane un coltello salvo che nelle mani dell'artista può diventare un'altra cosa, o come insegnano i Wittkover, un manico di scopa per un bambino si trasfigura in un cavallo[16].

Le coerenze di un principio creativo si strutturano su di una 'logica differente', - e questo è ormai cosa nota -; cioè su un sentire di rapporti armonici assonanti e dissonanti. Naturalmente il senso di bellezza che possiamo provare davanti ad una proposizione logica o a una formula matematica è del tutto diverso da quel senso di armonia che proviamo al cospetto di un quadro di Tiziano o di Cézanne, ognuno dei quali esprime un grado di 'verità relativa'.

A volte penso che l'arte concettuale, specialmente quella 'fredda', abbia corso il rischio di immettersi in una prospettiva troppo riduzionistica, avendo piegato la 'complessità' della indefinibile coscienza nei rigidi schemi dei modelli della logica analitica, attribuendo a quest'ultima uno statuto di superiorità del tutto discutibile. Naturalmente il punto origine dell'arte concettuale va rintracciato nelle premesse assolutamente distanti rispetto all'operare dei linguaggi tradizionali. Le operazioni e le investigazioni che ne sono alla base sono in debito con le filosofie del linguaggio e con alcune filosofie orientali, come lo *zen*. Bisognerebbe chiedersi, però, che tipo di potenziamento ne ricaviamo stando difronte a queste operazioni. Naturalmente questo interrogativo mette in luce il 'mio'punto di vista, l'angolatura dalla quale *io* mi muovo. E quindi osservo, ad esempio, che Joseph Kosuth, per coerenza di metodo, ha dovuto presumibilmente allontanare il più possibile dal campo delle sue investigazioni l'elemento cosiddetto estetico appartenente ai materiali, ai colori, e a tutto ciò che contraddistingue l'armamentario classico della pittura e della scultura. In realtà il tentativo è riuscito, ma solo in parte, in quanto risulta difficile non attribuire valenze estetiche ad opere come la serie dei *Neon Electrical Light English Glass Letters Pink Eight*. La scelta del colore dei neon, il colore della luce, il carattere delle scritte, la collocazione a parete sono tutte scelte sensibili, magari di un gusto differente, ma comunque estetiche, con valenze nuove; come dire che alla fin fine la comunicazione deve avere in sé qualche gradiente di vibrazione per non rischiare di risolversi nel freddo distacco di una formula ben riuscita. E la formula ben riuscita si basa su di un espediente linguistico che si aggira nel territorio della tautologia, dei paradossi, degli ossimori, e finanche dei koan zen, la cui finalità, almeno per quest'ultimi, è quella di 'liberare la mente' da connessioni logiche imprigionanti.

Insomma, alla fine bisogna mettersi d'accordo con sé stessi – ciò che sto facendo io in questo periodo cercando di armonizzare 'concetti ed emozioni'-; capire in che direzione si vuole andare; che cosa si vuole chiedere all'arte che l'arte possa dare, fermo restando che l'arte, per principio, parte da dove vuole ed è libera di adottare qualsiasi modalità operativa.

02.2 LE DISCARICHE. Milano 1988

È un periodo in cui sono attratto da tutto ciò che ha a che fare con fili elettrici, isolatori di porcellana, cavi d'alta tensione. Osservavo, viaggiando in treno, i cavi tesi sostenuti dai tralicci che costellano le nostre reti ferroviarie. Tutto un mondo reticolare sospeso sopra la nostra testa dove passa l'indispensabile e insostituibile corrente elettrica.

Mi colpisce la dimensione aerea di questi reticoli: il 'lineare', direbbe Peter Halley. Inizio a schizzare alcuni particolari di sospensori e piccoli isolatori, a fissarne le configurazioni. Il viaggio in treno è lungo e il mio taccuino lentamente si riempie di disegni. È sorprendente come una cosa porti ad un'altra. Capita, nel processo creativo, che all'inizio si è colpiti da qualcosa, dall'aspetto formale di un oggetto o da una particolare configurazione di elementi (come nel caso dei cavi sospensori dei treni) senza per questo sapere già come utilizzarli. Il primo impulso è quello del possesso, di scoprire dove poterli recuperare. Scopro, così, che a Sesto San Giovanni c'è un grande deposito in cui si raccoglie una gran quantità di isolatori, la cui funzione originaria è quella di isolare elettricamente un conduttore elettrico da altri materiali conduttori, evitando dispersioni di corrente sulla struttura stessa.

La discarica ne è piena. I responsabili mi danno l'autorizzazione a caricarne un certo numero di varie dimensioni. Alcuni sono integri, altri scheggiati dalle ruspe demolitrici, rivelando la qualità eccezionale di una ceramica bianca come la neve. Sono bellissimi! Vere e proprie 'sculture' prodotte dalla Richard Ginori. Li porto in studio sapendo che prima o poi andranno ad armonizzarsi in alcune installazioni.

La discarica è il cimitero remoto in cui le cose in generale terminano la loro vita per assumerne un'altra nelle fasi del riciclo. La materia ritorna, in un certo senso, ad un grado zero. Per me la discarica si presenta come un 'deposito linguistico' d'inestimabile valore. Per questo ritorno volentieri in discarica, alcune delle quali non lontane dalla mia abitazione. A Settimo Milanese ne individuo una che accumula macchine fotocopiatrici. Ero andato per cercare altri isolatori ed invece m'imbatto in quest'altro mondo. Tra il caos delle ferraglie spiccano alcune splendide schede elettroniche. I chips sono istoriati d'oro, veri e propri capolavori dell'hardware. Chiedo ai responsabili di questo centro raccolta se posso smontare alcune macchine tornando nel pomeriggio con i dovuti attrezzi. Accenno all'uso artistico che ne farò. Così la sera stessa il mio studio è invaso da schede elettroniche in cui i circuiti stampati, chips e microprocessori la fanno da padrone. Al pari degli isolatori li lascio lì in un angolo, consapevole che prima o poi chiederanno di fare la loro parte.

Infatti, dopo alcuni giorni qualcosa in me si mette in moto, come il granello di sabbia quando s'intrufola nell'ostrica.

Per lasciare aperto il campo all'immaginazione preferisco non indagare troppo sulla funzione effettiva di queste schede. Ignorare talvolta è utile. Così smonto dispositivi elettronici di ogni tipo; dai computer estraggo le fredde componenti per metterle al servizio della mia immaginazione. Questi particolari oggetti rimangono delle pure suggestioni, delle allusioni visive della potenza della tecnica.

Operando artisticamente è come se prendessi un po' le distanze dalla pervasività di questa dimensione. Queste schede, questi 'chips', sono senz'altro l'espressione più avanzata di un orizzonte tecnologico in continua ascesa. In realtà penso che l'armonizzazione tra la tecnologia e le altre sfere dell'umano sia ancora qualcosa di là da venire e che rappresenti la sfida del prossimo millennio.

Sono persuaso che le cose possano armonizzarsi secondo tracciati diversi, non necessariamente conflittuali; che la presa sul mondo della vita debba avvenire non in maniera unilaterale; che il problema per l'uomo contemporaneo sia quello di mettere a registro tutte le 'corde' della coscienza; per quanto sia possibile tendere in questa direzione. Diversamente se la potenza della tecnica e le sue declinazioni tecnologiche sfuggiranno ad un controllo armonizzante e prenderanno il sopravvento, temo che si apriranno scenari inquietanti per l'umanità.

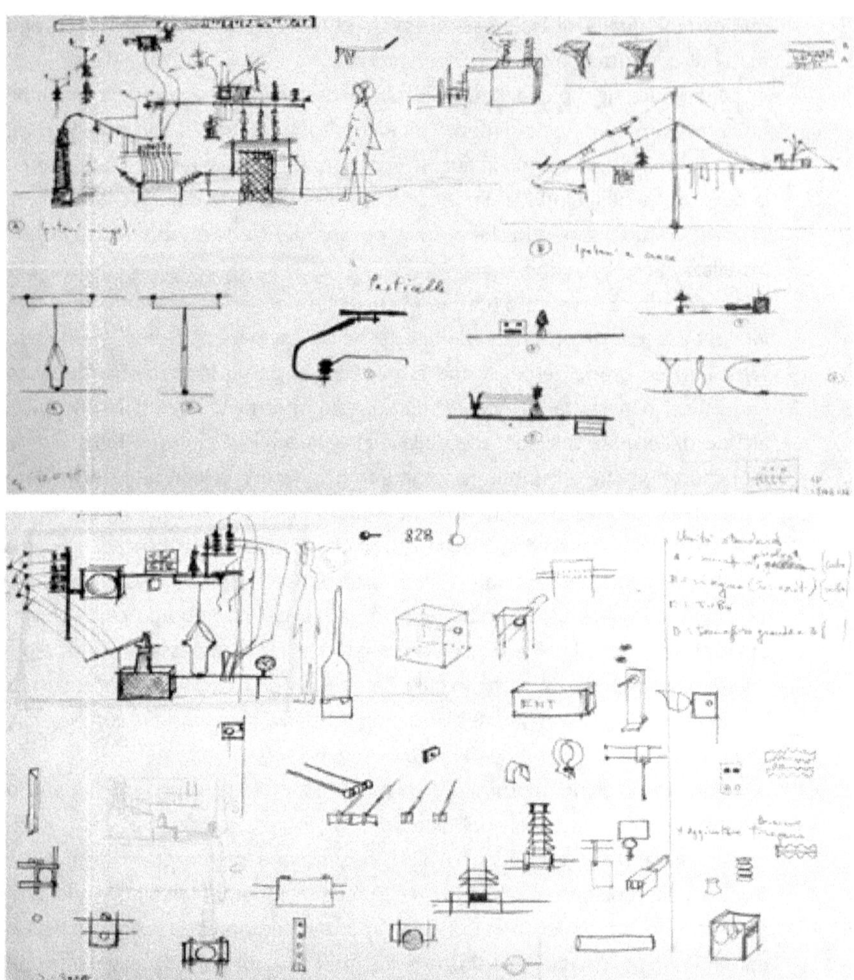

Schizzi di isolatori elettrici, 1988
China su carta cm 20 x cm 30

'Profetico, ma non troppo'. È questo il titolo che ho dato ad una mia grande installazione esposta nell'ambito della mostra *Koinè a nord* est tenutasi ad Auronzo di Cadore[17].

Cercavo con quest'opera di riflettere sul processo di umanizzazione che riguarda tutti. Diventare sempre più umani è un lento e faticoso percorso, in quanto implica conoscenza e distacco dalle proprie esperienze nelle quali siamo completamente immersi. Questo salto a latere non è facile da attuare. La monumentalità della mia installazione evoca questo sforzo. I tre corpi delle gerle attestano la gradualità di questo processo. Ognuno di essi contiene farina, che suggerisce la macinazione dei semi, intesa come possibilità offerte dalla buona tecnologia. Sulle gerle gravitano tre altre presenze minacciose e tentacolari: i labirinti, come segno di tutto ciò che ci trascina in basso e ci fa perdere la centralità. Occorre respirare aria pura e spingersi oltre questa barriera, attraversarla, e poi immettersi nelle bocche di uscita (tubi) che come sfiatatoi comunicano con dei cassettoni azzurri carichi di riserva d'ossigeno. Ho ritenuto efficace e forte disporre la composizione in senso scalare. Ho inserito grondaie e tubi di raccoglimento, due batterie per auto, dei fili d'alta tensione e fili elettrici di collegamento con relativi morsetti e candele del motore a scoppio. L'opera adesso funziona, è una vera e propria 'macchina filosofica'; ha una sua logica attiva e ogni elemento una sua collocazione e – a giudicare anche dal giudizio altrui -, una notevole forza espressiva.

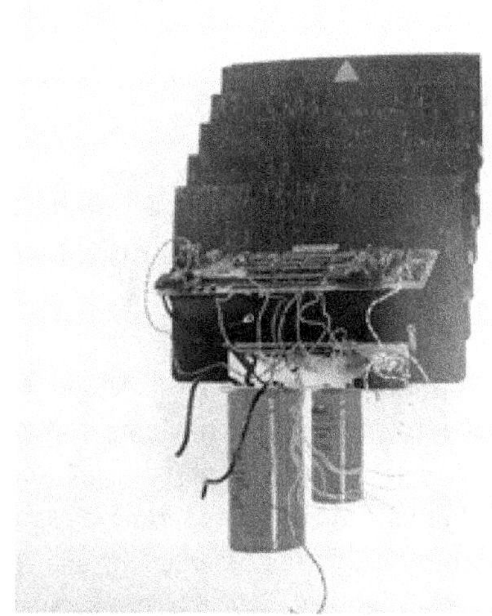

La scala ,1989
Hardware, olio, cm 45 x cm 30.
Collezione privata, Milano

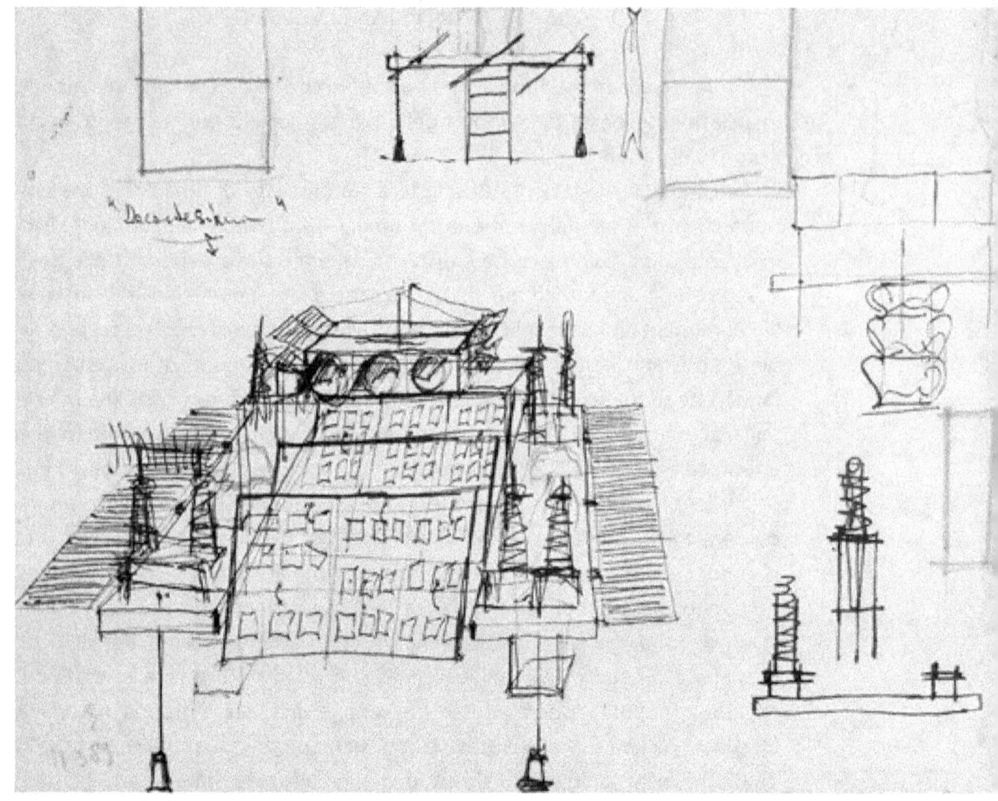

Progetto *Grande decartesiana*, 1989
China su carta cm 19,8 x cm 12

Mi piace dar corpo a queste 'macchine filosofiche', alcune proprio per riflettere sugli effetti e implicazioni che i grandi pensatori hanno determinato nella vita di tutti. Su Renè Descartes, ad esempio, ho elaborato molte piccole e grandi opere che chiamo 'de-cartesiane'. Il mio, dal punto di vista creativo, vuole presentarsi come uno 'scherzo', - per usare il linguaggio della musica classica -; un modo, cioè di allentare le tensioni che insorgono in me quando approfondisco il pensiero di questo grande pensatore che tanto ha influenzato la nostra cultura. Come è noto, l'estroflessione del pensiero cartesiano si rintraccia facilmente nello sviluppo scientifico e tecnologico. Il mondo di Renè Descartes è affascinante per la limpidezza dei suoi enunciati e per il 'metodo'. Il suo 'fascino' è immenso, in quanto esprime la capacità di levarsi sopra i pericoli dell'oscurantismo e del tutto possibile: filosofia come canto della ragione, ma anche intrisa della grande e fascinosa tentazione del sapere incontrovertibile.

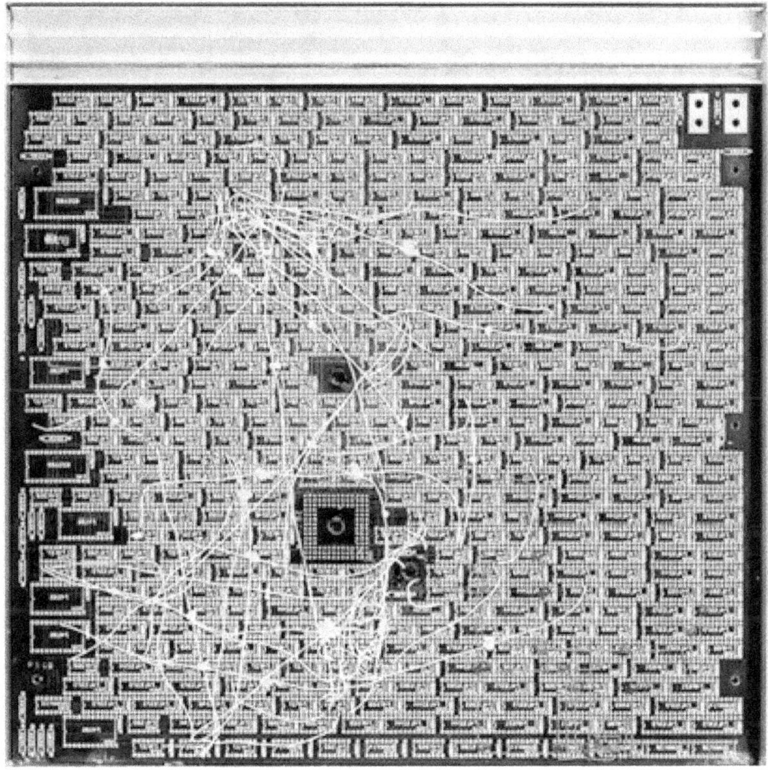

Wu Wei, 1991
Hardware, alluminio, silicone, cm 40,7 x cm 40,7
Collezione privata, Verona

Cartesio, padre anticipatore dell'Illuminismo, punto di riferimento della mia adolescenza. Erano gli anni della 'contestazione', in cui cercavo un terreno più solido su cui basare la mia vita i miei pensieri e le mie rappresentazioni artistiche. Ho sempre amato il ritratto di Cartesio nel dipinto di Frans Hals del 1649 (Parigi, Louvre), il suo sorriso beffardo, l'arguta espressione del volto e dell'arco sopraccigliare.

Con queste 'decartesiane' creo dei flash d'imprevedibilità, evocando dei corto circuiti, delle interruzioni all'interno del sistema apparentemente rassicurante della tecnologia; m'immagino delle fuoriuscite di liquidi imprevedibili, non manipolabili, che escono da bobine o condensatori. Insomma, cerco di evocare una particolare atmosfera, di suggerire che, nonostante la grandezza della scienza, qualcosa può sfuggirci di mano, visto che le certezze assolute non esistono, neanche per la scienza che, come è noto, procede per ipotesi.

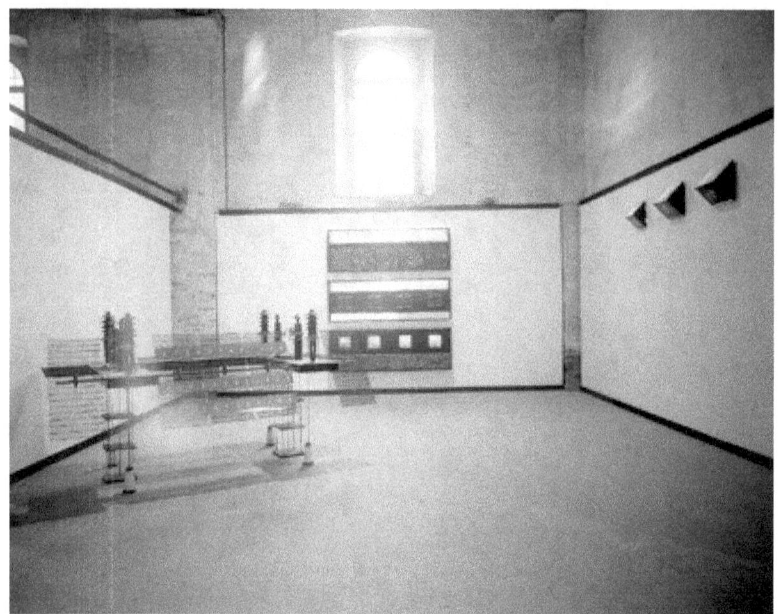

Ernesto Jannini, Biennale di Venezia 1990, *Grande Decartesiana*

Diventare umani, nel mondo di oggi, è ancor più faticoso tenuto conto che il terreno su cui poggiamo i piedi, già dall'Ottocento, ha iniziato a franare sotto gli impietosi colpi della filosofia e dell'arte. Nuovi orizzonti, nonché nuovi modi di approccio alla realtà ci attendono.

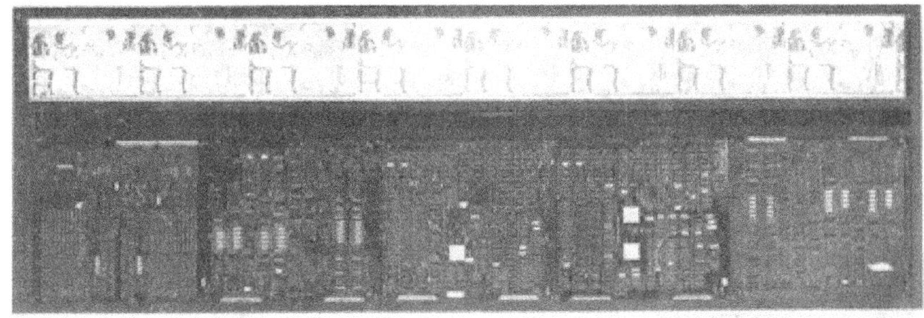
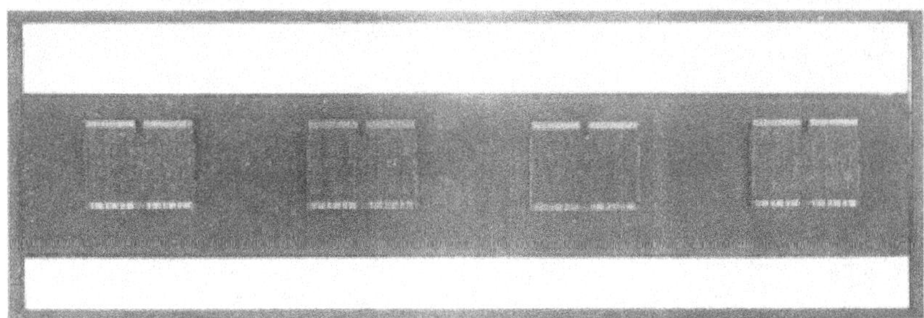
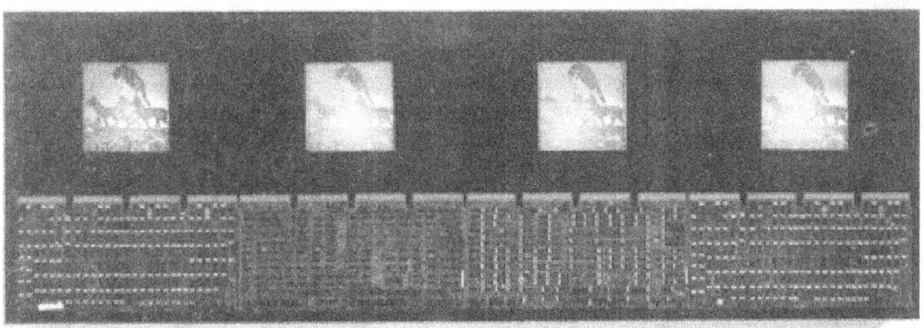

Ernesto Jannini, *I desideri di Ipui*, 1990
XLIV Esposizione Internazionale d'arte. La Biennale di Venezia

1. Ernesto Jannini. *Esperienze di un ambulante*. Edizioni Laveglia, Salerno 1981.

2. Mostra curata da Roberto Vidali presso la galleria Juliet Room di Trieste nel 1988.

3. Per questa azione poetica mi ispirai anche ad alcune immagini prese da Hieronymus Bosch.

4. Per un approfondimento sul tema dei 'calzini' rimando sempre a: Ernesto Jannini. *Esperienze di un ambulante*. Edizioni Laveglia, Salerno 1981.

5. Rimando a: Ernesto Jannini, *Riflessioni sugli anni Settanta, in Arte in movimento. Gli anni Settanta In Campania*, a cura di Luca Palermo, Postmedia Books, 2018, pp. 125-126.

6. In particolare *Le ombre dei Padri*, nella collezione del MAGA, Museo d'Arte Moderna di Gallarate.

7. Mi riferisco chiaramente allo sguardo mistico che appartiene non esclusivamente al santo o all'artista.È risaputo che lo spirito contemplativo dell'uomo si perde nella notte dei tempi, sia in occidente che in oriente dove accanto alla contemplazione si associa la pratica della meditazione.

8. Albert Einstein, *Come io vedo il mondo*, Universale Newton, 1975.

9. Il riferimento è al Primo Stasimo dell'Antigone in cui il Coro sostiene che: "Molte sono le cose mirabili, ma nessuna è più mirabile dell'uomo: egli attraverso il canuto mare pure nel tempestoso Noto avanza, fra le onde movendo che ingolfano intorno: e l'eccelsa fra gli dèi, la Terra eterna, infaticabile, egli travaglia, volgendo gli aratri di anno in anno, rivoltandola con i figli dei cavalli". Da Sofocle, *Le tragedie*, Mondadori 2007.

10. Carla Lonzi, *Autoritratto*, De Donato Editore, 1969, pp.21-22.

11. Carlos Castaneda, *A scuola dallo stregone*, Astrolabio Editore, 1970.

12. È noto l'uso di *sostanze* da parte di molti artisti. L'assenzio – titolo del famoso quadro di Degas – era una delle droghe più diffuse a fine Ottocento trasformatosi in una vera e propria piaga sociale. Marijuana e cocaina sono, come è noto, alcune tra le molte sostanze il cui uso è drammaticamente all'ordine del giorno.

13. Rimando all'esperienza di A/Social Group e a Franca Lanni, ora in Stefano Taccone, *La cooperazione dell'arte*, JOD Edizioni 2020.

14. Rimando al capitolo *11. Viaggi al di là del tempo e dello spazio*, del *Punto di svolta*, di Fritjof Capra, Feltrinelli,1982, pp.297-320.

15. Jiddu Krishnamurti, *La prima e ultima libertà*, Ubaldini Editore, 1969.

16. Rudolf e Margot Wittkover, *Nati sotto Saturno*, Einaudi Editore, 1968.

17. *Koinè a Nord Est*. Municipio Sala Polivalente, Auronzo di Cadore [6 agosto –
4 settembre 1998]. La mostra curata da Boris Brollo vide la presenza in campo di
Ferdi Giardini, Claudio Massini, Ernesto Jannini, Salvatore Astore, Sergio
Ragalzi, lo storico Federico Chiecchi e Flaminio Da Deppo.

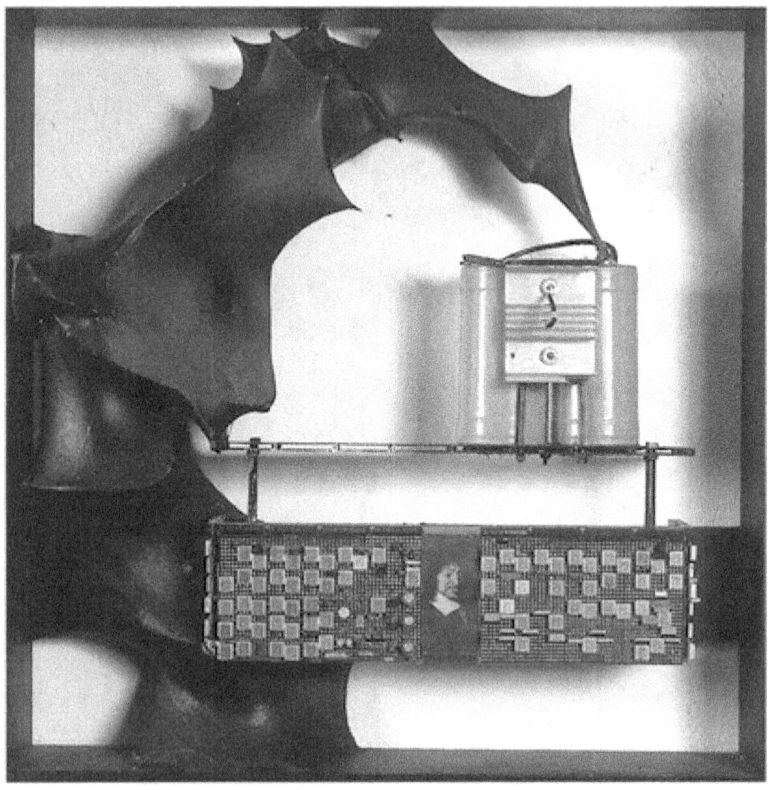

Decartesiana-gettonero, 1990
Hardware, fotocolor, tela cm 70 x cm 70
Collezione Giacone, Chieri

Il religante
Anni Novanta

03.1 PUNTO ORIGINE

Davanti a noi, uomini della civiltà della Tecnica, si profila una grande sfida che consiste essenzialmente nell'aprirsi ad una 'tensione religante'[1]. Il grande potere della scienza, della Tecnica, deve fare i conti con la 'sacralità' di tutte le forme di vita e del pianeta, come ci avverte Enzo Tiezzi. Si tratta di rispettare questa grande storia delle coevoluzioni, delle relazioni tra molecole, tra le specie viventi vegetali e animali, popoli; fino alla comparsa dell'uomo.

La tensione religante può assumere il volto di nuova dimensione religiosa, laica e non confessionale, che avanza sospinta anche dalla consapevolezza di un equilibrio generale perduto, sia esso ambientale, sociale, politico o economico.

Questo bisogno, contrariamente alle apparenze che ci mostrano un mondo in rovina, sta diventando sempre più urgente. Religere vuol dire sentirsi unito all'altro, lavorare per una costruzione unitaria e armonica. Pertanto l'alterità è la sfida del futuro. Ma l'*altro* è il mondo intero e di questo ultimo è necessario prendersi cura, pena la condanna ad un destino di drammatica incertezza.

L'orientamento verso una composizione unitaria, religante conduce ad un senso più pieno dell'esistenza sia dal punto di vista fattuale che spirituale. Tutto ciò ha a che fare anche con l'arte, come predicava Joseph Beuys. Egli aveva visto giusto nell'affermare che all'uomo bisogna applicare il massimo concetto di spiritualità, ma questa applicazione è possibile soltanto se si è in una tensione religante. La sfida consisterà nell'armonizzare gli interessi del capitalismo avanzato con una concezione sacrale della vita e del pianeta. Purtroppo sussistono molti dubbi a tal proposito e le inclinazioni pessimistiche del pensiero contemporaneo tendono a vedere più i fattori di rischio che le opportunità di una palingenesi. Per quanto mi riguarda confido sempre in una rinascita e per questo anche l'arte potrà fare la sua parte. Si sa che il processo creativo dell'artista, nei casi migliori, è sospinto, spesso inconsciamente, da questa tensione all' 'armonia' che manifesta paradigmaticamente dei possibili percorsi. Lo si vede molto bene nell'esperienza musicale di tutti i tempi. Ramin Bahrami, grande pianista interprete di Johann Sebastian Bach, nonché presidente e ideatore del World Bach-Fest, nel suo libro *Come Bach mi ha salvato la vita* (Mondadori) lascia intendere, rivolgendosi ai giovani che, alla frammentazione del mondo, gli artisti hanno sempre opposto una tensione alla ricomposizione armonica:

> *Sarebbe utile, nel nostro mondo tanto frammentato, parlare loro di Bach, che ha il dono di sapere abbracciare le culture più diverse: in lui il canto del muezzin si intende con il galoppo scozzese, il galoppo scozzese va d'accordo con la cantabilità italiana e la cantabilità italiana si mescola con l'eleganza francese; in lui la Spagna abbraccia i mori, suoi invasori, e la danza e la matematica ballano insieme; in lui tutto confluisce in un disegno splendente, unico nel suo genere: una coesistenza di civiltà.*

Dunque il processo creativo tende simbolicamente a questa coesistenza di civiltà. Naturalmente non si tratta soltanto di oggettivare 'artisticamente' le proprie pulsioni creative, ma di 'ricomporre lo spirito', innanzitutto per ritornare alla dimensione sociale per costruire o, quanto meno, tendere alla costruzione di un tessuto sociale basato sulla coesistenza di civiltà. Ecco perché molta arte del Novecento, a partire dal Dadaismo, si è fatta 'critica costante' nei confronti del mondo frammentato, incivile, assolutamente non armonico. E quindi si parte dal qui ed ora, dal mondo com'è; si parte dalla constatazione dello stato delle cose che non è assolutamente armonico e religante; piuttosto l'opposto, poiché il mondo è sottoposto alla pressa e al controllo di un capitalismo oggi avanzatissimo che ha nella comunicazione e nello spettacolo di massa, 'integrato', come sosteneva Guy Debord nei *Commentari*, le sue ancelle preferite.

L'altro lato della grande sfida sarà quella di governare la Tecnica. Come afferma il filosofo Umberto Galimberti il grosso rischio non è rappresentato dal capitalismo che usa la Tecnica, ma dalla Tecnica che impiegherà il capitalismo dando l'avvio ad una inquietante inversione teleologica. Scienza e arte dovranno necessariamente convergere in un territorio su cui coltivare nuove sensibilità; un percorso delicato, sospeso sul vuoto delle incertezze, ma che già è stato avviato da tempo.

E dunque l'importanza dell'esercizio dell'arte che si apre alla coltivazione di una nuova sensibilità da irradiare nella comunità. Ma su che cosa si fonda il processo artistico? È su questo interrogativo che iniziai poi a scrivere. Il testo lo riporto qui di seguito.

* * *

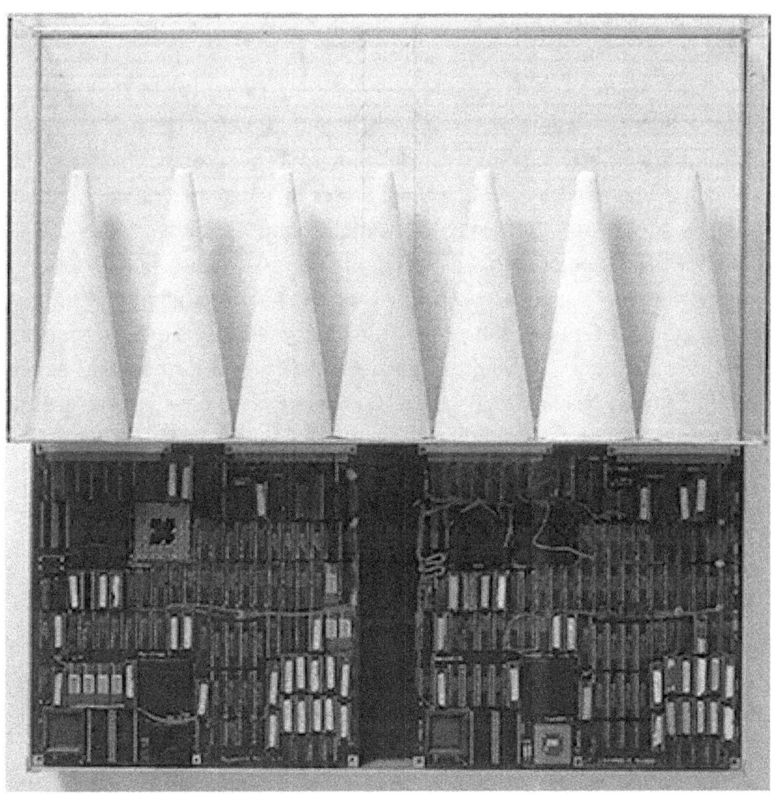

Piccola alba, 1994 Hardware, carta, plastica cm 51 x cm 51

In ogni atto creativo c'è un Punto Origine che dà forma e sviluppo ad un 'sistema', le cui possibili variazioni creative dipendono dal bisogno di rendere coerenti le regole assunte o dal bisogno di trasgredirle. Questa condizione sembra contraddistinguere l'operare di molti creatori. Mi riferisco alle creazioni che possono esplicitarsi non solo in campo artistico, ma anche in quello politico o scientifico. Questo Punto Origine non è un ente astratto, fisso o rigido, ma è un punto che corrisponde al grado di sviluppo del creatore. In termini figurati si potrebbe dire che esso è l'intersezione tra ciò che il creatore pensa, sente, vede, desidera; in sostanza è il riflesso di ciò che una volta veniva scolasticamente definita Weltanschauung, cioè la visione del mondo.

Oggi ci troviamo in una fase storica in cui è urgente verificare i modelli di pensiero sottostanti questi punti origine, valutare l'attualità di queste cornici di riferimento entro cui si operano gli sviluppi creativi. È necessario saggiare le possibilità di variazione, i limiti, il grado di mobilità e di assorbimento delle contraddizioni che il sistema creativo stesso produce. È auspicabile ipotizzare la nascita di sistemi aperti, mobili, di una mobilità che investe la totalità dell'essere individuale, politico sociale. Queste revisioni sono state avviate, ma il nostro presente sembra insistere su un rimescolamento di visioni del mondo, quasi tutte pronte a ripresentarsi sull'uscio del nuovo millennio con paritetica dignità e diritto, aumentando così il disagio provocato dalla perdita di punti di riferimento assoluti. Attualmente siamo, infatti, attraversati da venti postmoderni o neomoderni, da zefiri idealistici e realistici, dalle visioni esistenzialistiche e scientistiche. Si è creato un campo d'instabilità spirituale che sembra essere un terreno adatto per la coltivazione di rigurgiti del passato e per le proiezioni di utopie avveniristiche. Del resto, l'instabilità non può essere confusa con la mobilità. Se l'instabilità può essere la necessaria conseguenza della perdita del Centro ordinatore dei valori e del crollo delle forme, la mobilità consente di andare oltre l'attaccamento alle forme e, pur nelle oscillazioni, di mantenere il punto di equilibrio. Questa qualità, da coltivare con urgenza, si basa su di un atteggiamento di continua risalita al punto origine, di riaggiornamento e modifica delle premesse, dall'alto verso il basso e viceversa (autorigenerazione). Oggi va coltivata una nozione di creatività profonda, che possa dispiegare tutte le sfere dell'umano. Il processo creativo dell'arte va inteso paradigmaticamente come un alto grado di sperimentazione spirituale. I sistemi creativi possono, però, irrigidirsi nelle premesse; le contraddizioni insorgeranno perché sono 'geneticamente' contenute nel principio stesso. Il neo-positivismo logico è stato il modello di riferimento di molta Arte Concettuale che ha subito il fascino del rigore metodologico, il quale esclude da sé ogni investigazione che non sia strettamente 'oggettiva' e analizzabile razionalmente. Concentrandosi sui procedimenti logici che stanno a monte delle proposizioni linguistiche, il Concettuale ha dato il plauso alla ragione analitica, elevandola a punta di diamante della conoscenza. Ha ritenuto così ingenuamente di esaurire completamente la descrizione dell'universo artistico, riducendo cioè la dimensione umana ad un universo di funzioni mentali[2].

Le contraddizioni di Sol LeWitt, le 'insofferenze' di Robert Barry, Lawrence Weiner e Michael Atkinson, gli 'sconfinamenti' mistici di Ad Reinhardt erano i segni che l'umano non poteva essere contenuto tutto in quelle premesse rigorose. Attualmente ciò che sfugge è proprio la nozione di Uomo, perché fuoriesce dalle maglie troppo larghe dei modelli interpretativi del passato. È necessario coltivare una visione dell'uomo e del sociale che vada oltre il panlogismo concettuale o gli atteggiamenti da saccheggio che le transavanguardie pseudo espressioniste operano nei confronti delle categorie del passato. Il rapporto con il passato è fondamentale se inteso come riviviscenza mitica, riattualizzazione nel presente della coscienza dell'essenziale che sottostava in quelle forme storiche; in questo senso ci si impossessa spiritualmente dell'elemento vivo. Risulta invece impossibile ed illusorio se inteso come appropriazione tout court delle sole forme esterne (elemento morto). Si osserva così che un sistema creativo può, in fase di transizione, riciclare al suo interno le scorie del passato, ma prima o poi deve liberarsene e affrontare la costruzione della nuova forma in cui stare. La mobilità probabilmente sarà una caratteristica della coscienza emergente; strutture flessibili di Pensiero, di Azione di Rappresentazione. La flessibilità, tendendo all'unitarietà mitica e non alla frammentazione rende il sistema creativo più vicino all'umano. Oggi è quanto meno improbabile adottare sistemi di pensiero creativo basati su procedimenti lineari tendenti - come sostiene Edgar Morin - alla "… semplificazione e alla normalizzazione (vale a dire eliminare ciò che è strano, irriducibile, il mistero). Abbiamo bisogno di un principio di conoscenza che non soltanto rispetti, ma riveli il mistero delle cose"[3].

03.2 DIALOGO CON ENZO TIEZZI. Siena 1994

Ho sempre avuto bisogno di confrontarmi con l'altro, di aprirmi ad un dialogo per sottoporre le mie intuizioni ad una analisi e ad una critica radicale. Fu così che tra i vari incontri ebbi la fortuna di incontrare una delle menti più lucide del panorama italiano. Sto parlando di Enzo Tiezzi (1938-2010), grande scienziato italiano[4].

Avevo incontrato Enzo Tiezzi durante *Milano Poesia*, nel 1994, ricevendo dal suo intervento una forte impressione per la lucidità e gli orizzonti di pensiero che apriva. Al termine dell'evento lo contattai e insieme, su mia proposta, decidemmo di incontrarci nella sua Siena. Enzo Tiezzi è stato professore ordinario di chimica fisica dell'Università nella sua città, e uno dei massimi esperti italiani di problemi ambientali. È stato deputato al Parlamento italiano nel gruppo della Sinistra Indipendente.

Ci incontrammo nella saletta di un confortevole bar non lontano dalla sua abitazione. Tiezzi arrivò in bicicletta. Davanti ad un buon caffè iniziammo subito a dialogare.

Jannini: Come possiamo procedere in una direzione ecologica quando noi tutti siamo ancora intrisi di cartesianesimo, di meccanicismo? A quali vie dobbiamo aprirci, e la scienza deve aprirsi, per poter sperimentare questa nuova direzione?

Tiezzi: Questa è la grande sfida dei prossimi anni, una sfida lanciata in modo particolare al mondo scientifico, dove la forte presenza della visione meccanicistica e cartesiana, dominante, si traduce nelle scelte tecnologiche ed economiche. La cosa importante è individuare che cosa nel meccanicismo e nel cartesianesimo porta l'uomo a distruggere la natura. Io credo che sostanzialmente vi siano tre punti: il primo è quello relativo alla separazione tra mente e natura, propria della visione cartesiana; il ridurre tutto a razionalità, a homo sapiens, mentre l'uomo è anche essere naturale e biologico, e ciò non significa rifiutare la ragione o la razionalità, ma riuscire ad usare il 100% della nostra razionalità e il 100% del nostro istinto, delle nostre emozioni; questo paradosso matematico (ovviamente e volutamente dico 100% e non 50% e 50%) significa essere interamente noi stessi come essere umani completi, biologici, istintuali e razionali nello stesso tempo, in modo da superare questa divisione tra mente e natura. Il secondo punto è avere una visione del mondo come macchina: il riduzionismo, il meccanicismo, scomporre la conoscenza della natura e della biologia in molecole; da questo punto di vista considero rischiosissime le visioni delle biotecnologie e della biologia molecolare, perché sono visioni che riducono tutto in molecole, a mattoni che compongono la realtà. Questo non vuol dire che le molecole non sono un modello importante, ma vuol dire che spesso questa riduzione ci fa perdere una grande parte della conoscenza, e quindi, tutto sommato, è un modo irrazionale di comportarsi. Il terzo punto, forse il peggiore di tutti della visione cartesiana, ma direi di Newton, direi di Bacone e di molti altri, direi dell'Illuminismo in generale, è il dogma antiestetico, per cui in scienza o in economia, e quindi nelle scelte politiche, tecnologiche e industriali, contano solo le quantità e non le qualità. L'estetica è messa fuori dalla porta, come se la natura in cui viviamo non fosse anche fatta di forme, di colori, di suoni. L'arte è nella natura, nei suoni del canto di un uccello e nei colori dell'ala di una farfalla. Quindi questo dogma antiestetico, che riduce la scienza a sole quantità e che non dà diritto di cittadinanza nel tempio scientifico alla qualità, è un dogma pericoloso e completamente sbagliato.

J : Tu hai fatto un'analisi della vecchia visione della realtà i cui fondamenti sono appunto in Francesco Bacone, in Isaac Newton, in René Descartes. In effetti la visione newtoniana sostanzia ancora la nostra esperienza comune della realtà. Il tempo, comunemente, ce lo rappresentiamo secondo uno sviluppo lineare: c'è un prima, un dopo e un punto centrale che è l'attimo presente. Ti chiedo se secondo il tuo punto di vista anche la teoria del Big Bang rientra ancora in un simile sistema di rappresentazione. John David Barrow[5] afferma che non possiamo rispondere alla domanda se l'universo sia di età finita o infinita fino a quando non comprendiamo la natura del tempo e tu stesso affermi, con Gregory Bateson[6], che "il sacro è nella materia proprio perché il tempo è nella materia". Allora cos'è il tempo dal punto di vista della scienza attuale?

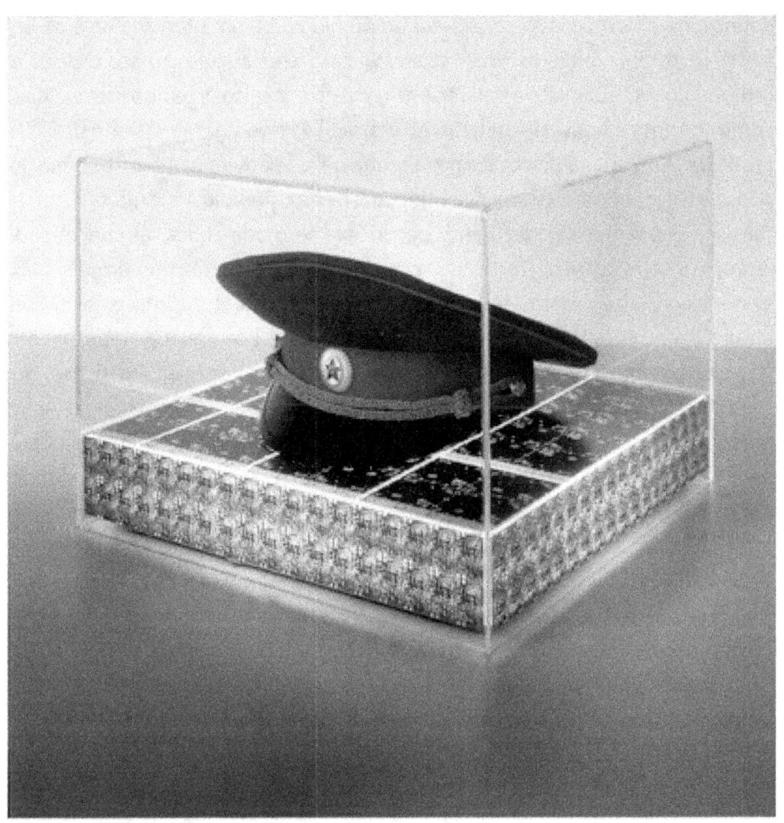

Cappello militare, 1995 cm 36 x cm 36.
Collezione privata Monza

T : Questo è proprio l'argomento di cui mi occupo nel libro che dovrebbe uscire alla fine di quest'anno (il titolo provvisorio è *Fermati attimo! Sei bello,*[7] da un verso del Faust, e che porterà la prefazione del Premio Nobel Ilya Prigogine). In questo libro affronto il problema del tempo mettendo in evidenza la nostra cattiva abitudine a pensarlo, come direbbe Gregory Bateson, come fosse un intervallo, come lo spazio. Albert Einstein, per esempio, parla del tempo come quarta dimensione dello spazio e credo che questo sia profondamente sbagliato. Quando noi parliamo dello spazio diciamo che tra Firenze e Siena ci sono sessanta chilometri, oppure tra me e te ci sono cinquanta centimetri. Lo spazio è reversibile, cioè si può percorrerlo in una direzione e poi, con la stessa quantità, nella direzione opposta. Lo spazio è un intervallo. Bene! La nostra cattiva abitudine di pensiero ci fa dire: "Tra venti minuti, è venti minuti fa, tra dieci anni è dieci anni fa". Continuiamo ad usare la categoria 'spazio' nella definizione di tempo, e lo consideriamo quindi come un intervallo reversibile, come se tornare indietro fosse la stessa cosa che andare avanti. Questo è profondamente sbagliato e nella scienza questo concetto di tempo irreversibile, come con critica puntuale mette in evidenza Ilya Prigogine, è presente sia nella teoria della fisica quantistica sia nella teoria della relatività di Albert Einstein. Io penso invece ad altre visioni scientifiche…penso all'evoluzionismo di Charles Darwin, alla teoria del Big Bang, penso alla termodinamica, al concetto di entropia. Sono queste le teorie con il tempo dentro, che ammettono, evidenziano, come proprietà fondamentale della materia, la irreversibilità del tempo, la freccia del tempo, come dice Ilya Prigogine. Il tempo va sempre avanti, non è un parametro che può essere ridotto a dimensioni spaziali. È di per sé, per sua natura irreversibile, mentre lo spazio è per sua natura reversibile. Poiché prima si poteva parlare solo di esperimenti esatti e riproducibili non c'era posto per il tempo, perché non poteva essere misurato. Il tempo immetteva nel campo scientifico una componente d'incertezza, proprio perché il tempo futuro è del tutto imprevedibile, come è del tutto imprevedibile l'evoluzione. Non solo, ma Darwin dice qualcosa di più. Dice che l'evoluzione non ha un fine, è 'stocastica', cioè dipende dal caso, dalla casualità degli incontri con l'ambiente, e dalle scelte contemporaneamente. Gli incontri sono importanti nelle evoluzioni biologiche, nella storia della materia. L'irreversibilità del tempo, l'importanza delle cose avvenute, delle tracce che queste lasciano per il futuro sono fondamentali. Tuttavia questo non vuol dire che il futuro è determinato da questi incontri e da queste tracce, vuol dire solo che esistono dei vincoli con i quali dobbiamo fare i conti. Io non so cosa scriverai dopo questo nostro incontro, ma questo incontro c'è stato, non puoi cancellarlo. Allora, l'incontro, il ciò che è avvenuto, il tempo passato, non determina il futuro, ma pone dei vincoli sul tempo futuro. In altre parole il fatto che una cosa sia avvenuta fa sì che, dopo, le cose andranno in un altro modo. Il fascino del tempo irreversibile è proprio l'incertezza del futuro.

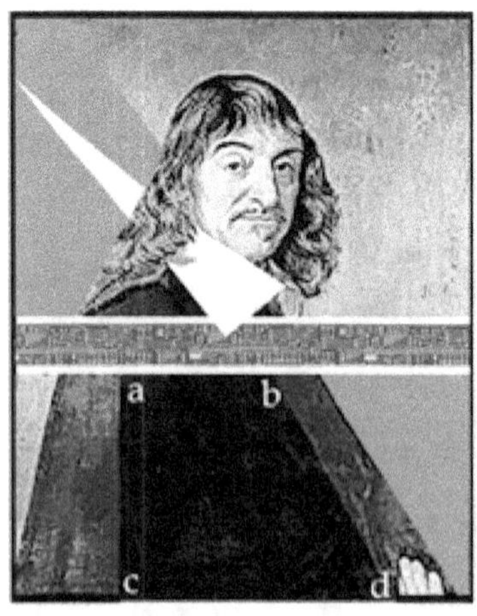

Ernesto Jannini, *Progetto Cartesio*
(elaborazione grafica dal quadro di
Franz Hals (1995)

J: Il concetto di tempo è sempre stato presente nelle ricerche filosofiche e scientifiche; del resto la scienza contemporanea ha fatto un salto di consapevolezza nei confronti del problema della materia, arrivando ad affermare che alla base dell'universo sensibile non c'è nessun 'mattone elementare', ma un quid imprevedibile di energia che appare e scompare. Mi chiedo se così procedendo la scienza non abbia reintrodotto dalla finestra, diciamo così, l'elemento del mistero o anche del senso religioso. Lo stesso Edgar Morin afferma che "abbiamo bisogno di un principio di conoscenza che non soltanto rispetti, ma riveli il senso delle cose". Poiché oggi dal punto di vista culturale stiamo rivedendo tutto, principalmente il nostro modo di conoscere, ne consegue che quello che prima ci era noto ritorna oggi ad essere ignoto. Qual è il tuo pensiero su questo punto?

T: Non userei la parola mistero, non userei la parola religiosità. Userei la parola sacralità e la parola stocastico. Che cosa vuol dire questo? Vuol dire che l'evoluzione biologica è un misto di caso e di scelte. C'è il libero arbitrio della persona e c'è l'imprevedibilità e l'incertezza dovuta al caso; ma tutto questo non è un mistero, anzi, la bellezza dell'evoluzione biologica è che non sappiamo, proprio per la natura stessa del tempo, cosa succederà domani. La natura ha una storia antichissima, rispetto alla quale la storia dell'uomo è niente. Mentre il primo ominide è comparso sulla terra tre milioni di anni fa, l'evoluzione biologica dura da milioni e milioni di anni. Ecco perché intitolai il mio primo libro: *Tempi storici, tempi biologici*[8]. L'immensità di ciò che è avvenuto prima, la complessità…è sacra, e questo è qualcosa con cui tutti noi facciamo i conti; nel senso che noi veniamo da questa storia di milioni di anni. Ho un grandissimo rispetto della grande incertezza che esiste nella storia evolutiva, penso appunto, con Darwin, che non ci sia un fine, ma un misto di caso e di scelte che determinano ciò che avverrà in futuro. Ciò che avverrà ha radici nel passato: nei miliardi d'incontri che ci sono stati tra molecole, tra specie viventi, tra vegetali e

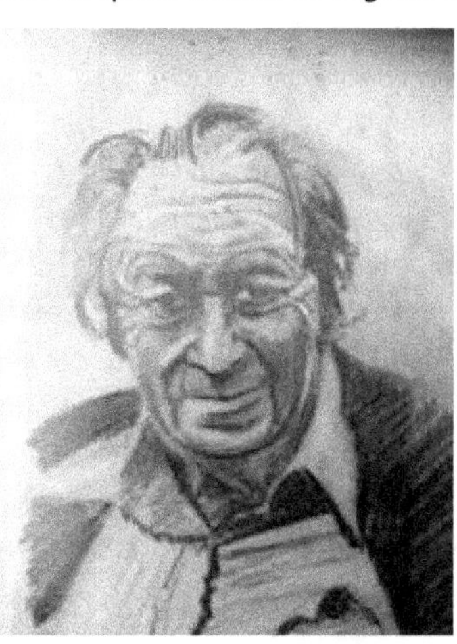

Gregory Bateson, disegno al tratto di Ernesto Jannini, 1994

animali, tra popoli. Questa è la sacralità che rispetto, la stessa che rispettavano gli indiani d'America o certe religioni monoteiste, ma ciò non significa sposare una di queste religioni o una di queste ideologie. Nel mio lessico non c'è la parola mistero, non c'è la parola religione, a meno che per religione non s'intenda 'religare', interazione. Infatti io parlo sempre di coevoluzioni, di relazioni tra tutti, tra gli esseri umani, tra le specie vegetali e animali, e parlo anche di relazioni con il futuro.

J: Con questo concetto di coevoluzione non si afferma forse qualcosa che è sempre stato presente come bisogno profondo dell'uomo? Voglio dire che l'uomo ha sempre sentito il bisogno di sentirsi in unità con il cosmo nel quale è proiettato; ha bisogno di costruire una sua cosmogonia. Mi sembra di poter rilevare un'analogia con la sfera dell'arte. I popoli sono produttori, nel tempo di cosmogonie, come nel caso degli indiani d'America. Insomma ogni civiltà compie questo processo di rappresentazione. Anche la scienza ha sempre realizzato le sue cosmogonie. Anche un'artista dà adito ad una sua cosmogonia. Ogni cosmogonia porta al suo interno questo elemento interessante del 'limite'. Nel processo artistico il limite può essere considerato come 'fertilizzante'; voglio dire che più limiti ci sono e più il processo creativo diventa interessante. Se non ho dei limiti alla fine finirò per impormeli…Può sembrare paradossale ma secondo la mia esperienza è così… Tu parli di una nuova cultura emergente che pone l'accento particolare sul concetto di limite, una nuova cultura non più desiderosa di superare le Colonne d'Ercole, ma di vivere nella qualità e di svilupparsi dentro i limiti. Qual è il rapporto stretto tra sviluppo e limite?

T: Io credo che dai limiti, meglio direi dai vincoli, nasce la creatività: la creatività dello scienziato e, perché no, la creatività dell'artista. Credo anche che avere a che fare con l'incertezza oltre che con i vincoli sia una cosa molto bella. La libertà non è di questo mondo, non fa parte della nostra natura. la natura è fatta di limiti e di vincoli, spaziali e temporali; la nostra vita non è eterna, le nostre dimensioni sono tre, il nostro peso corporeo è quello che è, così le nostre possibilità di movimento. Direi che la bellezza della diversità della storia evolutiva sta proprio nel fatto che ogni specie vivente ha dei limiti e dei vincoli diversi. Alcuni non hanno la posizione eretta, altri si possono muovere soltanto in acqua, altri vivono nell'aria…La biodiversità consiste nel fatto che per ogni essere vegetale o animale e per ogni uomo ci sono dei vincoli diversi, e dobbiamo imparare a conviverci. Essi sono la vita stessa, sono coloro che determinano la diversità, e senza diversità non potrebbero esserci arte e scienza, poiché la creatività viene dal nostro essere sottoposti a certi vincoli. Alcuni s'illudono che i tre famosi valori del Rivoluzione Francese (fraternità, uguaglianza, libertà) siano dei valori assoluti. Credo che quegli scienziati che si muovono con il vessillo di questa assoluta libertà siano più apprendisti stregoni che veri scienziati. Credo quindi che dei tre valori dell'Illuminismo salverei solo la fraternità, che estenderei non solo a tutti i popoli, ma alle piante, agli animali e alle generazioni future. La fraternità sì, ma la libertà e l'uguaglianza credo che non abbiano proprio niente a che fare con la storia dell'uomo e con la storia della natura.

J: Mentre parlavi mi venivano in mente le *Lettere sull'educazione estetica dell'uomo* di Friedrich Schiller[9] il quale con sconcertante anticipazione già metteva in evidenza i limiti della visione illuministica. Addirittura parlava di barbarie nel momento in cui l'intelletto viene superato dalla sensibilità e dall'intuito. Indicava in questa spaccatura la causa di molti mali…Comunque volevo riprendere nel nostro discorso l'analogia tra il processo artistico e quello scientifico e chiederti se per te c'è una 'struttura che connette'[10] queste due discipline in modo diretto o indiretto. Un domani lo scienziato e l'artista lavoreranno un po' più a stretto contatto oppure gli ambiti si manterranno sempre circoscritti nei propri argini? Sarà possibile una contaminazione?

T: Io credo che questo sia uno dei grandi mali della società di oggi, queste separazioni schizofreniche. Lo scienziato, il grande fisico che si chiude in casa a sentire musica… E questo demandare della nostra società ad ogni settore la sua specificità… addirittura non c'è più interazione tra scienziato e scienziato in discipline diverse, meno che mai tra la scienza e l'arte. Credo invece che il recupero totale di questa visione sistemica rappresenti il nuovo, e che la modernità stia proprio lì. Intendo fare con questo due forti critiche, in modo particolare alla cultura italiana. Partiamo con una critica alla cultura umanistica che in Italia rifiuta speso la conoscenza scientifica. Questo atteggiamento mi sembra esprima veramente la grettezza. Quante volte sentiamo artisti o filosofi vantarsi di non capire niente di matematica, o che non l'hanno mai voluta studiare oppure non vogliono sapere che la formula dell'acqua è H_2O… Ma poi i colori che trovano in natura dipendono da queste molecole, da questa storia evolutiva. Come sarebbe bello se non ci fosse questa separazione, questa arroganza nei confronti della scienza o un suo rifiuto così radicale. Quante volte si sentono gli scienziati affermare che per loro l'arte non è che un passatempo, che non ha la dignità della Conoscenza. Si ha sempre una grande paura di contaminare, di mischiare le carte, mentre credo bisogna riappropriarsi di questo punto di vista: chiamiamolo pure epicureo o lucreziano. Lucrezio era un grande poeta che parlava di scienza con grandissima competenza…sappiamo che ha scritto delle cose bellissime nel De Rerum Natura. C'è da recuperare totalmente una visione globale, anche perché la storia dell'evoluzione biologica è storia di forme, di colori e suoni. L'arte! Da chi ha preso i primi stimoli, com'è nata se non da quelle forme e da quei colori, forme dovute ad incontri tra molecole, a storie di molecole? Ecco, io non capisco che cosa significhi un processo artistico se questi consiste nell'allontanamento dalla natura, così non capisco quei filosofi o quegli scienziati che affermano che il tempo nella natura non esiste, ma è solo nella nostra mente. La nostra mente è natura, dentro la nostra mente c'è tutta la storia dell'evoluzione biologica. La nostra mente viene dall'interazione tra i dinosauri e le rocce vulcaniche, viene dalla storia evolutiva di questo pianeta. La nostra mente, come tutto il corpo, tutto il nostro essere, è natura, altrimenti ricadiamo di nuovo in una visione di totale separazione tra mente e natura (di nuovo il discorso di Bateson). Questo tentativo di far sì che la sensibilità dell'artista o la mente dello scienziato non facciano parte della natura è per me un discorso folle.

J: Tu stai precisando proprio il concetto di mente così come lo intendeva Gregory Bateson: una mente non antropocentrica…un concetto di mente più allargato di cui l'uomo fa parte…

T: … In cui c'è la memoria di tutte le storie avvenute. Mario Della Monica, mio amico e professore all'Università di Bari, in un suo libro ha scritto che in ognuno di noi ci sono milioni di atomi di carbonio di Giulio Cesare o di uno qualsiasi dei nostri progenitori. Il numero di atomi di carbonio è così alto, miliardi di miliardi…che necessariamente contengono alcuni milioni di tutti gli esseri viventi che sono vissuti prima di noi, perché il carbonio va in giro nel suolo, nel cibo, nell'atmosfera. Da questo punto di vista il nostro essere è solo il frutto di miliardi di storie che sono avvenute prima di noi, e lo stesso vale per il nostro sentire, altrimenti si nega l'evoluzione biologica, la sacralità della materia.

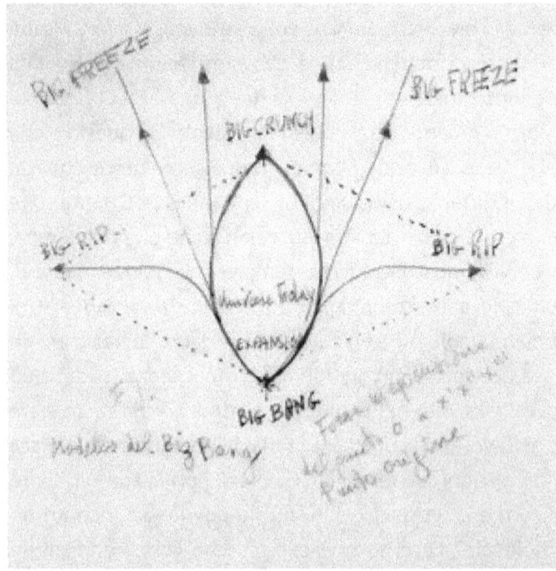

Modello del Big Bang.
Schizzo ad inchiostro blu,
1995

Questo vuol dire che nella nostra mente, come nel nostro tatto, nella nostra vista, come nelle nostre emozioni, c'è presente tutta la storia evolutiva di questo pianeta, sempre, in ogni istante. È veramente un modo arrogante e scientificamente sbagliato pensare che un individuo possa sentire una cosa di per sé... è veramente un atto di arroganza.

J: Non posso fare ameno di pensare a Kant e alla sua concezione del tempo come forma a priori del senso interno. Quando parli di pericoli dell'antropocentrismo, dell'arroganza della mente, ti riferisci a questa concezione del tempo come categoria della mente? Vuoi dire che non è più così?

T: Assolutamente no. Voglio dire: gli animali sanno benissimo che invecchiano, l'elefante va a morire nel suo cimitero. Chi ha detto che questa concezione del tempo è propria della mente umana? Veramente considero questo una violenza scientifica e filosofica, un dogmatismo da rifiutare in maniera assoluta. I colori esistono nella natura, non sono il frutto della sensibilità dell'artista o della mente dello scienziato. Il tempo esiste nella materia indipendentemente dall'esistenza dell'uomo.

J: Ma l'uomo ha un suo sistema di rappresentazione di cui il tempo sembra esserne risultato...

T: Parliamo di sensazione del tempo. Io credo che la nostra conoscenza di ciò che esiste passa attraverso i sensi, e la nostra mente elabora queste sensazioni.

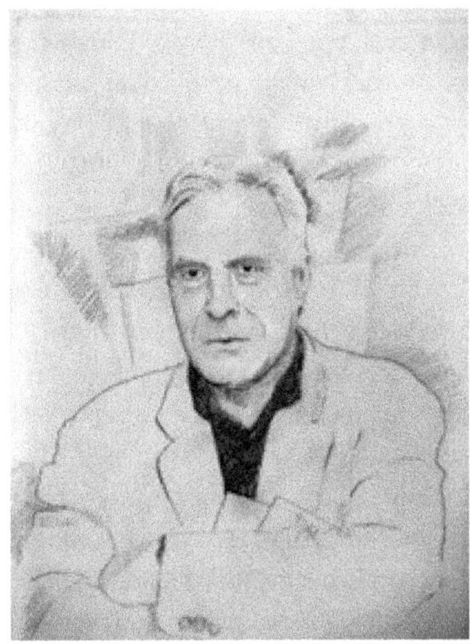

Il chimico e ambientalista Enzo Tiezzi in un disegno di Ernesto Jannini, 1994

Ovviamente noi facciamo di questo una rappresentazione, che è un modello scientifico, o una rappresentazione artistica che è propria dell'individuo che la produce. Ma come fa l'individuo a sapere quanto in questa rappresentazione ci sia di informazione, ricevuta guardando, sentendo, toccando, sognando, pensando con i propri sensi e con la propria mente, con l'armonia del suo totale? Credo anche che la creatività scientifica e la creatività artistica vengano fuori davvero quando l'uomo riesce, come diceva Edgar Morin, a usare il 100% delle proprie sensazioni e dei propri stimoli, che sono collegati nella natura e che vengono da storie coevolutive di centinaia, migliaia di milioni di anni.

J: Allo stato attuale è possibile avviare un processo di crescita politica ad una nuova forma? I politici come possono abbracciare e fare propria questa nuova visione che si sta delineando, questo nuovo paradigma basato sulla non assolutezza? In sostanza come possono lasciarsi contaminare, se è vero che la contaminazione degli ambiti appartiene al futuro?

T: Ho poca fiducia nell'attuale classe politica; mi sembra che incarni tutto ciò che c'è di peggio e di vecchio. C'è confusione; non si capisce da che parte stiano gli industriali, da che parte stiano coloro che sono a favore della crescita, e quelli, che come me, sono contro la crescita e per lo sviluppo sostenibile. Credo che ci vorranno più transizioni per poter arrivare a far penetrare questi fondamentali concetti necessari per la sopravvivenza dell'umanità, nel mondo economico e nel mondo politico, che sono, per loro natura, i più strenui paladini dei vecchi paradigmi; arroccati da una parte nei palazzi del potere e dall'altra nelle loro ideologie, da qualsiasi parte esse vengano.

J: Oggi si parla di 'homo oeconomicus', mentre la nuova visione è proiettata sullo sviluppo dell''homo umanus', con tutte le sue facoltà aperte a trecentosessanta gradi. Ma quali passaggi dobbiamo compiere, ognuno di noi, nella vita di tutti i giorni in modo da collegarci con le intuizioni di questa nuova visione, per far sì che non rimangano solo delle visioni illuminanti, ma realmente operative.

T: Io credo che il punto fondamentale sia partire dall'educazione e dalla scuola perché è lì che queste idee devono arrivare e penetrare. Se abbiamo chiaro, come persone responsabili, che per la prima volta nella storia dell'umanità è in gioco la vita del pianeta e quindi il livello di rischio è molto alto, è chiaro che l'importante è far sì che queste idee penetrino a tutti i livelli, a iniziare dall'educazione, sia familiare che scolastica. Certo siamo ancora ben lontani da che queste idee penetrino nella scuola, e ciò anche per la scarsa informazione, non magari per irresponsabilità degli insegnanti, di cui ho molto rispetto. Oggi si incomincia a comprendere il valore delle relazioni; è questo ciò che ci ha insegnato Bateson. Bisogna passare da visioni riduzioniste, meccaniciste, a visioni in termini di relazioni, spostando la nostra attenzione non sull'oggetto, né sul soggetto, né sulla visione antropocentrica, soggettivista, ma sulla relazione e sulle storie, sulle relazioni nel tempo. È una rivoluzione culturale, una rivoluzione scientifica, un cambio di paradigma, o meglio bisogna superare i paradigmi per non ragionare più in termini dogmatici. Essi sono duri a morire…Pensa che i migliori scienziati di allora, quelli più seri ed attenti a certi problemi, negavano l'evoluzione di Darwin. Il mondo economico e scientifico è lontano mille miglia da questo…Mi piace parlare con gli artisti perché la sensibilità dell'artista è quella di colui che è abituato a contaminare discipline, ad avvicinarsi a cose diverse da quelle che si fanno. Questo però non vuol dire assolvere automaticamente gli artisti, giacché i rischi ci sono anche lì, e l'allontanamento dalla natura, nell'individualismo, dire "quello che io sento è il centro del mondo" … è molto facile. Io credo che la creatività artistica emerga quando ci si apre alla natura e al mondo, non quando ci si chiude in sé stessi.

J: Indipendentemente dal linguaggio adottato?

T: Sì! Voglio dire… ho sempre amato Paul Gauguin, non ho mai amato Vincent Van Gogh. Ho sempre amato Giovanni Pascoli, non ho mai amato Giacomo Leopardi. Non ho mai amato l'artista che si piange addosso, che trova dentro sé stesso tutte le risposte.

J: Siamo un po' come degli astronauti sospesi nel vuoto che devono fare riferimento a un orizzonte artificiale, a dei punti provvisori, strumentali…Il problema morale allora deve essere reimpostato. Se l'arte, per esempio, si separa dal piano morale, precipita nei piacevoli meandri dell'estetismo. La nuova scienza, quella della complessità, delle interconnessioni, come può non tenere conto dell'aggancio con il piano morale?

T: Non ho qui nessuna difficoltà a parlare di morale. Credo che la scienza debba essere morale e l'arte debba fare i conti con i valori etici. I valori etici devono essere alla base e della scienza e dell'arte e del modo di pensare e conoscere. È la ragione per cui dicevo prima che la ricerca libera nel campo dell'ingegneria genetica e delle biotecnologie è, secondo me, un crimine. Lo dico con molta chiarezza: lo scopo della scienza, l'ho scritto molte volte, non consiste nel dominare la natura, nel manipolarla, ma di vivere in armonia con essa. Questo implica per lo scienziato, per l'artista, per i cittadini, dei valori etici che sono alla base del nostro agire. Riscoprire la qualità, l'estetica nella scienza, le interazioni tra specie, individui e popoli, significa riscoprire valori etici.

03.3 CONVERGENZE IN NUOVE SENSIBILITÀ. Milano 1995

Anche a seguito dell'incontro con Enzo Tiezzi insieme ai carissimi amici Giulio Calegari (artista, paletnologo e archeologo) e Paolo Rosa dello Studio Azzurro decidemmo di dare il via ad un convegno da tenersi presso il Centro Studi di Archeologia Africana nella sede del Museo di Storia Naturale di Milano (di cui Giulio Calegari, vera forza della natura, è responsabile della Sezione di Paletnologia). Il tema, di cui dibattemmo, era incentrato sulle 'convergenze' tra Archeologia Arte e Scienza.

Riporto di seguito il mio intervento[11].

* * *

L'incontro tra esseri umani può rappresentare una vivificante avventura, ma anche una delle esperienze più fallimentari che si possano esperire.

All'interno delle relazioni umane agiscono degli elementi separanti e degli elementi unificanti, due direttrici che costituiscono una irrinunciabile dialettica, un'oscillazione necessaria al farsi degli eventi.

Come promotori di questa serata ci sentiamo di percorrere i sentieri che rasentano quell'area che tende più ad unire che a separare, il che non vuol dire rifiutare l'elemento separante, ma assorbirlo in funzione di una più profonda comprensione delle cose. In questo momento, questa sala animata dalla nostra presenza costituisce una potenziale e misteriosa stratificazione di pensieri-sentimenti-visioni-sensazioni, di visioni del mondo, weltanschaungh.

In questa sala ognuno di noi costituisce, in senso metaforico, una potenziale nota-suono o un potenziale rumore. Con questo incontro non ci proponiamo una facile e superficiale armonizzazione, né tantomeno l'affermazione di una verità dogmatica, ma puntiamo a creare le condizioni necessarie per poter svolgere una serata di ricerca avvalendoci del contributo di tutti i ricercatori chiamati in causa.

Per rimanere ancora nella metafora della musica si può dire che l'armonia o la dissonanza non stanno tanto nei singoli suoni quanto piuttosto nelle convergenze o divergenze dei rapporti, nel loro tessersi, nel diventare cioè una altra realtà.

E veniamo al dunque!

Cosa vuol dire "convergenze in nuove sensibilità" ed in particolar modo nel rapporto arte-scienza? In che misura e fino a che punto queste dimensioni della cultura possono tessersi in rapporti costruttivi?

Come artista rispondo al tema della serata dicendo che mi sento 'naturalmente' portato a far convergere il mio interesse verso altri campi di ricerca ed in particolar modo verso la scienza e la filosofia della scienza, che ci stanno invitando da circa un secolo ad un continuo cambiamento di scenario.

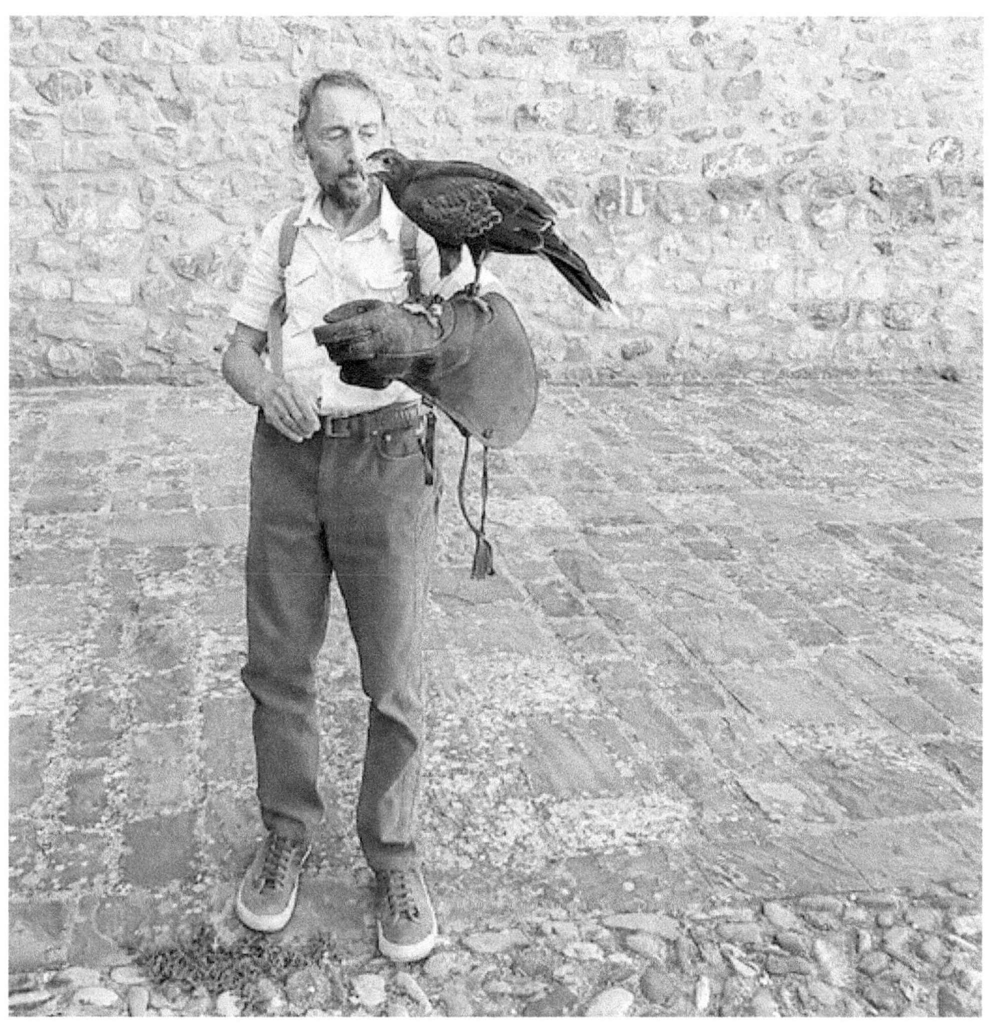

L'artista paletnologo e antropologo Giulio Calegari, *Appunti di viaggio*, Basilicata 2019
Foto di Cristina Ansaloni

Sono i suoi percorsi e i capovolgimenti di visione che ci costringe a fare che mi affascinano. Di fronte ad una nuova intuizione scientifica, come del resto di fronte ad una nuova intuizione artistica, siamo costretti a rimescolare le carte. Tutto ciò accelera il movimento dell'immaginario, poiché si ripercuote sul nucleo formatore dei processi creativi.

Tra le immagini che più mi suggestionano mi piace richiamarne alcune.

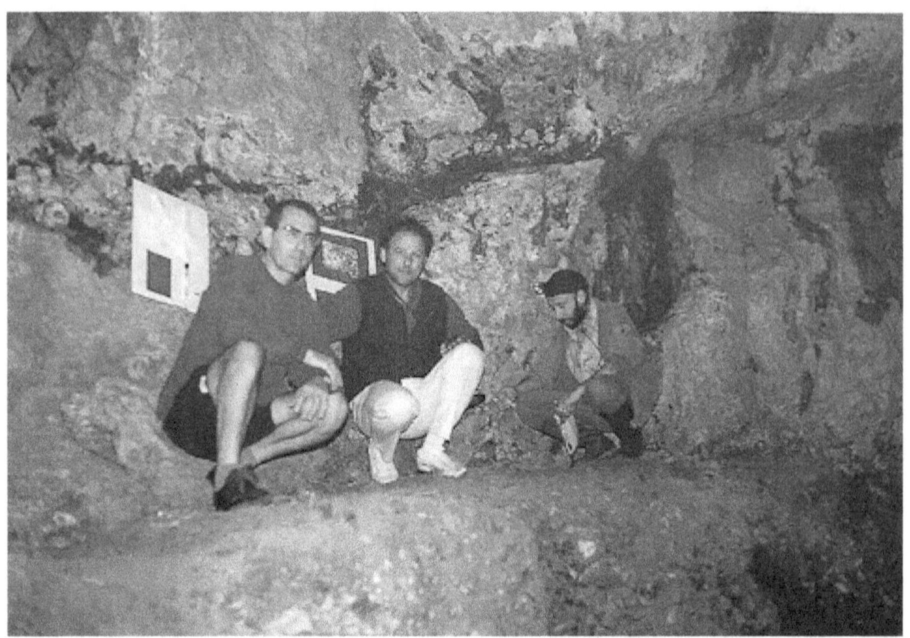

Valle Imagna (Bergamo) 1995, Ernesto Jannini, Paolo Rosa, Giulio Calegari,
nella grotta del Buco del Corno di Bedulita

Werner Karl Heisemberg racconta che, da giovane studente, non riusciva ad accettare che la struttura della materia potesse essere espressa nella raffigurazione delle "palle da biliardo": così il Nobel per la fisica nel 1932 definiva queste rappresentazioni riportate in tutti i manuali, che non erano altro che il modello atomico elaborato ancora sulle suggestioni della filosofia di Democrito. Ecco! Se c'è un'immagine che continuamente mi si ripresenta alla mente è proprio quella della materia, l'elemento fisico su cui si fondano tutte le investigazioni scientifiche: almeno per quanto riguarda la Fisica. In fondo, se c'è qualcosa a cui dobbiamo rispondere è proprio questa materia, questa sostanza che lentamente, però, ha perso, principalmente ad opera della fisica, l'attributo della pesantezza, per risolversi invece nel gioco di un'energia che appare e scompare: quei 'quark', che, come lucciole in una notte fonda appaiono e scompaiono senza poter mai stabilire con esattezza (assi cartesiani) il punto della loro prossima apparizione.

Non apparendoci più come un mondo "solido", quindi non essendoci più nessun "mattone elementare di base", si è spalancato ai nostri occhi di uomini contemporanei, l'intuizione di un differente ordine di rapporti che tengono insieme i fenomeni, i quali ormai non sono più spiegabili con le vecchie leggi newtoniane.

Mi piace partire da questa semplice immagine per ricordare a me stesso che la scienza, a distanza di tanti anni da queste prime significative rotture epistemologiche operate alla fine del secolo scorso e agli inizi del Novecento, è dovuta ripartire dal soggetto, quel "soggetto dimenticato" e che tanta parte importante riveste all'interno della rappresentazione scientifica e artistica. Un soggetto non passivo quindi, ma fortemente immaginante e ciò costituisce ormai un fatto incontestabile. Max Plank[12] parla addirittura di fede:

Le fondamenta di ogni scienza sono formate dal materiale che l'esperienza fornisce, è vero, ma è altrettanto certo che il materiale da solo non basta, come non basta la sua elaborazione logica, a fare la vera scienza. Il materiale è sempre incompleto e non consiste che di pezzi staccati, seppur numerosi. Ciò vale per le tabelle delle misurazioni nelle discipline naturali come per i documenti nelle scienze dello spirito. Perciò bisogna completarlo e perfezionarlo riempiendo le lacune, e ciò non si può fare che per mezzo di associazioni di idee che non nascono dall'attività intellettiva, ma dalla fantasia dello scienzato, sia che si vogliono definire col nome di fede o colla più prudente espressione di ipotesi di lavoro. L'essenziale è che il loro contenuto superi in qualche maniera i dati dell'esperienza.

Come dal caos di masse isolate senza forza ordinatrice non può sorgere il cosmo, così dai materiali isolati dell'esperienza, senza l'opera cosciente di uno spirito pervaso da una fede feconda non può nascere una vera scienza.

La scienza del nostro secolo ha perso l'arroganza del sapere incontrovertibile. Partendo dalla revisione dei postulati di base della scienza classica è arrivata a rivedere totalmente i suoi paradigmi.

Il piano dell'incertezza, della relatività, della provvisorietà del nominare, si può considerare una conquista dell'umano che procede, però, contemporaneamente con il bisogno di tensione all' 'unitarietà' (in altre parole verso una cultura sistemica). In questo senso, arte e scienza del nostro secolo riconoscono di avere in comune la coscienza dell'oscillazione polché, come da più parti si afferma, non c'è sistema di pensiero-linguaggio che possa intrappolare l'enigma del mondo[13] in una forma univoca.

Quindi: cosa vuol dire 'convergenze', che possibilità hanno uno scienziato ed un'artista di procedere insieme e qual è il senso di tutto ciò?

Rispondo semplicemente dicendo che in me c'è questa necessità che mi spinge a frequentare altri ambiti e che non so che cosa esattamente si può configurare in un futuro con ciò. So, però, che queste frequentazioni mi aiutano e agiscono, seguendo percorsi sotterranei, sui centri vitali della dimensione estetica, e che ormai è impossibile procedere lungo il sentiero della creatività ignorando il portato di quest'altro potente immaginario offerto dalla scienza.

Come si ripercuote poi tutto ciò sull'artista?

Joseph Beuys ci ha lasciato un'immagine vivida del superamento dei confini 'privati' dell'artista. Afferma molto esplicitamente che:

L'artista deve fare molto di più che essere un virtuoso del pianoforte. Al di là della soglia gli uomini esigono di più. Esigono che al bagaglio concettuale dell'arte acquisito nel corso della storia si aggiunga un'altra disciplina, che abbraccia tutto il resto, che rappresenti per così dire, l'ecosfera e la placenta di questo essere vivente, dell'organismo sociale[14].

L'invito ad andare oltre i confini del proprio specifico terreno disciplinare è la nuova parola che molti ricercatori hanno cercato d'incarnare con la loro azione già a partire dagli anni Settanta.

Attenzione! Questo non vuol dire perdere la propria autonomia, ma rispondere ad un bisogno di sintonia con quell'istanza che sentiamo presente all'interno della nostra cultura. Più in generale si potrebbe dire che, all'interno della nostra cultura è presente un'istanza che ha momenti di espansione e di contrazione; un'istanza caratterizzata da una tensione allo 'sconfinamento' verso una nuova forma di unitarietà.

È interessante notare ciò che affermava, con straordinaria lucidità, Friedrich Schelling, circa due secoli fa[15]:

Ora se l'arte sola è quella, a cui riesca di rendere obbiettivo con valore universale quanto il filosofo non può rappresentare che subbiettivamente, è da aspettarsi, per tirare ancora questa conclusione, che la filosofia, com'è stata prodotta e nutrita dalla poesia nell'infanzia del sapere, e con essa tutte quelle scienze, che per mezzo suo vengono recate alla perfezione, una volta giunte alla loro pienezza, come altrettanti fiumi ritorneranno a quell'universale oceano della poesia, da cui erano uscite. Quale poi sarà l'intermediario del ritorno della scienza alla poesia, non è difficile dirlo in modo generale, essendo un tal intermediario esistito nella mitologia, prima che questa separazione, la quale sembra adesso inconciliabile, fosse avvenuta. Ma come possa nascere una nuova mitologia, che non sia creazione del poeta singolo, bensì di una nuova stirpe, che quasi rappresenti un solo poeta, è un problema, la cui soluzione si deve attendere solo dai futuri destini del mondo e dal corso ulteriore della storia.

Si riconosce che questo concetto di unitarietà appartiene intrinsecamente alla nostra cultura, ancorché tutto sembra far pensare all'opposto. Penso che in questo tendere all'unitarietà si possano scorgere i caratteri affini tra arte e scienza. Ma, in che senso e quale 'verità' perseguono entrambe?

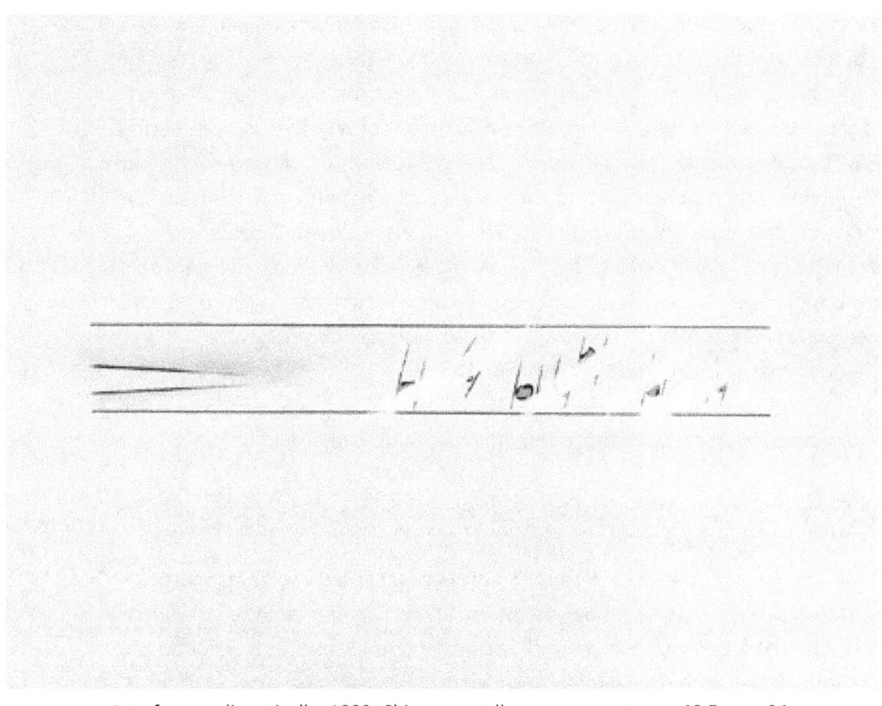

Interferenze di particelle, 1992. China e pastello a cera su carta, cm 49,5 x cm 34

Quale 'verità' per l'Arte e quale 'verità' per la Scienza adesso che hanno disvelato la loro essenza mitopietica?

Mi vengono in mente a questo punto quelle bellissime parole dell'astronomo e fisico James Jeans, quando parla dell'odore dell'oceano[16]:

Nessun scienziato, che sia vissuto negli ultimi trent'anni, può essere troppo dogmatico sul corso futuro della corrente, o sulla direzione in cui giace la realtà: egli sa dalla sua propria esperienza che il fiume non solamente è molto largo, ma fa molti giri e, dopo alcune delusioni, egli rinuncia al pensiero d'essere ad ogni svolta, all'ultimo, in presenza del mormorio e odore dell'oceano infinito.

Negli umani sono presenti questi due formidabili principi dell'unitarietà e dell'incertezza, che si alternano o si fondono dando origine alle più diversificate forme di civiltà, e per civiltà qui bisogna intendere ovviamente anche la vicenda del singolo artista, l'architettura della sua cosmogonia, basata sull'assunzione di questi due princìpi e dall'elaborazione delle antitesi da essi generate. E inoltre, per civiltà bisogna intendere anche le indicazioni, gli orientamenti paradigmatici e di sensibilità che da detti princìpi provengono. Se da un lato il nostro bisogno di unitarietà ci spinge a configurarci in una 'nuova mitologia', dall'altra parte lo strascico dell'incertezza, dell'incompiutezza e del relativismo apre sotto i nostri piedi l'orrido del non senso, dell'abisso e del vuoto. La nostra condizione di uomini contemporanei è posta tra queste due polarità che costituiscono fondamentalmente il nucleo di una impasse apparentemente insolubile.

L'immagine dell'abisso e del vuoto, dello svuotamento del senso, si contrappone al bisogno di unitarietà. Quel vuoto e quell'abisso da non fissare, per non rimanere pietrificati dalla Gorgone Medusa, come sembra alludere Friedrich Nietzsche in *Al di là del bene e del male*[17]:

E quando guardi in un abisso, anche l'abisso ti guarda dentro.

Come procedere per superare l'antitesi del vuoto e dell'oscillazione tra unitarietà e relativismo?

Io dico con la coscienza dell'arte e con la pratica degli sconfinamenti. Nel nucleo di questa impasse sono contenuti gli altri possibili orientamenti dell'arte e della scienza del futuro, a patto di assumere fino in fondo gli elementi che costituiscono questo poligono dell'incertezza.

Io dico che è possibile portarsi in altre navigazioni senza perdersi; coltivando la mobilità, avvalendosi di punti di orientamento provvisori attorno ai quali costruire con il massimo rigore e coerenza.

Karl Popper affermava che il mondo non viene assimilato, ma viene fatto. Parafrasando Max Plank, potrei dire che nessun cosmo, umano, artistico e scientifico, potrà sorgere "senza una forza ordinatrice…senza l'opera cosciente di uno spirito pervaso da una fede feconda".

C'è analogia tra arte e scienza, in questa coscienza di 'fare il mondo', e sappiamo che, per quanto riguarda l'arte, il processo creativo è costantemente sospeso sul vuoto dell'incertezza e del fallimento, poiché nulla è garantito a priori. La stessa cosa vale per la scienza, che procede per ipotesi di lavoro. Si sa soltanto che si parte da un punto origine sospeso su di un vuoto assoluto. Ma il senso di questo fare regge tutto sulla capacità di raggiungere 'una' verità, sviluppando coerentemente le premesse assunte, decantandole, addivenendo cioè alla creazione di un senso.

Sempre inseguendo lo spirito delle 'convergenze'e discutendo con amici e galleristi delle tematiche trattate, in particolare del rapporto arte-scienza, iniziò a prendere forma il progetto di un incontro con il pubblico[18]. Grazie alla sensibilità, all'energia e alla grande apertura culturale di Cristina Morato, titolare della galleria La Giarina di Verona e all'Associazione Arco di Verona si realizzò un incontro in galleria, in via Interrato dell'Acqua Morta 82 con una numerosa partecipazione di pubblico. Cristina Morato si mostrò entusiasta di mettere sul tappeto un tema importante come quello tra arte-scienza. Aggiungo ancora che negli anni Novanta non tutte le gallerie si aprivano ad un confronto culturale col pubblico, un po' come avveniva negli anni Sessanta e Settanta. Alla Giarina va dunque dato atto di questa disponibilità che, tutt'oggi, continua a raggiungere risultati di notevole rilievo. Qui di seguito riporto quanto fu discusso in quell'incontro.

Presidente dell'Associazione Arco __ Credo che sia un problema di grande attualità, specialmente in un periodo di importanti innovazioni come è quello di oggi, conoscere e indagare quali possano essere i rapporti tra arte e scienza. Sono parecchi anni che Jannini affronta nei suoi lavori queste tematiche. Sappiamo, del resto, che la tecnologia ha invaso prepotentemente la vita di ciascuno di noi, soprattutto in un periodo in cui la direzione dell'arte è incerta e varie sono le strade che essa sta prendendo o che può prendere. È interessante conoscere, da un artista che opera in quest' ambito, il suo pensiero, la sua attività circa queste relazioni.

Jannini __ Rimane fondamentale, come primo punto, precisare che è impossibile per me scindere l'artista dall'uomo, anche se, purtroppo, comprendo quanto sia difficile e quanto talvolta sia impossibile arrivare al cuore e alla globalità del problema. Voglio dire che, nel momento in cui mi metto all'opera per produrre

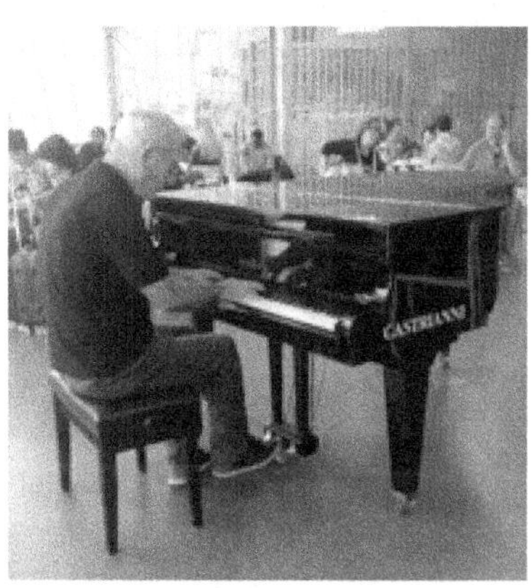

Ernesto Jannini tra un viaggio e l'altro.
Roma, Stazione Termini 2018

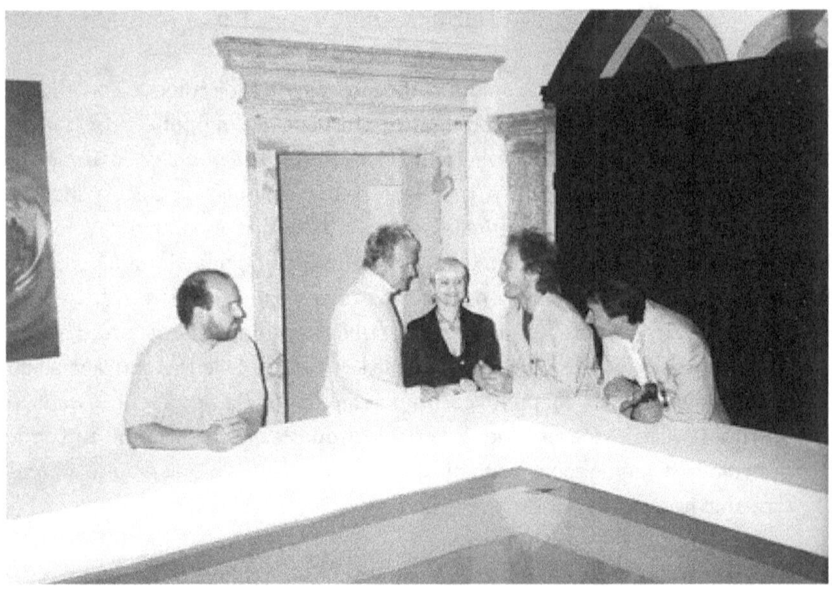

Cristina Morato, titolare della galleria La Giarina, tra Sting e Robert Gligorov, Verona 2000

un'immagine, sono in diretto contatto con una parte di me che è interessata a delle cose che non hanno niente a che vedere con l'arte. Ma queste cose che apparentemente non hanno niente a che vedere con l'arte poi hanno invece un'influenza, un rapporto potente con la messa in opera del lavoro. Sappiamo che le idee artistiche sono sottoposte alla formazione della personalità dell'artista. Ognuno di noi ha una sua formazione, un suo modo di essere nel mondo. Per quanto mi riguarda non posso prescindere dal dialogo con la contemporaneità, di cui la dimensione scientifica è un aspetto oltremodo rilevante; ma anche per tutti quei molteplici aspetti per i quali ognuno di noi prova interesse e che, bene o male, ci influenzano e ci modellano.

Se dovessi ricorrere quindi ad un'immagine di partenza per il nostro dialogo sceglierei senz' altro l'immagine dell'equilibrista, meglio ancora, quella del funambolo: un'immagine molto potente utilizzata da Nietzsche nello Zarathustra[19]. Questa immagine del funambolo, - che tra l'altro mi corrisponde, nel senso che effettivamente riesco molto bene a fare alcuni giochi di vero e proprio equilibrismo -, è molto importante... rimane come un'immagine archetipica con la quale mi misuro continuamente e che diventa il simbolo che mi consente d'interpretare il mio muovermi e il mio fare.. Questa immagine, a mio avviso, è preferibile a tante altre immagini. Perché? Perché oggi è estremamente difficile adottare dei modelli che diano l'impressione...

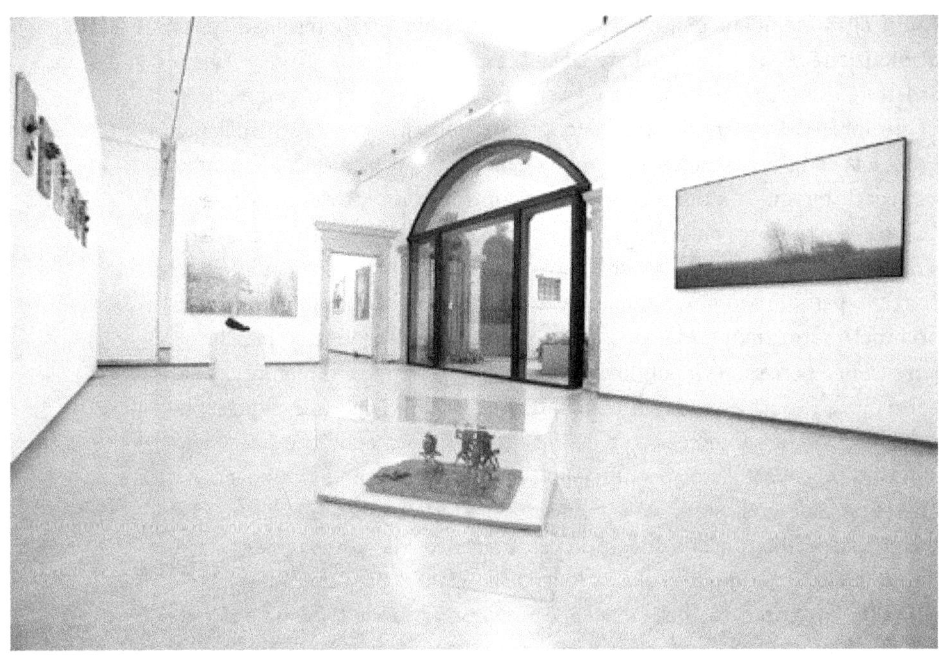

30 years-30 works, 2017, veduta della terza sala La Giarina Arte Contemporanea

una configurazione di solidità, di certezza. Sappiamo benissimo che le certezze, le solidità sono state completamente sciolte, da più di un secolo, dalla filosofia e dalla scienza e oggi dalla filosofia della scienza. Oggi è difficile prendere come spunto dei modelli forti, che diano la sensazione di avere i piedi ben piantati per terra. Ecco il motivo dell'immagine del funambolo che mi sta bene! Perché ce lo possiamo immaginare come uno che ha abbandonato una terra, ce l'ha alle spalle, e procede verso qualcosa. Intanto che procede ha a che fare con un territorio minimo, una porzione minima che deve attraversare; ed è in continua oscillazione, fa uno sforzo per mantenersi in equilibrio. Ma vediamo come rientra nel processo artistico questa immagine simbolica. Innanzitutto uno degli elementi fondamentali che costituiscono questa immagine è il procedere, che può corrispondere proprio al nostro procedere individuale, al nostro destino, e quindi va inteso non solo dal punto di vista artistico. Il nostro procedere verso qualcosa… C'è un vuoto, con il quale ci misuriamo continuamente, questo vuoto della contemporaneità, un abisso con il quale abbiamo continuamente a che fare.

Un altro elemento dell'immagine del funambolo è rappresentato dalla distribuzione delle forze tramite alcuni espedienti, come l'asta. Questo aspetto è estremamente importante perché il rischio di chi procede è quello di precipitare, di rimanere paralizzato, pietrificato dall'abisso che si spalanca sotto. È la condizione espressa dal mito della (Gorgone) Medusa: se la guardo negli occhi rimango pietrificato. La Medusa non è altro, a mio avviso, che questo abisso che si spalanca davanti a noi, un abisso che è stato prodotto anche dagli strumenti stessi del sapere. In altre parole è la conseguenza della perdita delle certezze; però il mito ci racconta che Perseo non guarda direttamente negli occhi del mostro. Tramite Mercurio, e quindi attraverso lo scudo-specchio, che gli fornisce una percezione indiretta della realtà, egli si sottrae alla pietrificazione. L'arte procede anch'essa in modo indiretto nei confronti del reale, si presenta come uno strumento eccezionale nel distribuire questo equilibrio necessario al nostro procedere. Essa costituisce un vero e proprio potere per governare questo procedere, ci consente di amministrare le forze per non precipitare, che vorrebbe dire l'interruzione di ogni processo creativo. Ma non soltanto l'arte. A questo punto mi riaggancio al problema della scienza, visto che quest'ultima è un'altra forza potente nelle mani dell'uomo. Se l'arte si è sviluppata più sul piano dell'intuito, - per usare un concetto che qualcuno considera obsoleto - la scienza si è sviluppata sul piano del raziocinio, ha dovuto muoversi secondo delle coordinate completamente diverse. La scienza, però, amministra queste forze e riesce a sua volta a stare sul vuoto, a riempire il vuoto di senso. L'arte e la scienza hanno questo potere mitico religante in quanto uniscono ciò che è separato. Entrambe nascono dalla dimensione mitopoietica insita nell'uomo, volta a tessere attorno alle cose un universo di senso compiuto. Una forza straordinaria che l'uomo può utilizzare per non soccombere. Bisognerebbe

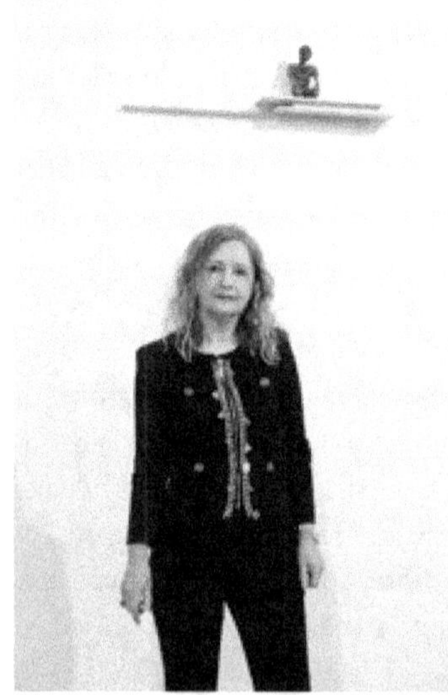

Cristina Morato,
Verona 2000

dare molto più credito all'arte, alla filosofia. Come afferma Ernst Jünger, si pensa ancora che gli artisti e i filosofi non siano poi tanto importanti.

Ritornando alla scienza, sappiamo che per la ricerca avanzata, - mi riferisco alla fisica delle alte velocità -, il problema urgente in apparenza è quello di ordine economico, cioè i costi per sostenere la sperimentazione ecc. E tutto ciò corrisponde al vero per questi settori della scienza mentre per altri settori in realtà il vero problema è quello legato all'uso delle tecnologie avanzate, in special modo le biotecnologie, alla manipolazione genetica e, non ultimo, agli effetti del potere tecnologico sul pianeta Terra. Anche per la scienza si pone il problema etico dell'orientamento della propria azione. La scienza non può dare risposte dal suo unico punto di vista, cioè all'interno del suo recinto; deve quindi necessariamente sconfinare. Questo sconfinamento, in altri campi, in realtà che cos'è? È il movimento che anche l'arte ha compiuto e sta compiendo, cioè un modo di convergere, perché ci si rende conto che le risposte umane non possono essere date da un unico punto di vista.

Per quanto riguarda la mia esperienza personale, mi rendo conto che sconfino, come artista, continuamente. Attenzione! Questo non vuol dire perdere la propria specificità. Infatti voi vedete dei lavori alle pareti, delle installazioni... Si tratta in realtà di frequentare coloro che praticano altre discipline, affrontando insieme le problematiche culturali più urgenti, come abbiamo fatto lo scorso anno al Museo di Storia Naturale di Milano quando abbiamo lavorato proprio sul tema delle *Convergenze - Archeologia - Arte - Scienza*. Per la prima volta sono stati invitati in un incontro di lavoro importanti esponenti di quei settori della conoscenza (storia dell'arte, psicologia e psicanalisi, paleontologia, archeologia, medicina, arte e filosofia della scienza) che l'attuale sistema della cultura tende a separare in ruoli ben definiti. Questo incontro è stato il frutto della frequentazione con il mio amico Giulio Calegari, artista e paletnologo (dirige la Sezione di Paletnologia del Museo di Storia Naturale ed è anche Direttore Scientifico del Centro Studi Archeologia Africana che ha sede all'interno del Museo stesso).

Questo sconfinamento porta ad unire le forze e, a mio avviso, a fronteggiare l'abisso della modernità. Poiché, però, non si può stare perennemente in una situazione di oscillazione, di sospensione, bisogna chiedersi verso che cosa si procede, dove va il funambolo? Probabilmente si approderà in un territorio molto più stabile. Attenzione! Stabile non vuol dire ritornare ai canoni dei sistemi metafisici basati sulle certezze assolute. Piuttosto ad una stabilità con un ordine differente. Tutto ciò ha un reale interesse per me se mi consente di svilupparmi il più possibile globalmente. Mi riferisco ad una sensibilità acuita verso la complessità del reale e non, ovviamente, ad una impossibile soggettiva specializzazione globale del sapere. È una sensibilità che mi deve rendere più umano, che deve accelerare in me questo sviluppo umano. E tutto ciò si realizza al meglio quando l'arte e pure la scienza, sconfinando, diventano ancora più poesia. Già due secoli fa, Friedrich Schelling sosteneva la necessità della scienza di ritornare nell'oceano della poesia, dal quale la scienza stessa era nata. Questo pensiero di Friedrich Schelling è illuminante per me, in quanto prefigura questo tendere verso una unitarietà. Questa istanza è quindi da lungo tempo presente all'interno della nostra cultura. Lo stesso Joseph Beuys esplicitamente ha dichiarato di provenire da questa scuola, sostenendo che il positivismo ha interrotto un certo processo.

Queste posizioni costituiscono per me motivo di riflessione profonda, in quanto mi costringono a rimettere in discussione le mie immagini precedenti, che costituiscono la mia visione attuale, che non può essere, ovviamente, fissa, ma deve essere continuamente sottoposta ad un movimento di ricerca. Non possiamo avere una struttura di valori fissi; mi riferisco alla fissità del dogmatismo. È anche vero che non possiamo prescindere dall'apporto della filosofia che dall'Ottocento ha iniziato questo lavoro di smontaggio del concetto di realtà, di arte, di scienza. Tutto questo, però, deve portarci ad una maggiore scioltezza e fluidità. Come tutto questo incide sull'arte? Dietro la svolta che Wassily Kandinskij opera all'interno del suo lavoro c'è la presa di coscienza delle nuove immagini che la scienza stava offrendo del mondo della materia. Venire a contatto con queste immagini di nuove visioni della realtà costituisce un ampliamento prospettico.

Il contatto con la scienza può essere vivificante. Pocanzi parlavo di Giulio Calegari[20], il quale, come paletnologo e archeologo, sta compiendo nel suo campo dei passi notevoli, spingendosi oltre il metodo scientifico tradizionale che prevede la catalogazione e la tassonomia del reperto. Ha iniziato, da un po' di tempo, a parlare di 'archeologia della bellezza', di tutto quel patrimonio invisibile di gesti e di suoni che nessuna tassonomia può più rievocare. Si può catalogare un osso, ma non il gesto di un tuareg che prega. Il metodo scientifico tradizionale non è in grado di far emergere questi patrimoni sepolti. Gli ambienti ortodossi tendono a rifiutare questi sconfinamenti, a non dare valore, per esempio, al gesto che rievoca   il suono prodotto dalla scheggiatura della selce. Eppure, quel suono – come ci dice Calegari – 'è' un reperto archeologico.

La cosiddetta ricostruzione oggettiva del passato non può passare solo attraverso i binari della logica tassonomica.

Ecco... Potrei continuare a lavorare su questa immagine del funambolo, che per me diventa simbolo del momento che stiamo vivendo poiché ci troviamo in una fase storica nella quale è necessario superare questo canyon... perché non si può stare completamente sospesi nel vuoto. Il nostro momento è tutto un ribollire, ma anche un perdersi. Tra l'altro sembra quasi peccaminoso rilanciare certi concetti. Voglio dire che fino a poco tempo fa era 'vietato' parlare di bellezza; adesso sembra che le cose stiano diversamente. Certo non si può tornare indietro, ma bisogna conquistare una nuova dinamica, che è un po' il simbolo dell'astronauta, cioè di colui che comincia a costruire partendo da un punto nel vuoto e ricorrendo ad un orizzonte artificiale.

Pubblico. Lei prima ha parlato del potere, del potere dell'artista e del potere dell'arte. Personalmente preferisco pensare all'arte come ad una possibilità, all'opera come possibilità... e quindi lasciare l'uomo libero di precipitare in quell'abisso di cui lei parlava. Perché non può precipitare nell'abisso? Io sto nella possibilità di scegliere perché non mi piace il potere dell'arte e anche la figura di Beuys, dell'artista demiurgo, trasformatore. È qualcosa che mi incute timore... La conoscenza scientifica e la conoscenza artistica in che punto potranno mai collimare? Sono conoscenze diverse, sono conoscenze dello stesso tipo... arriveranno a collimare?

Jannini. Naturalmente non sono dello stesso tipo, considerato che la scienza segue una strada e l'arte ne segue un'altra. Quello che volevo sottolineare è che, per me, ha valore il frequentare scienziati e filosofi; ne traggo un beneficio enorme, ma non in maniera diretta, secondo una ipotetica rapida traduzione di questi stimoli. Quando vado al mare non ho bisogno di riflettere sul mare, ho bisogno di stare vicino al mare. L'importante è essere in contatto con una nuova intuizione scientifica o con una differente concezione della bellezza. Le frequentazioni mi aiutano perché mi aprono altre possibilità d'immaginazione.

Pubblico. Mi scusi. Quando lei parla dell'artista che si difende dall'orrido si riferisce per caso al concetto d'angoscia o d'inconscio freudiano?

Jannini. Io non dico che l'artista si difende dall'inconscio. Piuttosto mi riferivo allo sguardo pietrificante, all'immagine della Medusa. Dovremmo però rivedere nella nostra esperienza l'essenza di queste immagini. Ogni qual volta il processo creativo s'interrompe rischiamo di non conoscere più niente di quello che ci sta accadendo. Ma in questi miti ognuno di noi pesca come vuole. Certo io non penso all'equivalenza inconscio uguale baratro. C'è tutto un inconscio costruttivo che lavora sotto anche quando dormo.

Pubblico. Vorrei tornare al concetto di scienza. Non credo che ci sia differenza tra scienza ed arte. Una formula di Werner Heisemberg ha in sé una bellezza poetica.

Jannini. La scienza e l'arte sono generate dalla dimensione mitopoietica presente nell'uomo. Rappresentano due modi di raccontare la nostra esperienza del mondo, nel modo più rigoroso possibile. In realtà ci hanno sempre fatto credere che la punta di diamante della conoscenza fosse rappresentata dalla scienza, con il suo metodo impeccabile per raggiungere la certezza, oggettiva ed incontrovertibile. L'arte, al cospetto di questi altisonanti obiettivi, non poteva che essere relegata nell'universo della fantasia, del sentimento e di conseguenza del non misurabile. Adesso sappiamo però che anche la scienza non indica più una certezza assoluta e che il suo procedere è un procedere 'mitico', al pari dell'arte. Anche la scienza ci racconta dell'uomo, e non solo del mondo. Abbiamo così la visione di Werner Heisemberg, di Max Born, ma anche quella di Paul Klee, di Proust, di Franz Kafka, di Andy Warhol, di Eugenio Montale ecc.

Pubblico. Alla luce di quanto è stato esposto fino ad ora ci può dire secondo lei come si configurerà il lavoro artistico del futuro?

Jannini. L'esempio dell''archeologia della bellezza' mette in evidenza il valore della reviviscenza di una traccia che concretamente non esiste più. Ma, a ben vedere, anche Socrate non esiste più. Eppure tu puoi sperimentare il Socrate che è in te. Questo è interessante perché ho la possibilità di rivivere socraticamente. Infatti Socrate è presente nell' umanità. Non è forse vero che tutte le culture si sono risvegliate socraticamente? Nel momento in cui tu metti in discussione il tuo stesso pensiero e le forme di vita che questo pensiero proietta attorno a sé, in quel momento sei socratico.
Il problema... cosa diventerà l'arte. A mio avviso non è un problema. Già il nostro secolo ha prodotto una molteplicità di forme che corrispondono ad altrettanti modi di essere nel mondo e di misurarsi con esso. Di sicuro io non mi pongo il problema se ci imbatteremo nella pittura piuttosto che in un video, in una installazione piuttosto che in una neo investigazione concettuale. Varrà la pena però chiedersi se quella cosa vive o no. In altri termini si pone la questione del necessario o del non necessario.

F. Bonazzi (critico d'arte). Tu ci hai parlato del rapporto fra l'arte e la scienza. Vorrei chiederti se nel tuo lavoro hai mai pensato al rapporto tra l'alchimia e l'arte.

Jannini. Io credo che un lavoro artistico sia, in un certo senso, sempre alchemico. L'immagine più classica dell'alchimista è quella di colui che trasforma il vile metallo in oro. L'artista fa la stessa cosa: trasforma, sul piano estetico, il materiale grezzo della sua esperienza umana, tutto ciò che è destinato a sparire con la sua persona. Il dolore di Giacomo Leopardi, tanto per fare un esempio, non era diverso dalla sofferenza degli altri. Certo l'arte incide direttamente o indirettamente sul mondo dello spirito, mentre la scienza, sul piano della tecnologia, sembra evocare più direttamente l'immagine dell'alchimista che ha le mani in pasta, in quanto le tecnologie sono responsabili del controllo della materia, delle manipolazioni del mondo fisico. Tutto ciò non costituisce certamente un problema secondario e, come si diceva prima, apre all'interrogativo etico. L'uomo è consapevole che c'è qualcosa che gli può sfuggire di mano e quindi non può assumere una posizione di indifferenza. Proprio su questo aspetto di cui stiamo parlando, tempo fa, ho realizzato dei lavori con delle bobine azzurre, prese dalla pancia di certi computers, dalle quali facevo uscire delle strane forme fatte di stoffa indurita dal gesso e verniciate, imprevedibili e molto lucide, come se il liquido in esse contenute fosse scappato al controllo delle valvole, invadendo il mondo esterno e assumendo le forme più strane e, appunto, imprevedibili. Ero interessato a questo alfabeto delle forme iper-lucide della tecnologia, che comunicano sicurezza, stabilità e voglia di possesso; proprio come quando vediamo esposta in vetrina una bellissima automobile.

Le frequentazioni, le convergenze costituiscono un valore, in quanto consentono uno sviluppo umano più armonico, evitando il rischio delle eccessive polarizzazioni legate agli sviluppi dei singoli processi creativi. Frequentare uno scienziato non è un vezzo, ma una necessità, cosi per lo scienziato entrare nella casa dell'arte costituisce un'altrettanta necessità.

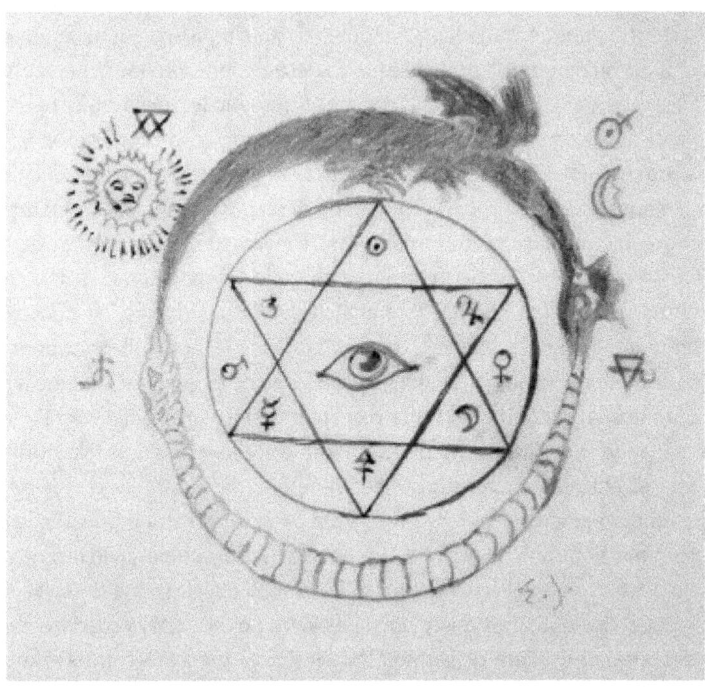

Disegno del simbolo alchemico. Inchiosto blu su carta trasparente, 1995

03.5 LA CITTÀ

Maria Campitelli, critico d'arte militante, giornalista nata a Trieste dove vive e lavora, presidente del Gruppo 78 International Contemporary Art, curatrice di numerosissime mostre alle quali ho pure avuto l'onore di partecipare tra cui ' Natura Naturans' del 1996, per un certo periodo ha dato vita a *Correnti di Marea*, una rivista che raccoglieva interventi scritti di artisti su una molteplicità di temi, ma che ebbe vita breve con l'uscita di pochissimi numeri. Anch'io fui invitato a dare il mio contributo su vari temi, tra cui quello della 'città', che ha appassionato non pochi ricercatori nel corso di tutto il Novecento, fino a giungere ai nostri giorni. Riporto qui di seguito quanto scrissi nel 1997[21].

* * *

Sotto l'accattivante sottana del consumismo si agita la città, il territorio dei pazzi: una landa di cemento in cui le termiti seguono percorsi pre-tracciati, dove lo scambio umano si presenta non di rado come un falso scambio che porta il treno dei rapporti sul binario morto dell'egoismo metropolitano.

Ma la città può essere il luogo degli incontri autentici.

Qualcosa, però, impedisce ancora la piena realizzazione alla comunicazione, nonostante il fatto che la città si presenti come teatro delle nuove tecnologie, le quali stanno operando sostanziali modificazioni sul piano delle relazioni umane.

La città dunque come luogo di potenziali dialoghi, ma anche punto d'inizio per fughe irresponsabili, poiché è luogo del frastuono, orchestra impazzita nella quale esplode la gran cassa della Ragione Strumentale e della logica dei processi lineari, dove prevale l'efficienza basata sul rapporto costi-prodotto-benefici, che hanno portato – come sostiene Charles Taylor al "disincantamento del mondo".

In questo senso l'urbe è l'espressione di un paradosso: mai così tanto vicini, gli uomini, mai così tanto lontani. Essere nello stesso spazio non garantisce di essere anche nello stesso tempo, che qui si intende come tempo creativo, vissuto dalla comunità tutta tesa alla creazione di strutture, nel senso che "la comunità", - come sostiene Vittorio Mathieu[22] -, "non è il presupposto che fonda il valore, né quindi il valore è valido perché è opinione comune a tutti; al contrario... la comunità è il risultato del manifestarsi in essa del valore".

Quando la città dà segni di cedimento è come se andasse incontro ad una sorta di entropia, di consunzione di energie; da questa stessa morte, però, potrebbero emergere nuovi sviluppi. Ma gli sviluppi saranno possibili allorché gli uomini vorranno riavvicinarsi anche all'arte e al suo potere d'incantamento, l'elemento mitopoietico indispensabile ad ogni ricostruzione di realtà. Questo prezioso elemento costituisce anche il valore politico che la coscienza artistica trasporta nel cantiere della realtà. Ma il nuovo processo culturale implica la conoscenza dei limiti e la relativizzazione della logica del riduzionismo, che non può costituire più un modello assunto per uno sviluppo culturale sostenibile. La logica della frammentazione, del separare e inscatolare le iniziative, la logica che ha sempre considerato l'arte come un piatto forte, ma di contorno, di decoro borghese, di abbellimento, come un intellettualismo fine a sé stesso, è una logica assassina; è la stessa che ha portato allo sfruttamento indiscriminato delle risorse naturali, al raschiamento dei mari, alla colata di cemento nei centri urbani, all'aumento della criminalità; è la logica che rischia di far saltare i ritmi ecologici di quella vera opera d'arte che è il nostro pianeta. E, purtroppo, è anche la logica che divide gli artisti, che li costringe ad identificarsi nei ruoli degli art makers, che ha spostato l'indice dei valori spirituali sull'indice dei valori borsistici. Ma è probabile che all'interno della città gli artisti trovino molteplici spunti per avviare strutture auto-organizzanti. È anche vero, del resto, che le forze culturali del tessuto metropolitano si avventurano spesso in un programma di convergenze di valori che risulta a volte disomogeneo o privo di un'efficace incisività. Forse la città continuerà ad ospitare una coesistenza di sistemi separati, non necessariamente interagenti, occultando sotto le inebrianti vesti del consumismo le contraddizioni di una politica culturale tesa esclusivamente al mantenimento dello stato delle cose. In tal caso l'arte continuerà a indossare i soliti panni della Cenerentola.

Oggi più che mai gli artisti potrebbero avviare un dialogo per superare l'azione corrosiva del clima di superficialità e banalità, e restituire alla comunità artistica l'energia e la responsabilità della propria matrice storica. Siamo ancora lontani dal tempo in cui il potere economico potrà fondersi con il progetto artistico dando origine ad una cultura basata sulle convergenze dei linguaggi (penso agli ultimi progetti di Joseph Beuys in merito ai cosiddetti 'bacini di depurazione' del porto di Amburgo e al conseguente spostamento del delta dell'Elba. Progetto che ha incontrato l'opposizione del senato amburghese).

La tensione a concepire il progetto artistico come parte di una globalità operativa costringe a rivedere il concetto di centro e di periferia. Rispetto a quale cornice di riferimento noi attribuiamo valore di centro alla città e alla cultura? Cosa è veramente periferico oggi? Forse non tutti sanno, per esempio, che una città come Milano si sta avventurando verso l'arduo compito di ridisegnare, dal punto di vista urbanistico, un'area complessiva che va dai quattro ai sei milioni di metri quadrati. Per conseguenza un tale progetto comporterà innanzitutto (ci auguriamo) un riesame profondo della concezione stessa della città e delle sue capillari interazioni. Se lo sforzo di chi ci governa non sarà orientato verso una concezione armonica delle funzioni e relazioni e le nuovissime tecnologie a disposizione non saranno essenzialmente orientate verso il rispetto dei vincoli ambientali e culturali, la città rischierà di trasformarsi nel famoso termitaio di cui parlava Konrad Lorenz: cioè una fucina di nevrosi e di morte dove si consuma l'ingenuo orgasmo della filosofia positivista.

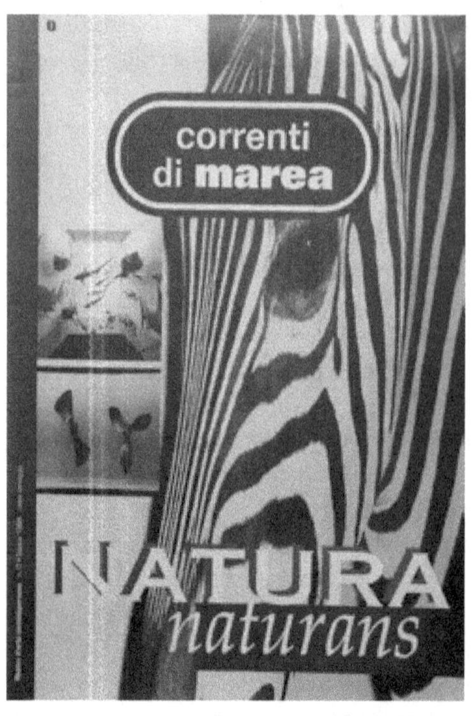

Copertina della rivista *Correnti di marea*, Gruppo78 International Contemporary Art, Trieste 1996

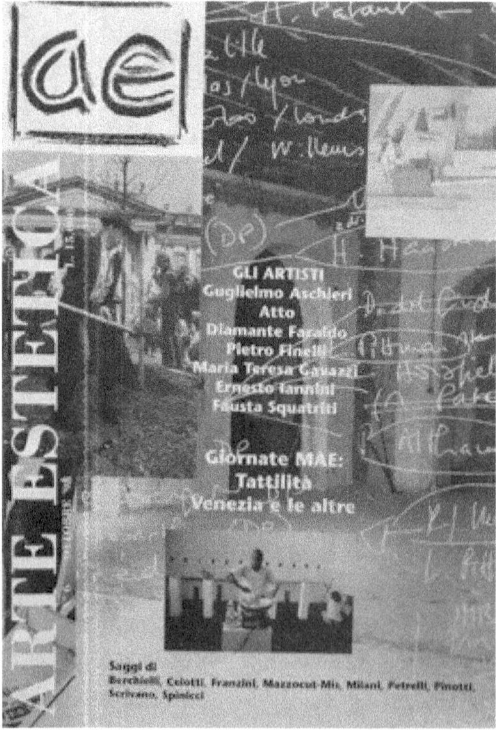

Copertina della rivista *Artestetica, Milano 1988*

Su sollecito di Roberto Pacchioli, purtroppo scomparso lo scorso anno, grande animatore del dibattito artistico contemporaneo, nonché direttore della rivista *Artestetica* di Milano fui invitato insieme a Guglielmo Aschieri, Diamante Faraldo, Pietro Finelli, Maria Teresa Gavazzi, Fausta Squatriti, Clara Bonfiglio, Maurizio Arcangeli, Umberto Cavenago ad un dialogo sulla creatività e i suoi processi, che si tenne nel suo studio con il filosofo Stefano Zecchi[23].

In seguito Pacchioli pregò tutti noi di inviargli un testo per la sua rivista.

* * *

Se arrivo a realizzare una immagine compiuta è come se avessi prodotto una piccola magia. Il primo ad emozionarsi sono io stesso e spesso questa emozione mi avvisa che sono sulla buona strada. L'opera realizzata avrà una sua vita, come un insetto o un filo d'erba: tre piccoli universi con i quali posso aprire un dialogo.

Il valore di un'opera è rappresentato dalla presenza di un significato forte, che costituisce la sua ragion d'essere e che è il frutto di passione, coerenza e ricerca del linguaggio appropriato per lo svolgersi del gioco creativo, proprio come in una gara sportiva dove il senso è dato dall'intreccio di questi elementi.

Non riesco a giustificare un'opera al di fuori di una continua ricerca di qualità superiori, vale a dire: relazionare gli elementi del linguaggio in modo da portarli al massimo diapason.

Non di rado l'opera mi si presenta come un monito, come una esortazione ad essere nel migliore livello di tensione spirituale.

Oggi sempre più gente sembra interessarsi di arte, ci sono code fuori dai musei, continue inaugurazioni. Non siamo ai livelli di un concerto rock, però anche l'arte ha la sua chiesa, i suoi riti e le sue funzioni.

Mi piace immaginare che si possa andare a vedere una mostra come per incontrare un oracolo ed anche che ognuno porti con sé una domanda. Ciò che conta, per chi va incontro all'opera, è la qualità della domanda che porta dentro, mentre per l'arte è favorire l'accensione enigmatica e misteriosa dell'esistenza.

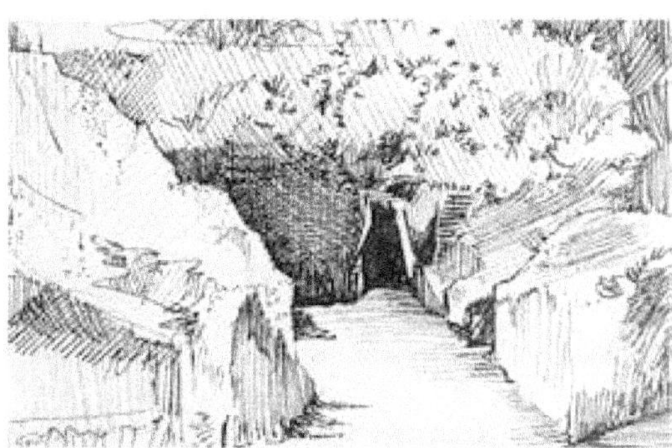

Ernesto Jannini, *Antro della Sibilla Cumana*. China su carta 1973

Qualsiasi espressione artistica veramente riuscita porta con sé, nella sua essenza, questo elemento di evocazione attraverso il quale, in un modo o nell'altro, ci possiamo riconnettere alla nostra origine cosmica. In un certo senso l'opera ci scuote dal sonno profondo nel quale siamo immersi.

Sono certo che nel fondo dell'anima dell'ultimo dei più inconsapevoli frequentatori ci sia il bisogno di entrare nell'antro della Sibilla, di ascoltare il canto che unifica sul piano della bellezza le antitesi spirituali che la vita genera in noi.

L'artista è colui che abita un linguaggio simbolico e lo percorre in maniera rigorosa: egli è il garante di questa tensione spirituale. È un visionario che gode e patisce del suo immaginario, sempre pronto ad inseguire gli angeli e a volte a sospendersi su di un abisso. Si compiace del sottile piacere di vedere le cose sempre da un'altra postazione. Come naturale destino, viene a trovarsi tra la pienezza dello sviluppo delle regole, auto fondate, e il bisogno di trasgredirle per non imbozzolarsi. Quindi è anche colui che vive continuamente questo dualismo del processo creativo. Fondamentalmente il suo problema è quello di far scaturire la libertà artistica (dimorare nella bellezza apollinea e dionisiaca) attraverso i limiti che la vita e i mezzi a disposizione impongono.

1. Ernesto Jannini. *Punto origine. Instabilità o mobilità. TITOLO* n. 7 inverno 1991-92 [art magazine].

2. Cfr. Filiberto Menna, *La linea analitica dell'arte moderna*, Einaudi Editore,1975. In particolare il IX capitolo: *Ragione analitica e ragione dialettica*.

3. Edgar Morin, *Il metodo*, Feltrinelli 1983, pp.28-29.

4. Avevo incontrato Enzo Tiezzi (1938-2010) durante Milano Poesia, nel 1994, ricevendo dal suo intervento una forte impressione per la lucidità e gli orizzonti di pensiero che apriva. Al termine dell'evento lo contattai e insieme, su mia proposta, decidemmo di incontrarci a Siena. Enzo Tiezzi è stato professore ordinario di chimica fisica dell'Università di Siena, e uno dei massimi esperti italiani di problemi ambientali. È stato deputato al Parlamento italiano nel gruppo della Sinistra Indipendente. Fra i suoi libri a carattere divulgativo: *Tempi storici e tempi biologici* (Garzanti 1984), con P. Degli Espinosa *I limiti dell'energia* (Garzanti 1987), con C. Ravaioli, *Bugie,silenzi e grida* (Garzanti 1989), *Il capitombolo di Ulisse*, Feltrinelli 1991, *La bellezza e la scienza*, Raffaello Cortina Editore Milano, 1998, *Che cos'è lo sviluppo sostenibile?* (con Nadia Marchettini), Donzelli, 1999. Questo dialogo è apparso su un mio pamphlet dal titolo *Equilibridi* realizzato in occasione della mostra omonima presso la Galleria La Giarina di Verona nel 2008. Pubblicata anche su *JULIET* n°68,1994.

5. Grande cosmologo e astrofisico inglese John David Barrow, famoso per le sue *teorie del tutto, il principio entropico* ha mostrato anche il suo volto di artista drammaturgo esordendo in ambito teatrale con *Infinities* al Teatro Piccolo di Milano nel 2002.

6. Rimando ai celebri testi del grande antropologo e sociologo britannico. Tra i più noti, *Verso una ecologia della Mente*, Adelphi,1997; *Mente e natura, un'unità necessaria*, Adelphi, 1984.

7. Il riferimento è certamente al successivo libro che Tiezzi pubblicherà con Raffaello Cortina Editore Milano, *Fermate il Tempo. Un'interpretazione estetico-scientifica della natura*, 1996.

8. Vedi nota n°4

9. Friedrich Schiller, *Lettere sull'educazione estetica dell'uomo*, Armando Editore, 1993.

10. Celebre locuzione di Gregory Bateson il quale si riferisce anche all'atteggiamento umano che dovrebbe caratterizzarsi con una apertura totale verso la diversità e alla novità e con ciò generare relazioni e comunicazioni.

11. Intervento tenuto da Jannini il 21/3/1995 al Centro Studi Archeologia Africana, nella sede del Museo di Storia Naturale di Milano, nell'ambito del Convegno: "Convergenze in nuove sensibilità- Archeologia –Arte –Scienza", organizzato insieme a Giulio Calegari, artista e archeologo, e Paolo Rosa dello Studio Azzurro. Al Convegno hanno aderito: Rolando Bellini (Storico dell'Arte), Bernardo Bernardi (Antropologo), Giorgio Braghieri (Artista), Bruno Brambati (Genetista), Mario Canali (Artista e ricercatore sulla realtà virtuale), Fabio Minazzi (Filosofo della Scienza), Davide Pinardi (Scrittore), Gaetano Roi (Medico, psicanalista), Fulvio Scaparro (psicologo), Giorgio Terruzzi (Paleontologo). Questi importanti studiosi, esponenti di quei settori della

conoscenza, che l'attuale sistema della cultura tende a separare in ruoli ben definiti, con la loro adesione hanno voluto confrontarsi in nuove possibilità di dialogo e interazione, fidando che i differenti sentieri dell'Arte e della Scienza, incrociandosi ed attraendosi, possano dare origine a nuovi approcci metodologici e percorsi creativi. Una seconda tappa si è svolta, il 28 - 3 -   95 presso la Galleria Loft di Valdagno, dove, in occasione di una conferenza a due voci (Calegari, Jannini) sono state raccolte le "tracce archeologiche" della serata. Tali reperti sono stati, in seguito, esposti in un sito naturale: la grotta "Buco del Corno" di Bedulita (Valle Imagna- BG). Il presente dialogo è apparso su un mio pamphlet dal titolo *Equilibridi*, op. cit..

12. Max Plank, *La conoscenza del mondo fisico*, Einaudi editore, 1954.

13. Rimando a Sergio Moravia, *L'enigma dell'esistenza*, Feltrinelli, 1996.

14. Joseph Beuys- Michael Ende, *Arte e politica*, Guanda editore,1994.

15. F.W. Shelling, *Sistema dell'idealismo trascendentale*, La Terza Editore (fuori catalogo); ora disponibile presso l'editore Bompiani: F. W. Shelling, *Sistema dell'idealismo trascendentale*. Testo tedesco a fronte, a cura di Guido Boffi, 2006.

16. J. Jeans, *L'universo misterioso*, Garzanti Editore,1948.

17. Friedrich Nietzsche, *Al di là del bene e del male*, Adelphi Editore,1977.

18. Incontro con Ernesto Jannini del 9 marzo 1996 organizzato dall'Associazione ARCO di Verona e in collaborazione   Con la galleria La Giarina che presentò una personale dell'artista nell'ambito della mostra dal titolo FOUR ROOMS. Il presente dialogo è apparso su un mio pamphlet dal titolo *Equilibridi* realizzato in occasione della mostra omonima presso la Galleria La Giarina di Verona nel 2008.

19. Friedrich Nietzsche, *Così parlò Zarathustra*, Adelphi Editore, Milano, settima edizione, 1982.

20. Giulio Calegari, per molti anni docente presso l'Accademia di Belle Arti di Brera per il Corso "Archetipi dell'immaginario". Dal 1983 ha diretto le spedizioni archeologiche in Mali, in Eritrea, in Marocco e in Togo del Centro Studi Archeologia Africana e del Museo civico di Storia Naturale di Milano, presso il quale è responsabile   della Sezione di Paleontologia. Autore di libri e numerose pubblicazioni, dalla fine degli anni Sessanta si muove come artista del contemporaneo, utilizzando sovente le sue ricerche in ambito "antropologico" come linguaggio   per i suoi lavori e interventi artistici. *Aperture all'immaginario*, 2017 è il suo ultimo libro, edito da Quodlibet Fondazione Passarè di Milano.

21. Testo elaborato per la rivista *Correnti di marea* n°1, Trieste ,1997 e sul mio pamphlet dal titolo *Equilibridi*, op. cit..

22. Gianni Vattimo, *Filosofia al presente*, Editore Garzanti, 1990.

23. Pubblicato su *Artestetica*, Edizioni MAE, Milano 1988; successivamente nel catalogo/pamphlet *Equilibridi ,* op. cit.. Per ulteriori approfondimenti sulla rivista vedi: www.artestetica.org.

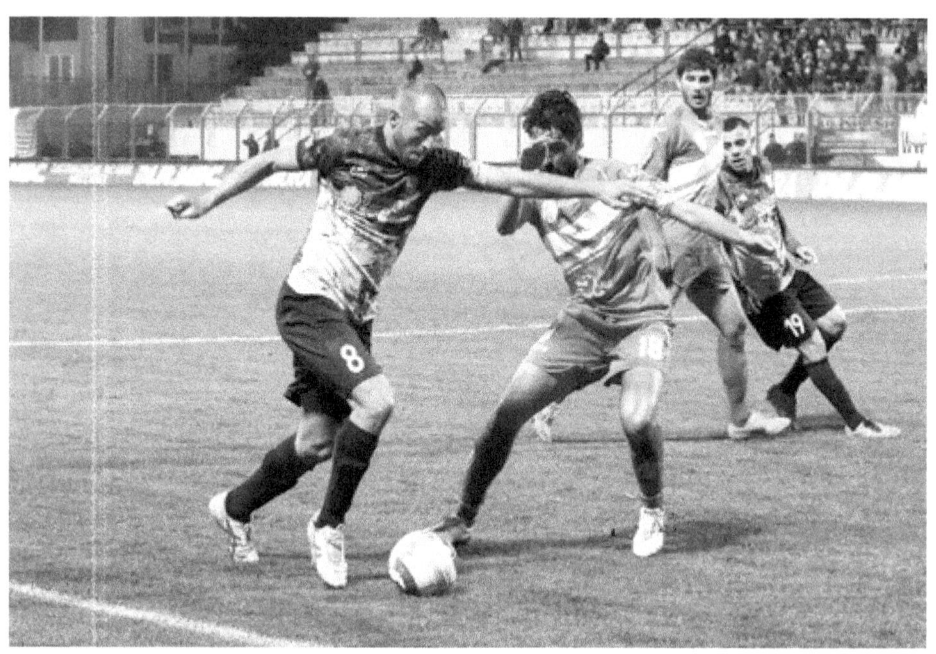

Gaetano Iannini, capitano del Matera, in azione. Foto di Alessandro Veglia

Teatro
Anni Duemila

04.1 EQUILIBRIDI 2001

Ogni realizzazione di sé coincide con una 'riuscita': un processo, o se si vuole, un 'gioco', portato a termine in pienezza e successo. Anche il destino del singolo e della comunità è costantemente sospeso al filo di questa tensione alla realizzazione di obiettivi[1]. E ciò accade anche nel processo artistico (sia del singolo che del gruppo), sempre in bilico e con il rischio della 'non-riuscita': locuzione, quest'ultima, preferibile al termine 'fallimento', che apre gli automatismi psicologici sempre pronti a spingere la persona ad autocommiserarsi o a sentirsi in colpa. Invece la 'non-riuscita' fa parte del gioco. L'imprevisto è sempre dietro l'angolo e la tensione religante viene messa in crisi da altri possibili eventi o forze che agiscono in maniera distruttiva. Ma il sentiero lo si fa percorrendolo, spesso per tentativi, e si sa che la conquista di un equilibrio è ardua. In tutti i casi è tutta la nostra personalità che è 'in campo': quel 'capitale umano' che investiamo quotidianamente nelle alterne vicende della vita: specialmente quando dobbiamo affrontare situazioni drammatiche di emergenza.

L'esercizio dell'arte mi consente di entrare in questa dinamica, per cercare un nuovo equilibrio, tenendo insieme razionalità ed emozioni. Inoltre, con esso, mi 'alleno' a stare di fronte a tutte le non riuscite, a considerarle come parte integrante dello sviluppo dell'opera, e diciamo pure della crescita personale se vediamo la cosa sotto il profilo spirituale. Per tale ragione ripropongo, qui di seguito, alcune riflessioni proprio sul tema del 'gioco', sul capitale umano, del lavoro, oltrechè del 'capitale naturale', già apparse nel mio catalogo/pamphlet *Equilibridi* del 2008.

* * *

L'arte mi permette di soggiornare nella dimensione del gioco. Dalla visione di Ortega y Gasset accetto la concezione dell'arte come 'gioco' ed anche la dimensione dell'ironia[2].

Giocando, però - come sosteneva Johan Huizinga[3] - io do una risposta alla mia situazione nel cosmo. Il gioco non mi lascia indifferente, mi sposta temporaneamente dalla mia condizione di peregrinaggio su questa Terra.

Al concetto di gioco bisogna attribuire il massimo valore, dato che in questa condizione esistenziale ci esprimiamo in pienezza e autenticità. Ma si può parlare di pienezza solo se si tocca la sfera della propria originalità, che per l'arte vorrà dire originalità espressiva. La risposta dell'artista è quindi questa: conciliare il suo bisogno d'espressione con il raggiungimento dell'originalità. Bisogna intendere questa parola nella sua più intima essenza, poiché il processo creativo andrà proprio a coincidere con quel 'principio d'individuazione' della propria nota d'origine che caratterizza e caratterizzerà sempre di più la nostra unica e irripetibile personalità.

È normale, però, che un artista, nel suo percorso d'individuazione, venga influenzato da altri ricercatori. Nessuno proviene dal nulla, c'è sempre una realtà culturale preesistente, che ci consente di entrare in un gioco già aperto.

Essere originali significa creare nuove relazioni tra elementi noti. Quanto più gli elementi sono noti tanto più la capacità di rinnovarne le relazioni risulta sorprendente.

L'intendimento del lavoro di chi ci ha preceduto o di chi sta compiendo un processo analogo al nostro fa parte integrante di questa dinamica. Ascoltando l''altro' noi qualifichiamo sempre più noi stessi, ci allontaniamo o ci avviciniamo al suo sentire, alle sue tematiche, alla sua visione. L'artista, però, deve qualificare la *sua* visione e quindi, per conseguenza, deve allontanarsi da quelli che pur hanno costituito il suo punto di riferimento. Insomma, ad un certo punto, bisogna allontanarsi dal 'maestro', se non si vuole rimanere perennemente imbrigliati nel suo campo gravitazionale.

Anche per l'Arte - si può affermare con lo psichiatra Ronald Laing- può valere la teoria del 'risucchio'; il maestro può risucchiarci, benché questo risucchio possa suscitare i piaceri del sublime o i rischi dell'oblio; ma essere risucchiati costituisce una perdita di autonomia e di originalità. Scomodare Freud e la teoria del padre non serve per renderci conto che i padri da 'uccidere' sono sempre 'grandi padri' e grandi maestri. Certamente per noi artisti contemporanei 'uccidere' per essere originali costituisce una fatica immane! E qui mi riferisco al cadavere ancora caldo di Duchamp, che sembra quello del guru Paramahansa Yogananda che dopo morto non si decomponeva mai.

Che Duchamp abbia voluto far sentire la sua voce anche dopo morto? Del resto non c'è artista in questo secolo che non abbia dovuto fare i conti con il grande Marcel.

Per quanto mi riguarda, in questo periodo, nelle mie opere, riscontro la presenza di un ibridismo e di schemi di pensiero coesistenti, elementi con caratteri eterogenei che si presentano in una mescolanza apparentemente arbitraria: frutta artificiale con chips, nidi di rondine con grondaie elettroniche, buste air mail con schede elettroniche e pittura ad olio.

Per me le cose che apparentemente sembrano distanti devono potere convivere in un nuovo equilibrio; anche se si tratta di un equilibrio stridente, o che tende all'ibrido. Per questa ragione, creando un neologismo, io parlo di 'equilibridi': cioè equilibri fluttuanti, sistemi provvisori che approdano al paradosso di una stasi in movimento.

04.2 POLIGONO D'APPOGGIO

Enzo Tiezzi, nel suo libro *La bellezza della scienza*,[4] ci fa riflettere sui punti fondamentali che formano il poligono d'appoggio dell'attuale sviluppo sociale, scientifico e culturale. Riportando le dichiarazioni di Hermann Daly (economista ambientale) tratteggia il nuovo modello entro il quale è possibile sistemare, o far rientrare, una nuova visione del mondo. All'interno del vecchio modello

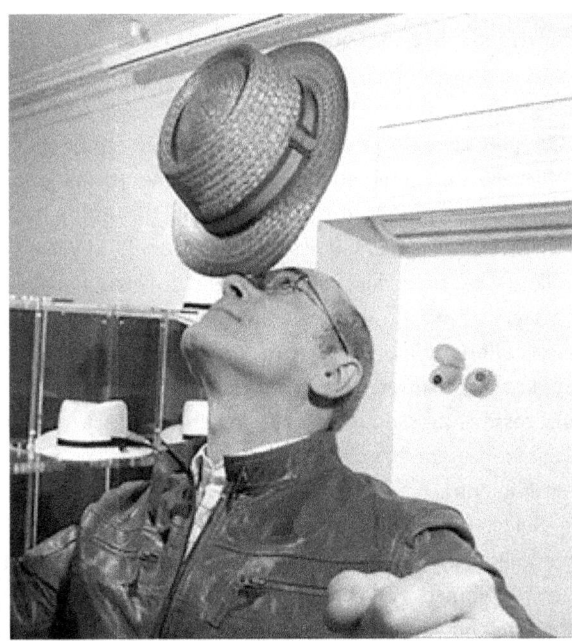

Ernesto Jannini in occasione della sua esposizione allo Spazio Borsalino. Parigi 2006

'capitale-lavoro', sostiene Tiezzi, va introdotto un altro fattore: il 'capitale naturale'. Per sostenere le sfide del futuro occorre tenere presente quest'altro elemento importante.

La scienza ha da sempre tenuto lontano da sé gli elementi della qualità e della bellezza: d'ora in poi dovrà fare i conti anche con questi fattori. La bellezza della natura e dell'arte giocheranno da oggi in avanti un ruolo ancora più importante. Joseph Beuys avrebbe sostenuto con forza, all'interno di questo nuovo modello, anche la componente essenziale del 'capitale umano': la creatività che è in potenza in ogni essere umano. Lo schema Capitale (Borsa) - Lavoro (Produzione) è uno schema lineare non più sostenibile. Lo schema quadrangolare (capitale, lavoro, capitale naturale, capitale umano) tiene conto della tensione all'equilibrio. All'interno di questo schema emerge con molta chiarezza il ruolo centrale della responsabilità umana: responsabilità del proprio universo naturale, sociale, culturale ed artistico.

Dopo l'11 settembre 2001 tutti si sono affrettati a parlare di responsabilità, quel principio etico tanto evocato da Hans Jonas . Ma responsabilità verso cosa? Di che cosa doveva essere responsabile un economista, un artista, un politico, un operaio, una multinazionale del petrolio, un'industria automobilistica? Su cosa si baserà la loro sfida presente-futuro? Quali modelli o cornici di riferimento sarà necessario adottare?

Si apre, con urgenza, la questione dell'azione.

Agire in nome di chi, come, e per che cosa?

Ci sono studi, ricerche avviate dal CNR (come quelli iniziati nel 2005 dall'Istituto di Scienze e Tecnologie della Comunicazione di Roma) per cercare nuovi modelli formali, fornire nuove teorie, per comprendere, dare risposte alle nuove situazioni in cui l'uomo verrà a trovarsi. Nel programma si legge tra l'altro: "Comprensione e risposte per affrontare l'interazione tra 'utenti umani e sistemi artificiali'; per comprendere le dinamiche sociali (diffusione, conoscenza, fiducia, negoziazione e risoluzione conflitti, norme, reputazione) in sistemi naturali complessi ed ibridi. Per cercare appunto risorse a bisogni individuali e collettivi per prevedere comportamenti adeguati nella previsione di fenomeni naturali e sociali, applicazioni ludiche (giochi e videogiochi intelligenti) applicazioni didattiche (sistemi tutoriali intelligenti, formazione a distanza), applicazioni alle reti di comunicazione, esplorazione in ambienti inospitali o inaccessibili per l'uomo (scenari colpiti da disastri naturali, mari, spazio, reti fognarie, deserti, banchise, interno del corpo dell'uomo) ed azione collettiva in tali ambienti."

Sul piano artistico io mi spingo a compiere questi tentativi di composizioni di frammenti di realtà visiva che scorrono continuamente sotto gli occhi: agisco in una direzione di equilibri fluttuanti, in cui la stasi non è definita una volta per tutte. Volendo estendere questo modello interpretativo alla comprensione della dinamica dell'azione sociale, sono portato a pensare che questi equilibri fluttuanti potrebbero essere intesi come tentativi, già in atto del resto, di convivenze tra culture differenti, sistemi di pensiero e sensibilità opposte. Se accetto l'idea di equilibri fluttuanti, non posso pensare ad un processo puramente addizionale: per esempio una cultura che si somma ad un'altra, piuttosto ad un processo teso alla reciprocità, alla conservazione della propria identità in un percorso di reciproco potenziamento. E questo è inevitabile! In un mondo globalizzato com'è il nostro, la conservazione delle identità resta un punto fermo. La conservazione della nostra identità, delle nostre culture, delle culture di tutti, di ciò che costituisce la nostra e altrui eredità, in una dinamica di nuovi equilibri, si presenta come la sfida del presente-futuro, che coinvolge tutti noi e coloro che verranno. Come afferma chiaramente Hans Jonas: "Conservare intatta quell'eredità attraverso i pericoli dei tempi, contro l'agire stesso dell'uomo, non è un fine utopico, ma il fine, non poi così modesto, della responsabilità per il futuro dell'uomo"[5].

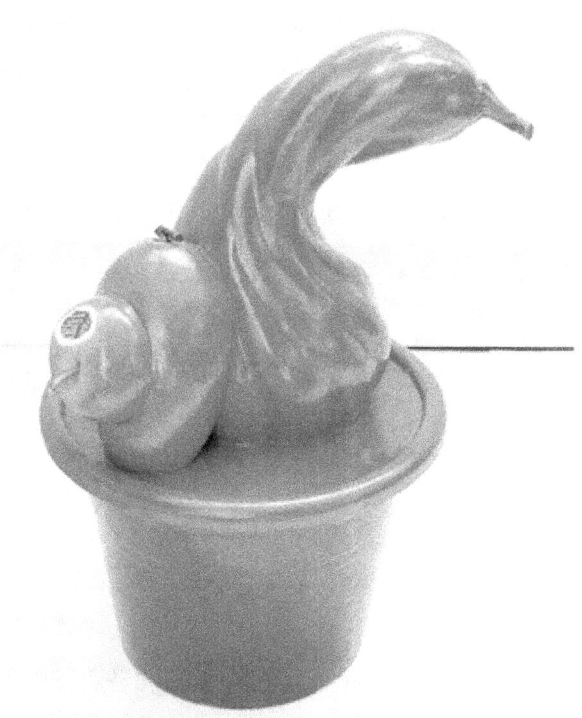

Zukka, 2006 Collezione La Giarina, Verona

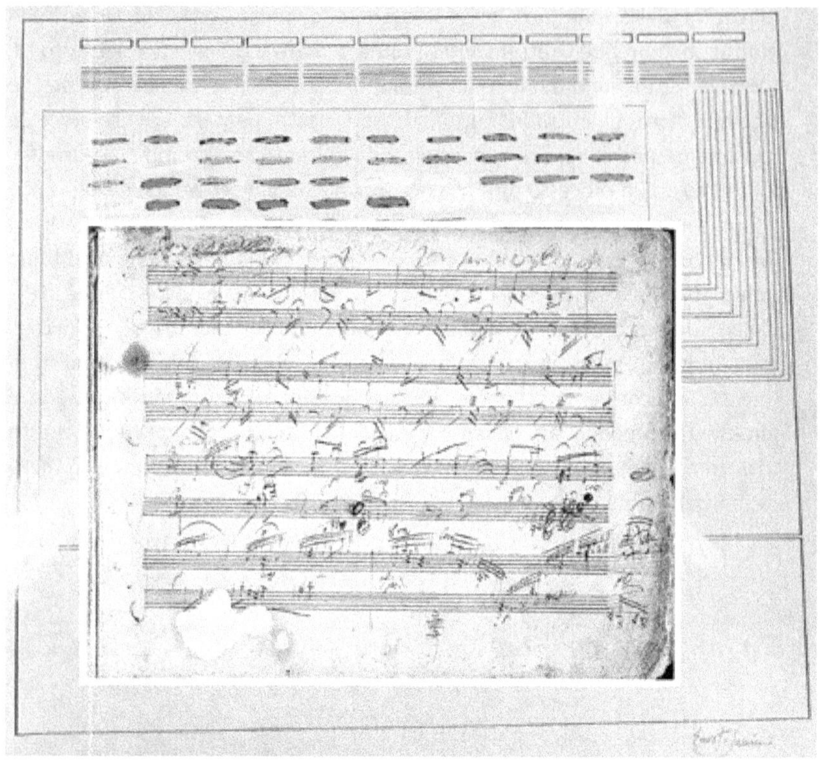

Ludwig van Beethoven, *Sonata Nr.30 per pianoforte*. Collage di Ernesto Jannini

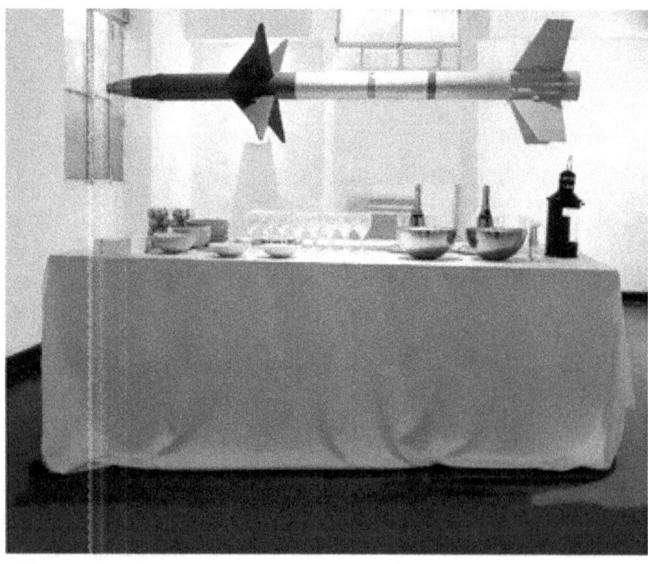

Ultima cena, 2007 Galleria Fusion, Torino

04.3 EMOZIONI. 2001

Quando Peter Halley, nei suoi *Scritti sull'arte*[6] – citando *La disumanizzazione dell'arte*, saggio sull'arte contemporanea del 1925 di Ortega y Gasset[7] – afferma che l'arte modernista deve tenersi lontana dai 'sentimenti personali' esprime un pensiero dal quale traspare ancora quell'orientamento alla base della spina dorsale del 'concettuale freddo:' un'indicazione di distacco e di non coinvolgimento, di distanza dalla propria soggettività. Questo atteggiamento è utile, se non addirittura prezioso, quando porta all'elaborazione del proprio linguaggio, alla ricerca dei procedimenti tecnici e formali. Ed è un atteggiamento che si è formato lentamente, agli albori dell'arte contemporanea.

Lionello Venturi[8] racconta, a proposito degli impressionisti, che Camillo Pissarro aveva la grande capacità di educare gli altri compagni di viaggio a guardare con un certo distacco la realtà, in funzione di una maggiore attenzione ai procedimenti a monte del fare arte, e prima ancora ad operare un'Investigazione sul linguaggio della pittura: lontani cioè dalle tentazioni e forzature letterarie e maggiore attenzione ai mezzi pittorici. Paul Cèzanne supererà l'impasse dei sui tormenti romantici proprio grazie a queste preziose indicazioni di Camillo Pissarro, approdando lentamente alla consapevolezza della sintesi strutturale della luce. Il carattere dell'artista sarebbe emerso – avrebbe poi detto Cèzanne – dai mezzi semplici della pittura: i "sentimenti personali" non c'entrano. "Non ci possono essere" – come avrebbe poi ripetuto lo stesso Ortega – "conseguenze trascendentali"[9].

In realtà, ciò che poi faticosamente porterà alla luce Cézanne sarà proprio il *suo* particolare modo di sentire la natura e che solo attraverso la messa a punto di nuovi mezzi espressivi poteva essere espresso.

Se si sente-pensa in modo nuovo, le forme del vecchio linguaggio non servono più, e bisogna inventare tutto in virtù di un nuovo punto origine. Tutta l'arte contemporanea ha portato gradualmente a questo distacco dalla 'realtà' per concentrarsi sul problemi del linguaggio. Ci sono stati momenti di estrema chiarezza intellettuale e momenti di opacità che hanno dato il via a grandi divergenze di pensiero e, come si sa, a movimenti artistici e culturali, sull'onda di una botta e risposta continua. L'Espressionismo ha però negato che, nel fare arte, non ci debbano essere emozioni: nessuna de-emozionalizzazione dunque, come sosteneva Ortega il quale, naturalmente, si riferiva più alla sfera dei sentimentalismi lacrimevoli, che al vero 'sentire' dell'arte emergente dalla forma significante.

Inoltre l'Espressionismo non trascura, anzi fa suo, l'assunto di un potenziamento dei mezzi pittorici per restituire sulla tela, e con più efficacia, il moto interno, la vicenda interiore, e non solo l'avventura mentale con la presenza delle 'idee': per quanto limpide e geniali esse siano. La risposta

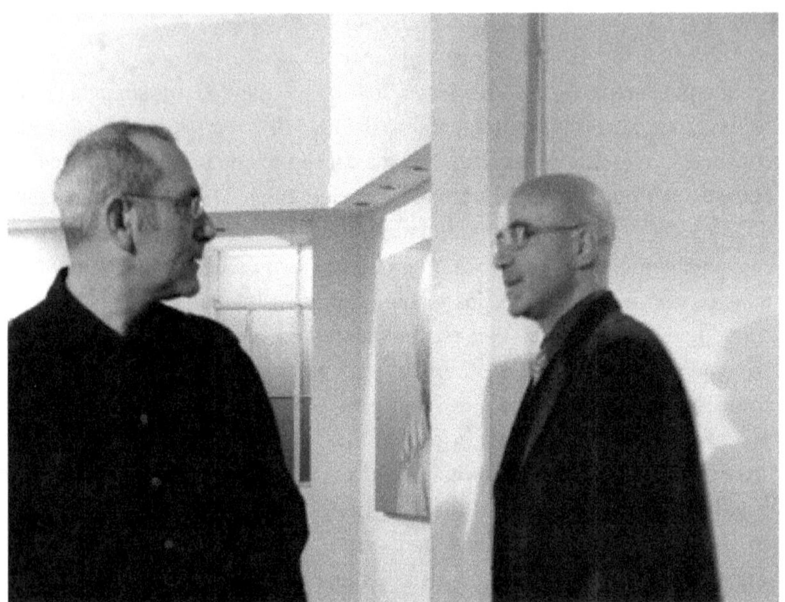

Jannini Ernesto e Edoardo Di Mauro alla Fusion Gallery di Torino, 2007

dell'Espressionismo è chiara: l'uomo è sia 'mente' che 'cuore' e quest'ultimo è qualcosa di assolutamente non trascurabile. Nel cuore dell'uomo si annidano sogni, speranze, gioia di vivere e senso del tragico e della finitudine; e tutto questo, spesso, prevale sulla lucida consapevolezza dei fatti.

Ora, ciò che è necessario chiarire per l'arte, è che molta confusione gira attorno all'idea di sentimento e sentimentalismo. La musica, per esempio, in una errata condizione d'ascolto, può generare sentimentalismi: il che vuol dire sovrapporre alla musica che si ascolta immagini estranee alla forma significante espressa dall'autore: la musica diventa un pre-testo per solleticare l'immaginario stereotipato che è in noi. Se, al contrario, si ascolta in silenzio un brano dei Pink Floyd o una qualsiasi delle trentadue sonate per pianoforte di Beethoven, o una composizione di Luciano Berio; cioè se si sgombra il campo dalle sensazioni stereotipate, si scopre qualcosa di nuovo e di potente che appartiene intrinsecamente al sentimento musicale: non c'è posto per i sentimentalismi e i chiari di luna; così come osservando una 'Sainte-Victoire' di Cèzanne non si può scorgere in essa solo il fantasma di una montagna: piuttosto una sinfonia di colori, di relazioni e rapporti strutturali che solo una mente sinfonica può cogliere. Ciò che sente una mente sinfonica non ha nulla a che fare con il sentimentalismo. I processi razionali si fondono con un sentire più profondo, arrivando ad una sintesi unificante. Una mente sinfonica vive nella pienezza del Sentimento, non solo nell'algida contemplazione del mondo.

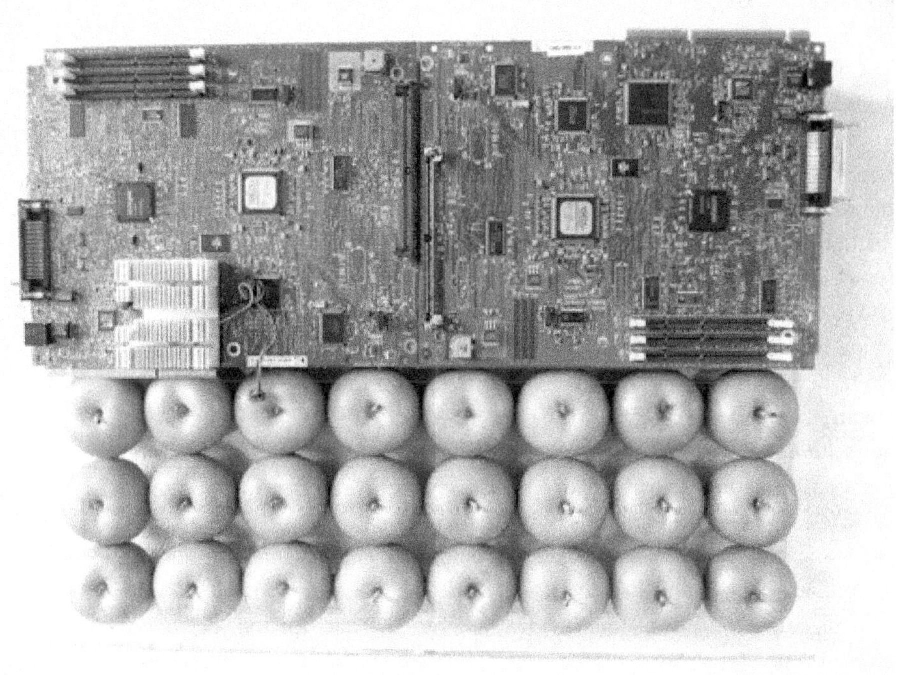

Mele, 2008 cm 54 x 42 similfrutta e hardware

Allo stesso modo le compenetrazioni degli igloo di Mario Merz ci aprono sì alla trasparenza delle 'idee', ma anche al sentimento dell'architettura, al bisogno ancestrale del riparo, che affonda le radici nella notte dei tempi.

Per Cèzanne la pittura era una questione vitale: egli non riusciva ad apporre neanche una sola pennellata sulla tela se non al cospetto della natura. La sensazione che diventa emozione e si traduce sulla tela è, nelle sue mani, l'elemento che va oltre il puro dato visivo: sintesi tra mente e cuore.

Anche oggi non si vuole rinunciare a questa fusione, ma con altri mezzi con altre possibilità espressive, con nuovi incontri.

Colgo molte suggestioni dai momenti più semplici, come per esempio andare al supermercato, osservare i prodotti, gli ortaggi o la frutta; vedere com' è sistemata, confezionata, e pensare a tutto il lavoro e la cura che c'è dietro quel prodotto[10]. Poi queste cose le dirotto, le faccio, per così dire, entrare nel recinto dei miei pensieri, per comporle in modo differente. Creo delle immagini che restituiscono il movimento di questi sentimenti, di pensieri sulla bellezza, o sul futuro della natura, sulla sua manipolazione da parte della tecnica. Scopro poi che alcuni titoli delle mie opere, come per esempio "Migrazioni nostalgiche di pomodori" o "Migrazioni nostalgiche di mele" corrispondono anche ad una realtà di fatto, avendo rilevato in un articolo su un quotidiano che la frutta 'migra'; nel senso che i cambiamenti climatici ed altre motivazioni spingono gli agricoltori a creare e sperimentare coltivazioni in altre regioni. Per quanto mi riguarda, le mie 'migrazioni' vogliono lasciare intravedere il bisogno di spostarsi verso le calde terre del sud, come per cercare un 'clima' diverso. È una metafora che attinge da quelle dimensioni culturali, umane e sociali nelle quali gli uomini si rendono artefici di una vera reciprocità.

I miei pomodori si allontanano lentamente dai microcircuiti, passando attraverso una terra rossa, succosa e densa come una conserva, si allontanano da ciò che è eccessivamente razionalizzato pianificato o ingabbiato.

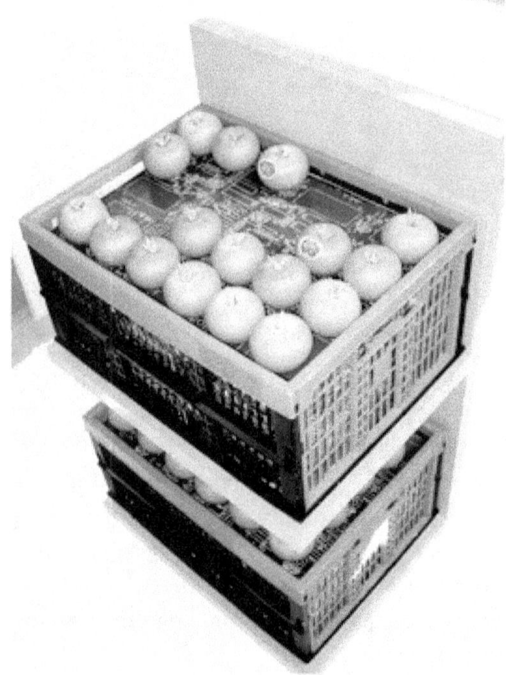

Gran mercato, 2010

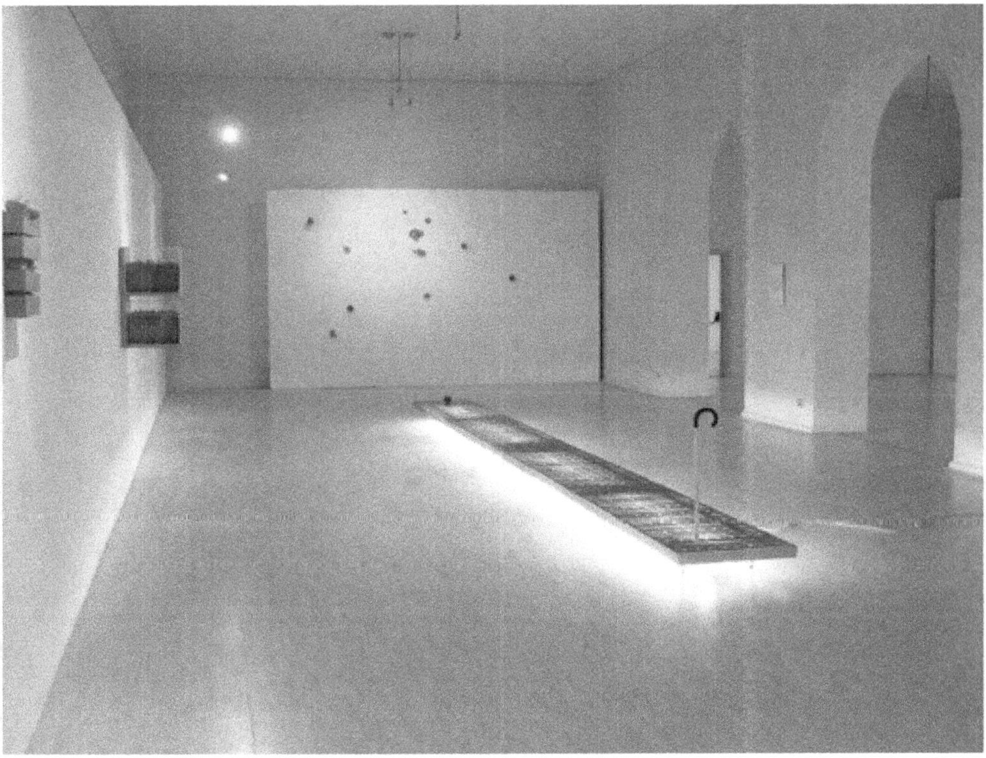

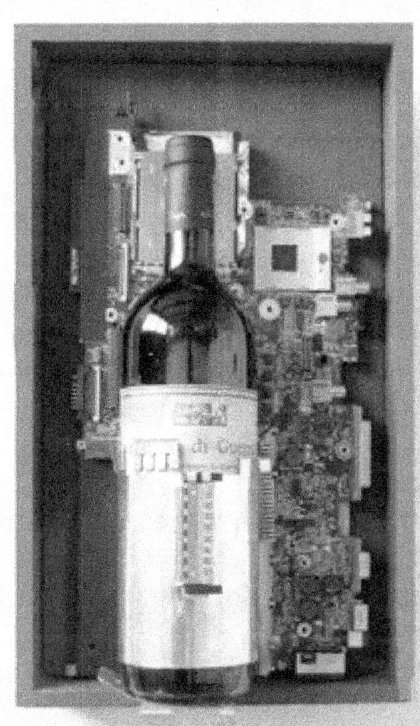

Le dejeuner sur l'herbe Napoli,
Castel dell'Ovo 2009

Vino di guerra, 2008 cm 37,5 x22,5,
vino e hardware su tavola,
Collezione privata, Milano

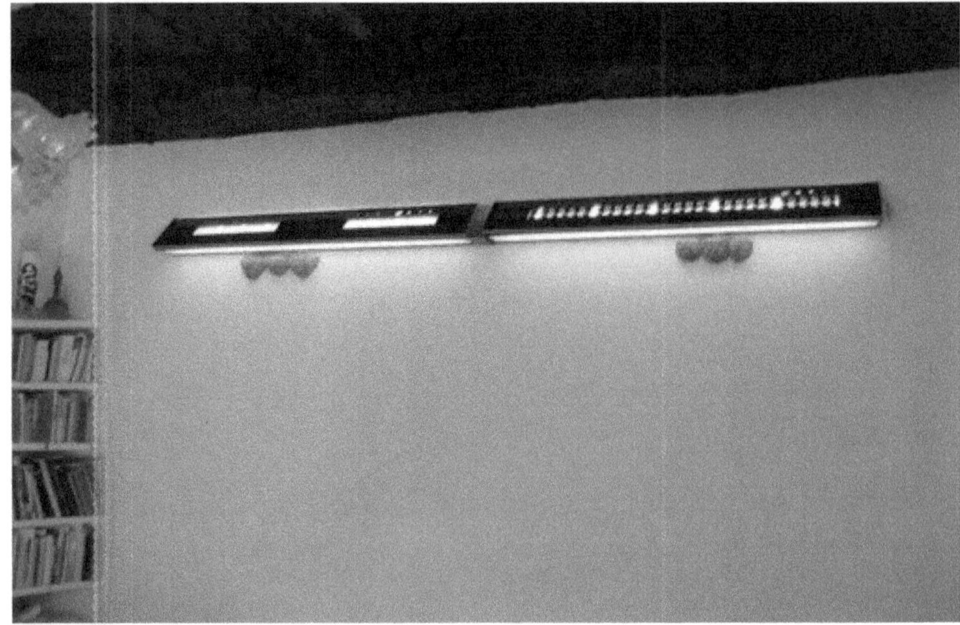

Nidi di rondine. Studi Aperti, Ameno 2010

Contrappongo una superficie sabbiosa al metallo o alla perfezione dei circuiti stampati.

Considero alcune immagini del nostro presente ottimi punti di partenza per un lavoro artistico o spunti per una riflessione. Penso in particolare a quelle immagini che mi giungono dal mondo della tecnologia, dalla scienza, la quale lascia intravedere un presente/futuro che può essere emendato finalmente dai suoi errori; oppure, al contrario, lascia intravedere scenari inquietanti. Tale ambivalente prospettiva mi può generare angoscia, che non dissolvo semplicemente abbracciando per esempio una fede neopositivistica.

Ciò mi autorizza ad assumere un atteggiamento anti-scientifico?

Non direi! Esisterà pure una via di mezzo dove gli uomini possano realizzare le loro aspirazioni senza produrre catastrofi!

È anche vero, però, che oggi si compiono grandi scelte su un terreno sdrucciolevole e gli scenari, o gli sfondi, per usare un termine caro all'arte della scenografia, possono cambiare repentinamente il senso del 'teatro' in cui ci muoviamo. Per contro, si manifesta un sentimento dal duplice aspetto, fatto di speranze e timori, che non posso nascondere a me stesso e che si presenta con sempre più frequenza.

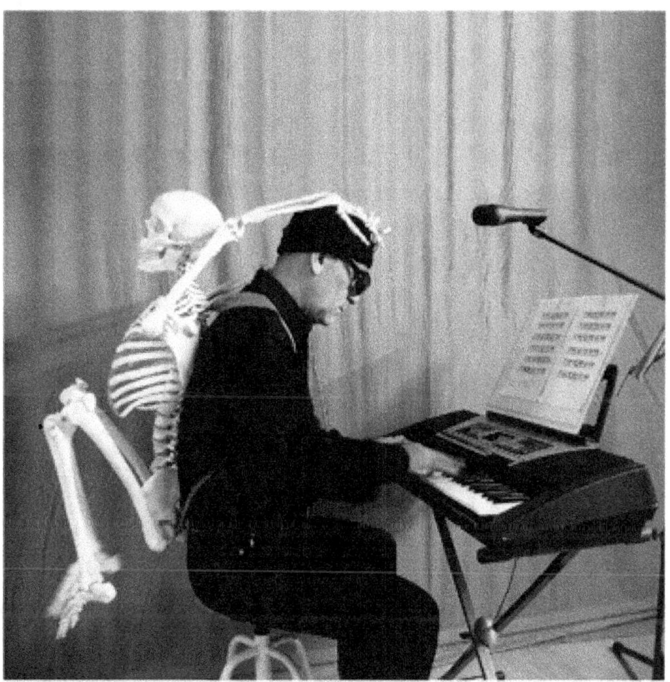

Piano Bar, 2011 courtesy Galleria La Giarina

Talvolta le cose mi appaiono da un'altra prospettiva. È probabile che i messaggi che mi giungono dal mondo della scienza e della tecnica siano il preludio a qualcosa che sta cambiando radicalmente, l'espressione di un mutamento storico di cui non percepisco pienamente la portata. Mi riferisco qui non solo agli immediati effetti della tecnica sulla vita di tutti i giorni, ma proprio a tutto quello che deve ancora essere realizzato: un preludio ad un'etica che ancora non c'è o ad una nuova politica dell'azione, che affronti urgentemente le nuovissime problematiche economiche e culturali che costituiscono lo Scilla e Cariddi della nostra contemporaneità.

Questo sentimento, costituito da molteplici sensazioni-osservazioni- ascolti e messaggi mi accompagna quando guardo le cose più semplici, ed è come un sottofondo, un 'basso continuo', direbbe un musicista, che fa da contrappunto a tutti gli aspetti del quotidiano. Una mela, per esempio, non mi compare più come prima, perché va ad essere iscritta in un differente mosaico d'emozioni, sensazioni e pensieri. Quella mela appoggiata lì, sul tavolo, non è più la stessa; attorno ad essa si aggiungono altre immagini, oltre a quelle che evoco pensando al lavoro nei campi e, indietro nel tempo, alla nascita dell'agricoltura e alla scoperta del grande orologio biologico conquistato dai nostri antenati.

Alle origini della storia umana, la certezza di poter dominare i ritmi della natura ha gonfiato il cuore degli uomini di gratitudine verso la Grande Madre Terra.

Oggi si frappongono altre immagini alla contemplazione della natura e dei suoi frutti, altre sensazioni e conoscenze che si fondono in quella mela che io vedo, e che vengono dalle rappresentazioni che la fisica, la chimica e la biologia hanno introdotto nella nostra cultura. In questo modo si creano in me quelle spinte emozionali potenti che mi aprono al fascino e al mistero del microcosmo: quell'antico sentimento del microcosmo (già pienamente presente in Democrito, Epicureo, Lucrezio) che ha accompagnato l'uomo nella comprensione del mondo fisico.

Mi chiedo come sia possibile, oggi, contemplare la natura e godere dei suoi frutti senza la consapevolezza che quel microcosmo sottostante è in parte già conquistato, già svelato nelle sue intime leggi e che queste leggi che governano gli sviluppi organici e biologici possono essere, non solo, pienamente conosciute, ma anche modificate?

Qui si dà, in tutti noi, una percezione del mondo del tutto differente dal passato, poiché questa 'complessità' non ci appare più immutabile nelle sue forme, ma potenzialmente mutabile nei suoi principi di formazione. E qui compare l'immagine dell'uomo come Demiurgo, come grande artefice e responsabile del suo destino. E questo potere, che l'uomo ha effettivamente raggiunto, condiziona profondamente il mio 'sentimento del mondo' e acuisce in me il senso di responsabilità.

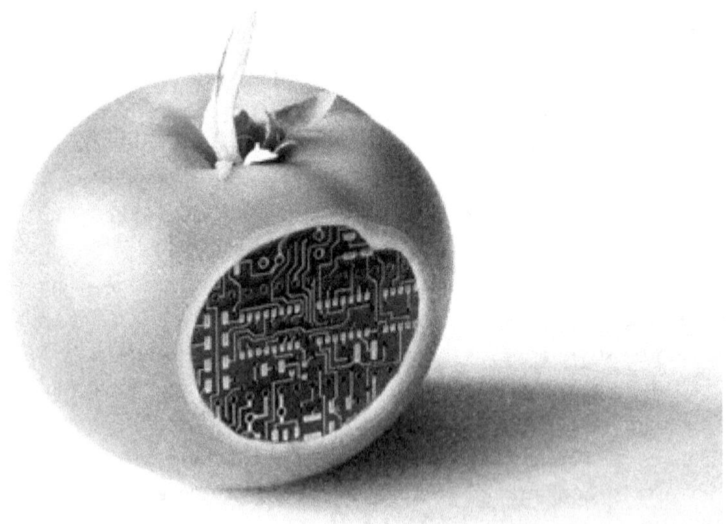

Pomodoro, 2004 collezione privata, Milano

04.5 SUSPENSION OF DISBELIEF

Apro qui un lungo capitolo dedicato al mio rapporto attuale con il teatro. Riporto non soltanto riflessioni ma, il più possibile, l'esperienza diretta vissuta a contatto con gli attori durante la mia partecipazione ad alcuni spettacoli.

Ma cos'è il teatro? Da dove nasce, qual è il suo punto origine?

Penetrando, con le sue molteplici forme ed espressioni, nella 'comèdie humaine', il teatro ci porta ad osservare la vita in cui spesse volte ci perdiamo; a vedere le 'parti', come da copione, incarnate dagli uomini, le relazioni tra le cose; a riconoscere quanto teatro c'è nella politica, nei suoi protagonisti, nei riti religiosi, nella stessa dimensione economica e i suoi cerimoniali, che influenzano i nostri destini singoli e collettivi; compreso, e certamente non ultimo, il tragico teatro della guerra, dove gli uomini si giocano la vita per difendere i propri diritti o per sopprimere gli altri. Dunque il teatro, che attinge di continuo dalla vita, specialmente il lato tragico, fatto di sangue, di odio o violenze varie, così contigue, del resto, anche alla dimensione del 'comico'; e ciò per poterla distillare simbolicamente e portarla a conoscenza tramite la sua specifica peculiarità.

A volte penso a ciò che sosteneva Ludwig van Beethoven in ambito musicale, quando asseriva che ci sono cose che soltanto il pianoforte può esprimere, così come altri aspetti dell'umano possono essere evocati soltanto facendo ricorso all'intera orchestra. Ebbene, anche per il teatro vale la stessa cosa, per cui nessuna pittura, scultura o rappresentazione cinematografica può illudersi di narrare. Ciò è dovuto al suo corpo effimero, volatile, alla fusione tra tempo reale degli attori e ai loro corpi, del pubblico, e al tempo della finzione narrativa. Si sa, infatti, che tutti abbiamo bisogno di entrare in un flusso narrativo che interrompa gli automatismi della vita quotidiana e ridimensioni la routine delle nostre percezioni ed emozioni.

Il bisogno di una 'narrazione mitica' del mondo non appartiene soltanto al bambino o ai popoli cosiddetti primitivi. Non appartiene ad una stagione dell'umanità. Esso è connaturato alla necessità impellente di collocare la nostra esistenza nell'ordine del cosmo, sottraendola al non senso. Pertanto, essere accompagnati in un territorio di suspension of disbelief, di narrazione 'altra', indica la necessità di rivedere costantemente il racconto che noi stessi facciamo della nostra vita. Ogni spettacolo teatrale costituisce un'occasione per penetrare nelle regioni dell'"io' -o, se vogliamo, di quella rappresentazione che abbiamo di noi stessi -, attraverso le coerenze estetiche, comprenderne le trame che il nostro 'io' tesse sull'ordito del mondo. Se è lecito pensare ad una funzione 'educativa' del teatro lo è in questa sua intrinseca capacità di penetrazione. Dovremmo parlare, però, di educazione che si attua tramite la 'poesia', intendendo quest'ultima come il massimo livello artistico raggiunto dagli autori. Un livello di creazione, da un lato, e di attenzione e ascolto dalla parte del pubblico, che presuppone un investimento spirituale.

Come sosteneva Samuel Taylor Coleridge è necessario, - ogni qualvolta si assiste ad una rappresentazione -, un atto di fede poetica, senza il quale nulla accade. La scintilla che scocca tra la fede dell'attore e quella dello spettatore può consentire momenti di profonda conoscenza. Ecco perché il teatro deve trovare le forme e i modi per accendere questo fuoco. Tutti i mezzi sono buoni per creare una corrente tra gli attori e il pubblico. Anche il 'verfremdungseffekt', lo 'straniamento' brechtiano, si presentò come una tecnica a funzione educativa, che portava al risveglio della coscienza critica del fruitore. Il che vuol dire accompagnare poeticamente l'altro a rivedere la sua posizione nel mondo. Ma cosa comporta per lo spettatore? Si va a teatro, è vero! In che modo, però, si oltrepassa la 'soglia' che porta alla finzione? Se l'attore prepara sé stesso, è lecito pensare che anche lo spettatore debba prepararsi? O ci si accomoda in platea così, spontaneisticamente? Per il teatro non varrebbe la stessa cosa che vale per l'ascolto musicale? Non è forse vero che per penetrare nel corpo vivo della musica sia necessario partire dallo stesso piano dal quale essa nasce? Cioè dal silenzio: ovvero da quell'esercizio che si trasforma poi in capacità di ascoltazione profonda dei propri 'moti interni' o, se vogliamo, da quelle pure 'idee' generate dalle coerenze del linguaggio musicale.

Ma forse, la potenza del teatro, quando quest'ultimo assurge ai massimi livelli, sta proprio nella capacità di scuotere e portare a sé lo spettatore che si accinge alla visione in uno stato di ordinaria coscienza, 'impreparato' e distratto dai suoi pensieri. E quindi ancora una volta si torna a parlare di distacco, di allontanamento dai propri automatismi routinari. Silenzio, quindi, in quanto capacità di liberare la nostra mente da tutto ciò che la ingombra, per renderla vuota come la cassa armonica di un violoncello pronto ad accogliere le vibrazioni delle corde. E per colui che crea, preparare la mente armonica a cogliere gli infiniti stimoli che provengono dal mondo della vita e dal pensiero metafisico, per poi tradurli in essenze sonore.

E questo esercizio, una volta che lo effettuiamo con una certa costanza, non ci accompagnerà esso stesso ad un ascolto più proficuo della vita? Anche colui che assiste, ha un 'lavoro' da compiere, proprio in quanto spettatore. Il teatro – in realtà tutta l'arte - è, per antonomasia, attività spirituale febbrile. E quando la coscienza di chi è immerso nel mondo della vita è assopita, dormiente o annichilita, allora questo scuotimento ci porta in quel *Dionysus' Place* che è alla base e nell'essenza di ogni magistrale regia che fa sentire la sua potenza anche a costo di coinvolgere direttamente lo spettatore, che diventa coprotagonista dell'evento. Ce lo insegna la storia del teatro[11] dove anche il ruolo dello spettatore è cambiato col tempo, parallelamente ai cambiamenti che il teatro stesso ha effettuato nelle sue molteplici sperimentazioni. E le sperimentazioni non sono mai fine a sé stesse, quando guidate da impulsi genuini, ma sempre rivolte a trovare la strada espressiva per giungere all'altro, per condurlo ad un risveglio. Per tale motivo, lungo la sua storia, il teatro ha spesse volte rotto gli argini, sconfinando; come dire che il ruolo di coloro che assistono non può essere pensato e vissuto soltanto come momento contemplativo, ma partecipativo. In ciò la sperimentazione teatrale del secolo scorso, in molti casi, si è apparentata alle arti visive che, per un reciproco scambio mutualistico, a loro volta sono sconfinate nel teatro. La storia è nota e riguarda, per le arti visive, la sperimentazione tradottasi poi nelle forme degli happening, environment, eventi, performance, teatro d'artista. Tutte forme espressive che recuperano il corpo dell'autore, elevandolo a 'strumento' ideale per l'espressione di un 'contenuto' altrimenti indicibile. Insomma, l'idea di un teatro che si presenta non più o soltanto come semplice 'rappresentazione' della *comédie humaine*, ma come pura 'azione' in cui gli attori – per dirla con Artaud – sono ministri di forze, al pari di uno sciamano.

04.6 TEATRO ARSENALE

Dunque, nel 2006, grazie al mio amico musicista e compositore Antonio Scarano[12], iniziai a frequentare il teatro Arsenale di Milano, in via Cesare Correnti 11. Conobbi Eugenia D'Aquino, Riccardo Magherini, Fulvio Michelazzi, Maurizio Pisati, Annig Raimondi, Marina Spreafico[13]. Un teatro in pieno centro, situato all'interno di un vecchio edificio risalente al 1272. Uno spazio con stratificate al suo interno una lunga storia e una scuola di teatro creata nel 1978 da Kuniaki Ida, Annig Raimondi, Marina Spreafico e dal maestro Jacques Lecoq.

Annig Raimondi mi propose di partecipare, come artista, alla realizzazione delle scenografie dello spettacolo che stava preparando: *Per farla finita col giudizio di dio*, di Antonin Artaud. Per me fu come una ventata di aria calda proveniente direttamente dallo stesso mare che bagna Torre del Greco. L'esperienza passata con la Libera Scena Ensemble di Vitiello nel laboratorio sito tra le vecchie case della città del corallo, mi riaccese la voglia, e forse smosse in me il daimon del teatro.

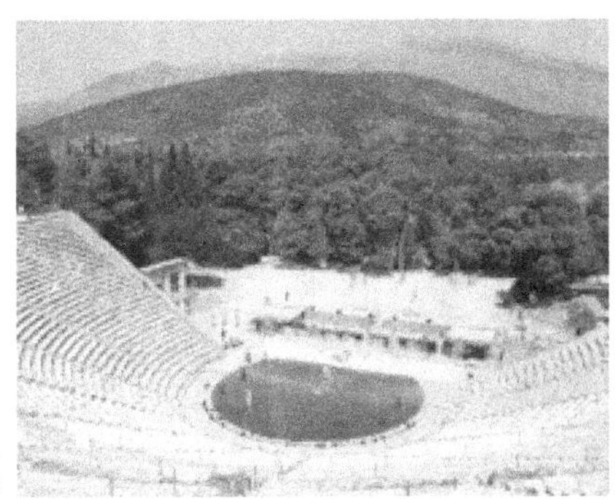

Grecia, *Teatro di Epidauro*.
Foto di Elena Rigotti

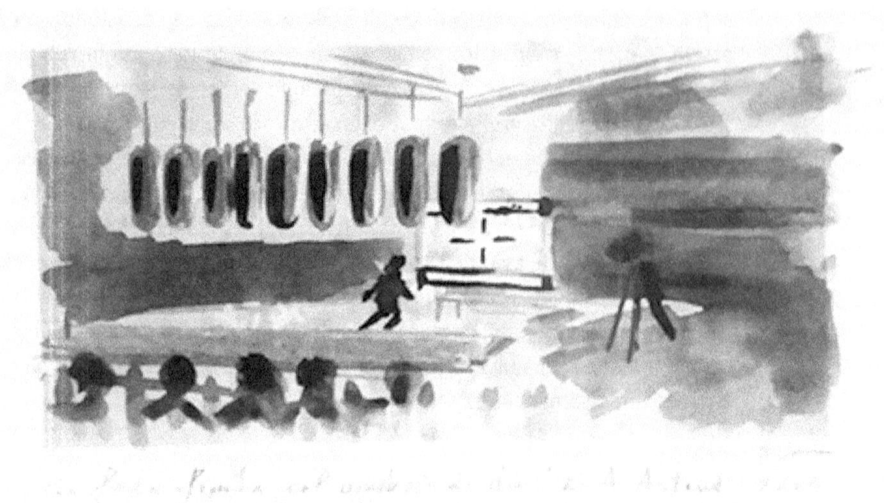

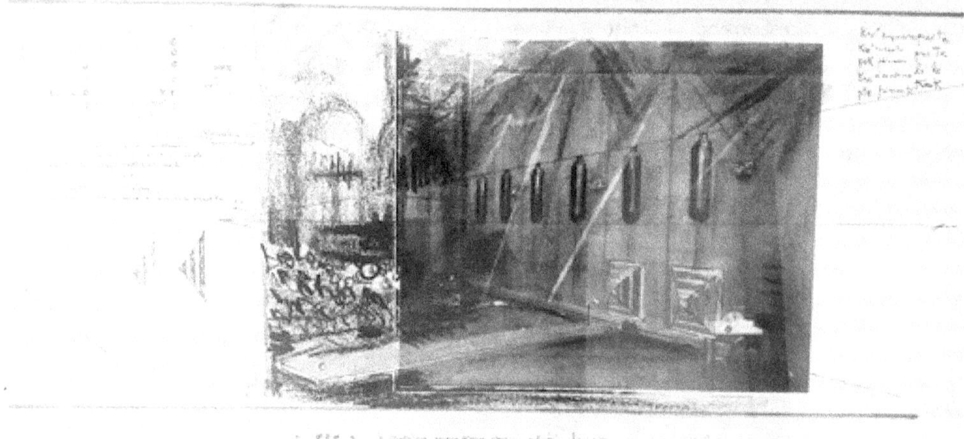

Milano 2006, Teatro Arsenale, Bozzetto per scenografia cm 66,5 x 31
Per farla finita col giudizio di dio

Così mi spinsi ad accettare questa collaborazione. Non si trattava, come in passato, di recitare, il che sarebbe stato impossibile per me, per molteplici ragioni e scelte affrontate già negli anni passati. Così iniziai a seguire le prove, a seguire gli attori nei loro movimenti, a vedere lo sviluppo impresso da Annig Raimondi, come regista e come attrice, a tutta la composizione o, diciamo, a quella sorta di palinsesto di emozioni che man mano veniva a delinearsi davanti a i miei occhi.

Seguivo le prove con una certa assiduità, alternata a brevi periodi di pause dettate dalla mia attività artistica. Dal mio punto di vista mi ero proposto di cogliere i nuclei centrali dello spettacolo; così seguivo il succedersi delle varie scene, lasciandomi trasportare dal flusso delle emozioni. Disegnavo, prendevo appunti e poi in studio buttavo giù dei primi schizzi. Non ultimo, riflettevo sulle implicazioni filosofiche che emergevano chiaramente dal testo. Iniziai a scrivere su questo interessante spettacolo e inviai il testo a *Juliet Art Magazine* che riporto integralmente di seguito.

04.7 PER FARLA FINITA COL GIUDIZIO DI DIO[14]

Ho 'incontrato' Antonin Artaud partecipando alla creazione delle installazioni sceniche dello spettacolo *Per farla finita col giudizio di dio*, messo in scena dal Teatro Arsenale di Milano tra il novembre e il dicembre 2006.

Per farla finita col giudizio di dio (Dio con la *d* minuscola) non è un testo pensato per la scena. Artaud lo scrisse per una trasmissione radiofonica, commissionatagli nel 1947 dal direttore della programmazione letteraria di Radio France, Fernand Pouey. Lo stesso Artaud lo interpretò, insieme a Maria Casarès, Roger Blin, Paule Thèvenin, ma la messa in onda venne bloccata, malgrado il favorevole parere della commissione presieduta da Raymond Queneau, Jean Cocteau e Renè Clair.

Annig Raimondi, che ha curato la regia, è partita dal *Mito dei Cenci* di Shelley, il poeta inglese che pubblicò l'opera nel 1819 ispirandosi alla tragedia della famiglia dei Cenci consumatasi in Italia verso la fine del cinquecento: tragica storia del conte Francesco Cenci, uomo violento e dissoluto, processato più volte per "colpe nefandissime", passato alla storia per aver costretto i figli alle più atroci angherie, tra cui la violenza carnale nei confronti della figlia Beatrice (nella bellissima interpretazione della stessa Raimondi) che a sua volta chiuderà il cerchio uccidendo il padre.

La Beatrice storica sarà condannata a morte per decapitazione, insieme ai fratelli Giacomo e Bernardo (a quest'ultimo fu risparmiata la vita per la sua giovane età) l'11 settembre del 1599, nella piazza di Castel Gandolfo a Roma. Tra la folla che gremiva la piazza erano presenti anche Caravaggio ed Artemisia Gentileschi.

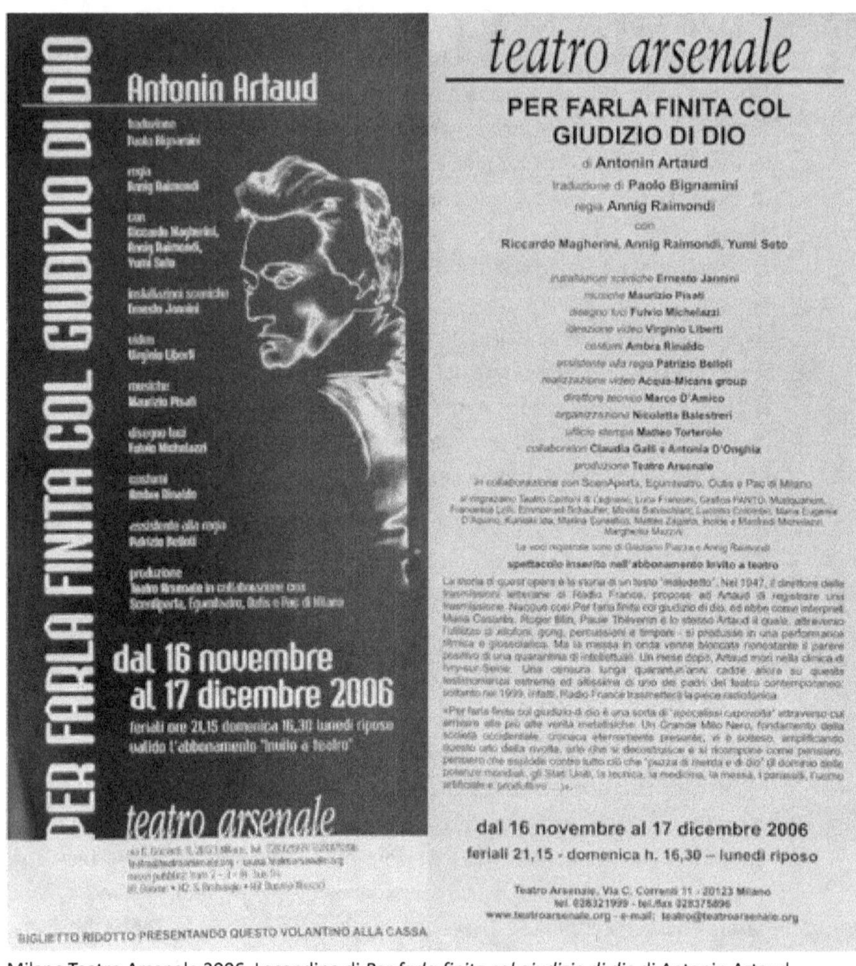

Milano,Teatro Arsenale 2006, Locandina di *Per farla finita col giudizio di dio* di Antonin Artaud

Le immagini e i dialoghi dei Cenci s'incastrano con il testo di Artaud, formando un tessuto narrativo integrale, strutturato sulla compresenza dei vari linguaggi utilizzati dalla regia. In questo senso lo spirito del 'teatro della crudeltà', - nell'originario senso di un teatro integrale -, è magistralmente restituito dall'interpretazione di Riccardo Magherini, nel ruolo di Cenci padre, e da Yumi Seto, nella parte di Lucrezia.

La voce di Artaud sembra echeggiare tra le pareti di un labirinto, "un labirinto nel quale ci inoltriamo e ci perdiamo", per citare le parole che Jean-Jaques Lebel ha usato nell'avvertenza alla mostra al PAC di Milano: *Artaud: Volti/Labirinti* tenutasi nel 2005.

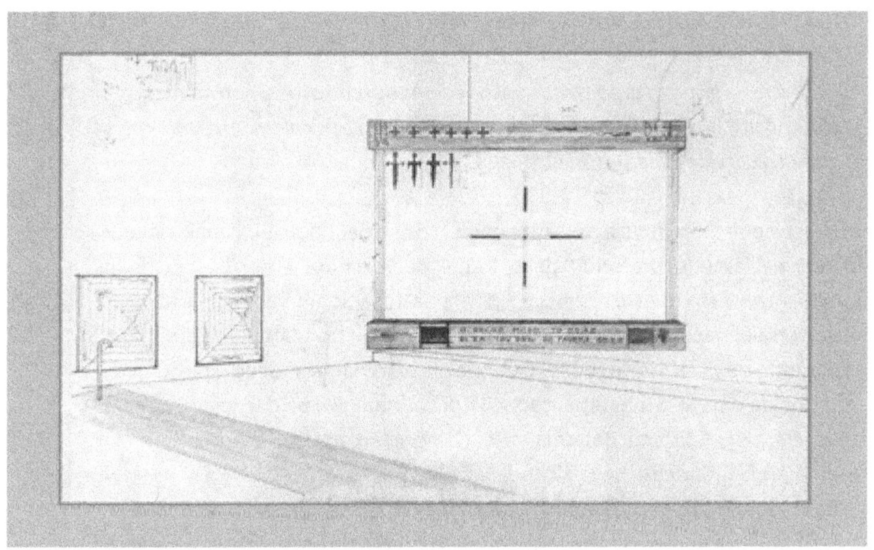

Bozzetto per scenografia cm 28,5 x 48, *Per farla finita col giudizio di dio* di Antonin Artaud

Ora, quello che ho avvertito, come prima necessità per elaborare le immagini delle scenografie, è stata proprio l'ascolto di questa voce.

Al centro della sua regia, infatti, Annig Raimondi ha posto proprio questo elemento importante. La regista ha lavorato sulla vocalità, sua e quella di Yumi Seto e Riccardo Magherini, facendo emergere dalle molteplici sfumature delle battute del testo, le lacerazioni e l'urlo profondo della coscienza di Artaud.

Ciò che emerge dall'interpretazione degli attori, è una tensione escatologica che si manifesta nelle sfilacciature, nelle rauche lacerazioni dei toni e delle sospensioni ritmiche delle vocalità.

La complessità dei destini dei protagonisti trascinati nella tragedia è rievocata dalle musiche di Maurizio Pisati e dai ritmi incalzanti delle immagini, molto bene armonizzate in bianco-nero, del video di Virginio Liberti e Aqua-Micans group.

Artaud ha vissuto su di sé il tragico. Il piano psico-fisico della sua persona è stato scosso sin dai primissimi anni di vita dall'insorgere di un attacco grave di meningite e poi dal susseguirsi della nevralgia, della balbuzie e della depressione. A venti anni gli vengono diagnosticati i sintomi di una sifilide ereditaria che lo costringeranno a continui ricoveri e alla dipendenza dagli oppiacei; inoltre passerà anche attraverso l'esperienza degli elettrochoc, che gli procureranno la frattura di due vertebre.

Artaud era un poeta. *Tric Trac du ciel*, la sua prima raccolta di poesie, è del 1923.

Nel 1945 così scrive da Rodez a Henry Parisot:

Per vivere ho bisogno di poesia, e voglio vederne attorno a me. E non ammetto che il poeta che sono sia stato rinchiuso in un ospedale psichiatrico perché voleva realizzare in natura la sua poesia[15].

La tensione all'*èschatos*, presente negli artisti e nei poeti, s'incanala nel qui ed ora, nell'ascolto profondo delle forme della natura e dei destini degli uomini. Attraverso questo esercizio il poeta risale rapidamente dal particolare all'universale, facendo viaggiare il suo immaginario dal filo d'erba alle profondità degli abissi e delle galassie. È la dinamica dello spirito che, verrebbe da dire, si fa 'pneuma', capacità di spaziare, *Par delà le soleil, par delà les éthers*, per dirla con Baudelaire, e che porta l'artefice ad ascoltare sia l'infimo, sia la grandezza della vicenda umana.

Egli è ontologicamente predisposto al mistero e, per converso, all'angoscia, che si manifesta quando la tensione cala e la contemplazione del tutto, - quindi anche dell'abisso fatto di infimo e di morte -, passa 'soltanto' attraverso i canali della mente razionale. L'artista trova, però, in sé stesso, nella sua dimensione mitica e creativa, la possibilità di riunificarsi, di non scindersi, per aver troppo veduto e sentito. È molto significativo il fatto che Artaud abbia dedicato un suo saggio proprio alla figura di Van Gogh, il *Suicidato della società*: guarda caso proprio nel 1947, sottolineando la responsabilità della società nel suo destino di suicida.

Per Artaud come per Van Gogh ciò che conta è il qui ed ora. Nel *Suicidato* si legge che:

Van Gogh pensava che bisogna saper dedurre il mito dalle cose più terra terra della vita. E in questo io penso che avesse maledettamente ragione. Perché la realtà è terribilmente superiore a ogni storia, a ogni favola, a ogni divinità, a ogni surrealtà.

Con i mezzi che ha a disposizione, il poeta-artista è pronto a governare il suo delirio e farlo circolare nel mondo, insofferente alle forme precostituite e al loro gravame; per lui, la poesia, l'arte costituiscono un varco oltre al quale passare per portarsi in altri spazi.

Io rimprovero agli uomini di questo tempo di avermi fatto nascere con le più ignobili manovre magiche in un mondo che non volevo, e di volere con manovre magiche similari impedirmi di farci un buco per lasciarlo[16].

La voce di Artaud rompe i pensieri nei quali siamo immersi, prigionieri di automatismi e convenzioni che ci condizionano nel profondo. Essa incarna il

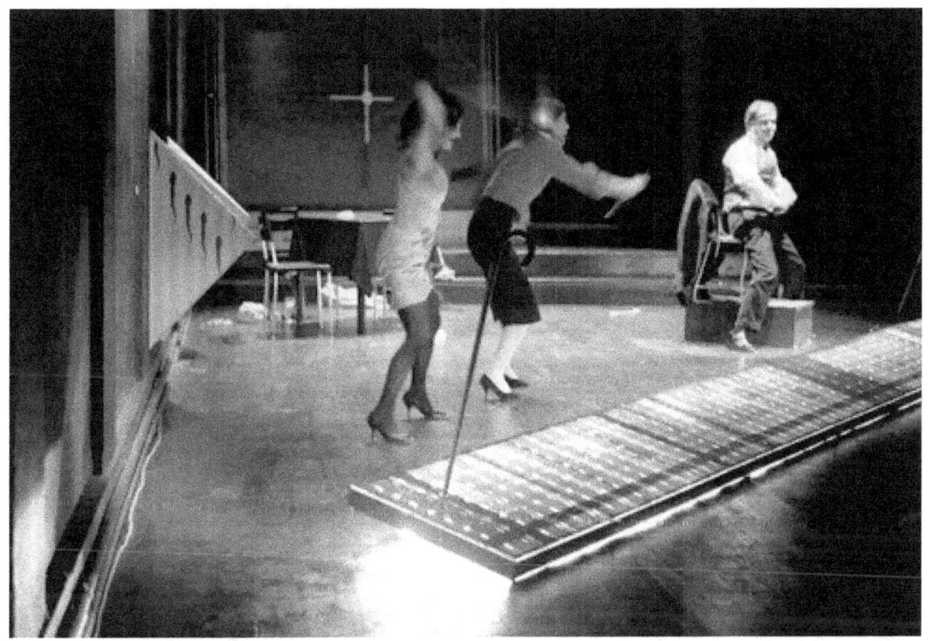

Milano Teatro Arsenale 2006, *Per farla finita col giudizio di dio*, di Antonin Artaud (Annig Raimondi, Rumi Seto, Riccardo Magherini)

Mito Nero della nostra contemporaneità, ma pur sempre il mito che fuoriesce dalle profondità della caverna platonica in fondo alla quale gli uomini ignorano di essere incatenati.

Dico quel che ho visto e credo; e a chi dirà che non ho visto quel che ho visto, adesso squarcerò la testa[17].

La tensione escatologica di Artaud, rivissuta dagli attori, si apre sia al ventaglio della disperazione che ai toni trattenuti della lucida denuncia morale. È la risposta della coscienza, che rigurgita il senso d'oppressione dovuto all'imposizione delle forme e delle convenzioni sociali e religiose; ancor più, manifesta il suo conato verso quel senso di accettazione passiva delle 'forme', rivendicando il diritto di pensare ad un altro mondo. Così l'Essere trova la liberazione momentanea da questa tensione nell'urlo lanciato al mondo, indicando, a sé stesso innanzitutto, un'altra via, un'altra possibile forma di libertà.

"La cosa grave" - dice Artaud nel testo – "è che noi sappiamo che oltre l'ordine di questo mondo ce n'è un altro".

Inchiodato al muro, senza possibilità di alcun movimento, in preda ad un rantolo soffocante e lacerante, l'urlo di Artaud-Magherini si leva nella sala del Teatro Arsenale con tutto il suo portato escatologico:

Là dove si sente l'odore della merda si sente l'essere." E ancora: "Dio è un essere? Se ne è uno, è merda. Se non ne è uno, non è. Dunque non è, esattamente come il vuoto che avanza in tutte le sue forme la cui rappresentazione più fedele è la marcia di un gruppo gigantesco di piattole[18].

Questo urlo fa piazza pulita del concetto di Dio: violento nella sua lancinante vocalità, perché portato all'estremo delle possibilità espressive; questo urlo che gonfia la giugulare dell'interprete e rimescola il sangue degli spettatori è uno dei più significativi urli della nostra irrisolta contemporaneità. È la 'ricerca della fecalità', l'eco di Artaud, che continua a viaggiare rimbalzando sulle contraddizioni del nostro presente storico. Lo scatologismo della merda urlata al cielo e il crimine compiuto dal Cenci padre nei confronti della figlia Beatrice, mi appaiono come i due pattern sostanziali nella costruzione dello spettacolo. La 'suadente' richiesta del padre nei confronti della figlia Beatrice: "Tuo padre ha sete, Beatrice. Non daresti da bere a tuo padre?", è una delle infinite sfumature del Crimine destinato a ripetersi nella storia attraverso le molteplici forme di annullamento dell'altro sul piano fisico e spirituale.

Artaud, attraverso la radio francese, avrebbe voluto urlare agli uomini l'assurdo crimine dei colonizzatori americani e della pratica abnorme di conservare in provetta il liquido seminale dei bambini.

Ho saputo ieri una delle pratiche ufficiali più clamorose delle scuole pubbliche americane che fanno senza dubbio in modo che questo paese si creda alla testa del progresso. Pare che, tra gli esami e le prove che vengono imposte ad un bambino che entri per la prima volta in una scuola pubblica, ci sia la prova chiamata del liquido seminale o dello sperma, che consiste nel chiedere al bambino, nuovo allievo, un poco del suo sperma, per metterlo in una provetta e nel tenerlo così a disposizione per tutti i tentativi di fecondazione artificiale che potranno in futuro avere luogo. Questo perché sempre di più gli Americani sono convinti di non avere braccia e bambini a sufficienza, e non già operai, ma soldati, e vogliono con tutte le loro forze e i loro mezzi a disposizione fare e fabbricare dei soldati in previsione di tutte le guerre planetarie che potrebbero esserci in futuro[19].

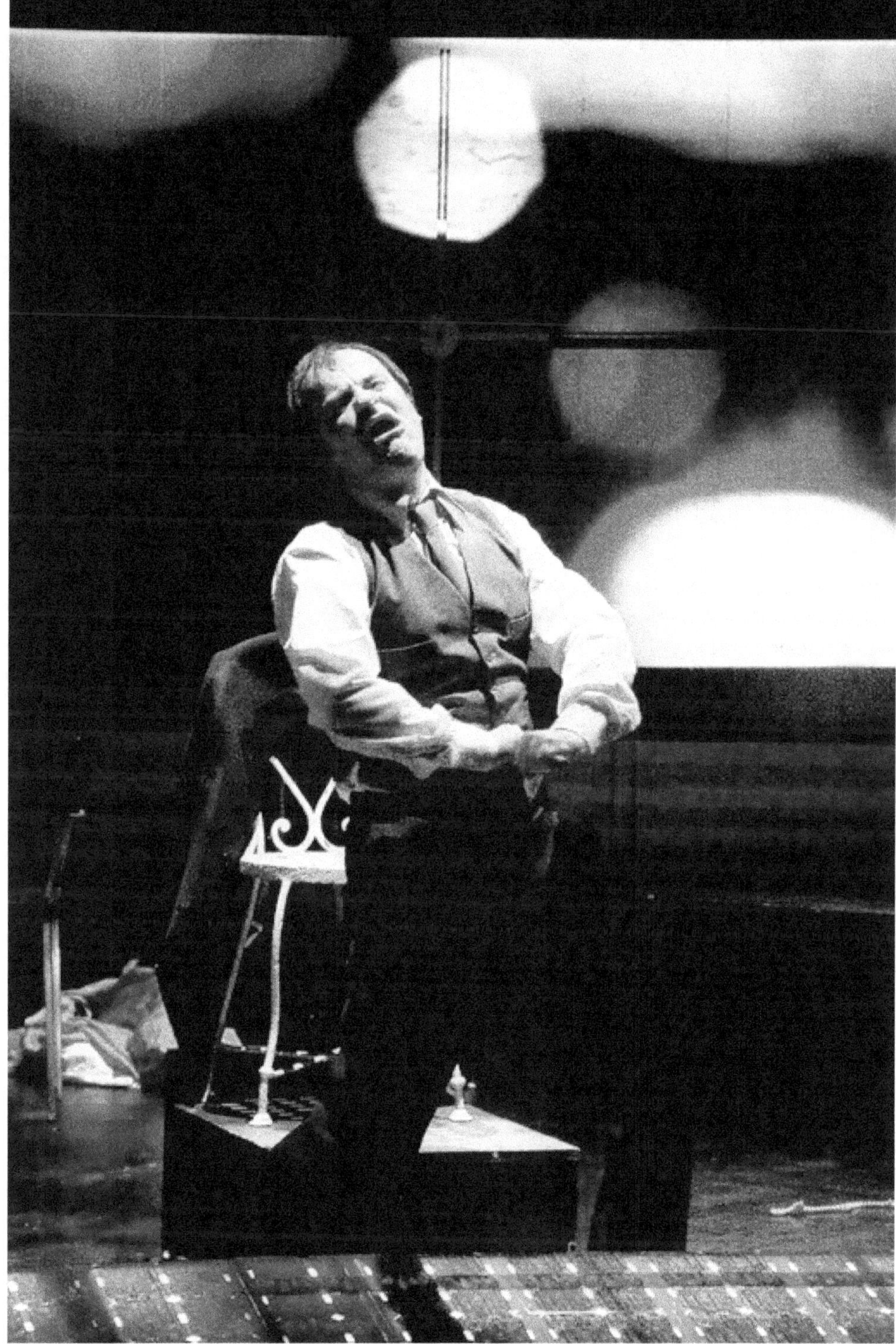

Siamo nel 1947. L'urlo di Artaud sarà soffocato dalla censura francese. Antonin morirà il 4 marzo dell'anno successivo, trovato morto ai piedi del letto con una scarpa in mano, dal personale della casa di cura del dottor Delmas a Ivry-sur-Seine.

Il suo urlo deflagra e rimbomba ancora negli spazi dell'Arsenale: quasi una polifonia contrappuntistica nelle vocalità degli attori. L'immagine del liquido seminale, il suo getto emozionale sembra permanere in sala come solidificato, al pari delle sculture ero-pop-otaku di Takashi Murakami.

Per le installazioni sceniche mi sono avvalso proprio dell'immagine degli spermatozoi che percorrono gli spazi della geometria solida di due piramidi, emergenti dalle pareti scure del teatro: in perfetto accordo con i percorsi pre-tracciati dell'hardware dei computer che ho utilizzato nella passerella luminosa di microcircuiti che attraversa la scena. Ho installato, inoltre, un teatrino alchemico, attorno allo schermo di proiezione, all'interno del quale le immagini del video di Liberti e Aqua-Micans Group ci presentano gli infiniti lacerti della quotidianità. Ugualmente, per interpretare l'esercizio del Potere (*Bisogna che tutto sia disposto più o meno in un ordine fulminante*), nei suoi aspetti di controllo e pianificazione scientifica, ho utilizzato nove grandi bombole nere che sul finale dello spettacolo fanno la loro apparizione: sospese sulle teste degli spettatori, irradiate dalle luci radenti e soffuse di Fulvio Michelazzi.

Nel teatrino alchemico compaiono alcune parole in libertà che appartengono ai linguaggi ermetici di Artaud (*Krè, krè, pek, pte, puc te, li le, kruk*). Il linguaggio dell'Essere cerca il suo verbo. Resta il fatto, però, che la Coscienza nella sua inafferrabile sostanza, sfugge ad ogni definizione. È la fase dello spettacolo in cui Annig Raimondi incarna la voce di Artaud, guardando fisso, con le spalle al pubblico, una camera da presa. È un momento di meditazione, dal quale emerge chiaramente il senso dell'*eschatos*: la ricerca del senso ultimo delle cose, dove è possibile scindersi o riunificarsi. La coscienza dello spazio, del tempo, del divenire, dell'essere e del non essere sfuma nell'inafferrabilità o, all'opposto, nell'esultanza dell'illuminazione, nella certezza, come sostiene sempre Artaud nel *Suicidato* che:

Si può vivere d'infinito, soddisfarsi solo d'infinito, c'è abbastanza infinito sulla terra e nelle sfere per saziare mille grandi geni, e se Van Gogh non è riuscito ad appagare il desiderio di irradiare l'intera sua vita, è perché la società glielo ha vietato[20].

È questo un momento d'estrema meditazione in cui può emergere una nuova coscienza; il limite oltre il quale, molte volte, si sono portati i grandi poeti e pensatori e in cui per molti di essi il genio artistico o poetico non ha retto all'ondata accecante dell'autoriflessione. Non è affatto casuale che nel suo saggio su Van Gogh, Artaud paragoni l'occhio del pittore olandese a quello del filosofo Nietzsche, ritenendolo in possesso di uno "sguardo che spoglia l'anima, che libera il corpo dall'anima, che mette a nudo il corpo dell'uomo, fuori dai sotterfugi dello spirito". Ritorna quindi, la presenza minacciosa e costante del corpo.

Il testo radiofonico concepito da Antonin Artaud porta con sé tutte intere le problematiche della parola, della messa in cantiere del pensiero discorsivo e delle sue implicazioni all'interno del testo teatrale; e quindi in definitiva il problema della 'forma' nella quale far entrare l'esperienza dell'autore.

"Per farla finita col giudizio di dio" è un testo in cui la parola sgorga dall'essere in subbuglio, dal sangue e dalle viscere, che dal profondo spingono in cerca di una nuova collocazione.

L'impiego della parola nel teatro occidentale, secondo Artaud, e forse la concezione stessa del teatro, testimoniano una incolmabile scissione: la vita da una parte e il teatro dall'altra. Partendo dal teatro e dalla danza balinese, Artaud ripensa al teatro come linguaggio primario, ed io direi, parola primaria, teatro di vita vera: cioè accadimento ed evento irripetibile, festa. L'attore si fa segno e forma significante (geroglifico vivente), come nella danza balinese, dove il corpo può diventare 'nadi', cioè qualcosa di totalmente diverso, coordinando in modo nuovo i suoi movimenti e desideri. Le emozioni passeranno direttamente attraverso le immagini e non attraverso un significato prima e una rappresentazione poi. Come dire: un albero non rimanda ad altro che a sé stesso; la sua bellezza, l'emozione della sua forma è legata alla sua concreta intransitività.

In realtà Artaud regista, uomo di teatro e poeta, è tutto teso al superamento delle forme oggettive della rappresentazione, diciamo pure alla schiavitù del testo. Così facendo egli aprirà, analogamente a quanto era accaduto nelle arti visive, la porta alla sperimentazione di un teatro nuovo, alterandone le leggi, e dirigendosi verso nuove possibilità espressive.

Il crollo del concetto di realtà e rappresentazione, come paradigma dell'occidente, già messo in discussione dalla pittura impressionista e poi gradualmente dal cubismo e dadaismo, apre la sua pista anche con l'escatologismo di Artaud e la sua tensione a far coincidere l'uomo con l'attore. Non a caso si apriranno i nuovi sentieri nel teatro con (Bene, Grotowski, Living Theater ecc) ma anche nel campo delle arti visive che romperanno i loro argini ristretti per portarsi nel più ampio territorio della vita, con gli happening, la body art, le performance ecc.

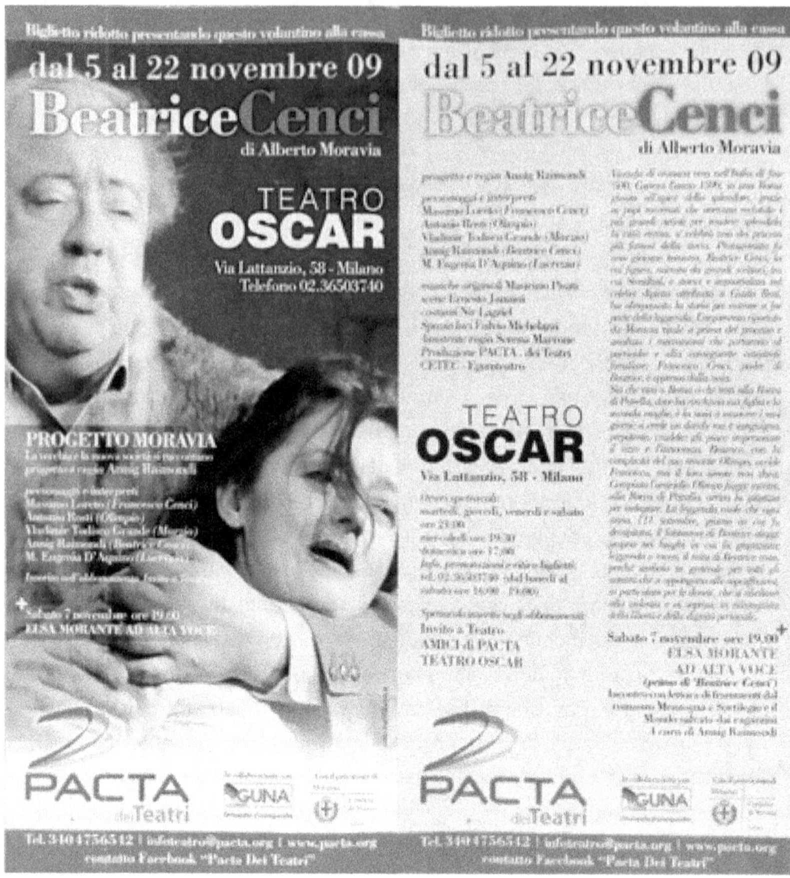

Milano, Teatro Oscar 2009, Locandina *Beatrice Cenci* di Pacta dei teatri

04.8 BEATRICE CENCI

Nel 2008, Annig Raimondi, Maria Eugenia D'Aquino, Fulvio Michelazzi e Riccardo Magherini fuoriuscirono dall'Arsenale a causa di "profonde divergenze di obiettivi di carattere organizzativo, tecnico e artistico in seno alla direzione del teatro"[21]. Così si leggeva nel comunicato stampa diffuso in quei giorni: "Dividersi era un atto necessario" – spiegò Annig Raimondi – "di fronte a profonde divergenze artistiche, organizzative e gestionali. Due anime diverse che è meglio prendano ciascuna la propria strada, ma senza battaglie legali".

Naturalmente le controversie nei gruppi teatrali ci sono sempre state e sempre ci saranno. È del tutto logico considerare che ogni singola realtà porti avanti le linee naturali del proprio sviluppo creativo, a costo, appunto, di prendere strade diverse. Fatto sta che io seguii i 'fuoriusciti', che da quel momento si definirono con il nome di Pacta spostandosi al teatro Oscar in via Lattanzio. In questa nuova sede collaborai alla scenografia dello spettacolo *Beatrice Cenci* di Alberto Moravia, con regia di Annig Raimondi.

D'accordo con Fulvio Michelazzi, autore delle luci e direttore tecnico, decisi di rappresentare la sala principale della Rocca della Petrella, dove si svolgeva il dramma, con delle pareti estroflesse: moduli in stoffa elastica montati su telai di legno e articolati tra loro da cerniere, che nel finale della storia si flettevano dando un senso di afflosciamento e di disfacimento. Questo elemento scenografico fu dettato dalle scelte registiche di Annig, provenienti dalle analisi dei testi dell'autore degli *Indifferenti*, il quale, come è noto, non risparmiò la sua sferza nei confronti di quella vita sociale, di cui lui stesso faceva parte; ma anche della politica, della sessualità, di quell'alta borghesia dimorante nell'indifferenza e nella noia; cardine, quest'ultimo, attorno al quale si sviluppò l'efferatezza di Francesco Cenci, (magistralmente interpretato da Massimo Loreto)[22] che divideva la sua vita tra Roma e Rocca della Petrella, dove teneva segregate sua figlia e la seconda moglie.

Dunque, anche con questo spettacolo, si riprendeva il dramma di Beatrice, già affrontato in precedenza con l'Artaud.

Interpretata dalla stessa Annig Raimondi, la Beatrice di Moravia si ergeva a simbolo della fragilità della donna segregata a vita e sottoposta al potere assoluto del padre.

Come già accennato a proposito di Artaud, la Beatrice storica fu, dal torbido e dissoluto genitore -con all'attivo 'colpe nefandissime'-, privata della prospettiva di potersi sposare per non pagare la dote; messa nella condizione di chiedere aiuto a parenti e al fratello maggiore Giacomo attraverso lettere mai giunte a destinazione, se non nelle mani del padre, che già oppresso da innumerevoli debiti, malato di gotta e di rogna, sfogò la sua rabbia e il suo perverso nichilismo sulla figlia. La Rocca di Petrella Salto, situata nel borgo a circa cento chilometri a nord est di Roma fu, ad opera di Francesco Cenci, trasformata in un carcere per tutti: compresi i figli minori Bernardo e Paolo, Lucrezia, moglie in seconde nozze di Francesco, il castellano Olimpio Calvetti e Marzio da Fioran detto il Catalano, maestro di chitarra. In questo clima, fatto di continue angherie, abusi paterni e violenze vissute in prima persona, Beatrice ordì un piano terribile, fondamentalmente 'simmetrico' alla violenza subita. Con il consenso unanime di tutti, e dopo due tentativi falliti di avvelenamento, il 9 settembre del 1578 Francesco Cenci fu ucciso, con un martello e un mattarello per far lasagne, dall'Olimpio Calvetti, il castellano che, pare, avesse instaurato una relazione con Beatrice. Una vendetta ingenuamente liberatrice che, nel parricidio non poteva, naturalmente, trovare alcuna soluzione. E dunque alla sconcia e immorale situazione si aggiunse l'efferatezza del delitto premeditato.

Il tramare e l'ordire, messi ben in evidenza dalla regia di Annig e dalla sua impeccabile interpretazione del personaggio principale, costituivano il leitmotiv di tutta la rappresentazione. Le estroflessioni delle pareti della sala principale della Rocca, da me realizzate con stoffe elastiche, dovevano evocare quel senso di soffocamento, di mancanza d'aria, di debito d'ossigeno insito in tutti gli attori coinvolti nel dramma.

Mirabili le interpretazioni di Antonio Rosti[23], nella parte di Olimpio, e Marino Campanaro, nel ruolo di Marzio. Maria Eugenia D'Aquino, nella veste di Lucrezia, evocava col suo talento innato, l'imbarazzante e difficile situazione di una moglie oppressa, senza però mai prendere posizione, se non quella di fingere di non sapere ciò che stava accadendo:

Ah, io non vorrei star di qua, né di là, ma lontano. E non saper nulla.

Man mano che si svolgevano le prove, andavo approfondendo la drammaturgia di Moravia. Da un lato progettavo le scene, disegnando e verificando con l'ensemble la mia interpretazione scenografica; dall'altro penetravo nella vicenda, nei suoi densi strati di drammaticità. Rileggevo il testo di Moravia con avidità per cogliere l'essenza dei protagonisti. Spesso mi venivano in mente altri personaggi storici, altre tragedie e non potevo fare a meno di creare dei parallelismi. Insomma la mia riflessione mi portava a considerare gli aspetti tragici insiti nella relazione quando essa stessa scivola nell'asimmetria. Nel caso dei Cenci, l'asimmetria tra padre e figlia è determinata a priori, dallo status della nobiltà dell'epoca, in cui la donna era subordinata al volere dei genitori. A questa asimmetria relazionale, - in cui troppo spesso la donna ancor oggi, sotto molto aspetti, è vittima -, si aggiunge, nella vicenda dei Cenci, un elemento di fondo sostanziale, rappresentato dal nichilismo ontologico di Francesco Cenci, che Moravia mette chiaramente in luce nella costruzione del personaggio. Francesco Cenci è 'vittima' della 'noia', di uno stato profondo di disfacimento spirituale; non uno stato passeggero, ma una perniciosa condizione dello spirito che trasforma la realtà in qualcosa che non

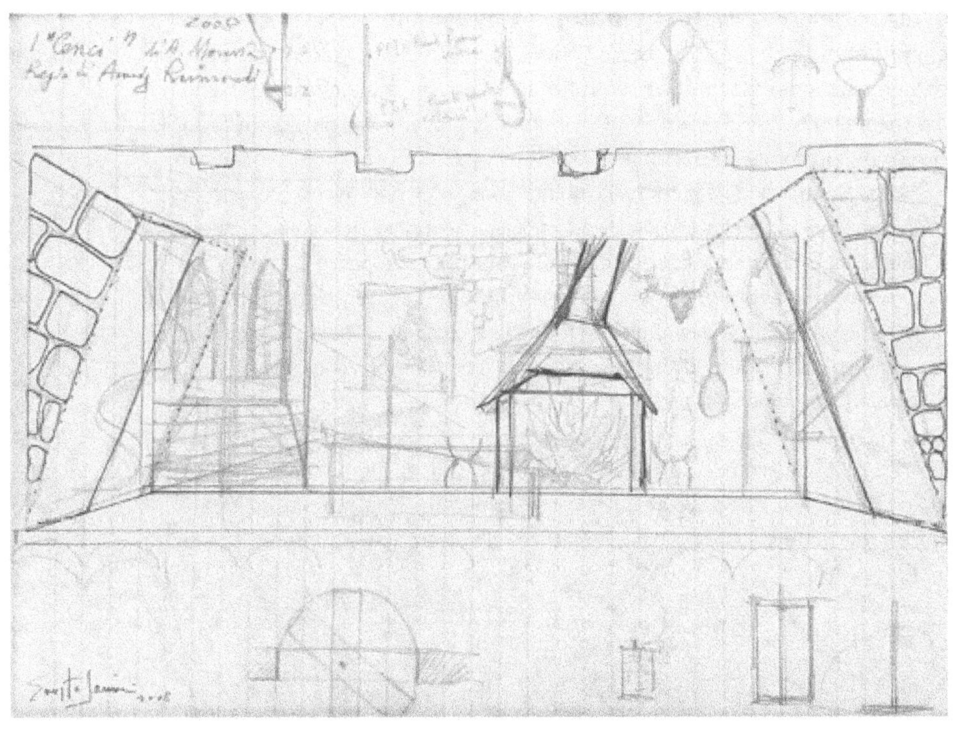

Milano, Teatro Oscar 2009, Bozzetto per *Beatrice Cenci* di Pacta dei teatri

ha più sapore, priva di attrazione e di senso; e dunque, per attivare quest'ultimo, la coscienza di Francesco s' incammina per le strade della perversione, della trasgressione di tutte le regole, a partire dalla messa in discussione dei vincoli di sangue. Insomma tutto è lecito, pur di arrivare ad un barlume di eccitazione che rompa il volto pietrificato delle cose. E così, rivolgendosi a Olimpio, al loro rientro alla Rocca dopo il viaggio da Roma, Cenci afferma:

Questa noia che mi affligge, tu non puoi capirla perché hai nelle vene un sangue più giovane e più ricco del mio e quello stesso palazzo che a Roma mi fa tanto soffrire quando lo guardo dalla finestra, tu lo vedresti senza dubbio bello, forse senza crepe. In realtà io mi illudo che la noia sia nelle cose e invece è nei miei sensi più ottusi che non si destano che alle sensazioni più forti. Ah, Olimpio, la vita dovrebbe essere tutta fatta di momenti intensi e dolorosi: forse allora questa noia scomparirebbe. Ma, già, tu non puoi capirmi. Sei così poco annoiato che trovi ancora la forza di fingere e di offrirmi una tua immagine servizievole e devota. Chi si annoia, per prima cosa manda al diavolo le convenienze.

Al contrario di Olimpio il castellano, chiuso in un circuito di razionale opportunismo e cinismo, Francesco Cenci è 'consapevole' del suo stato e delle conseguenze che esso produce sugli altri, alla ricerca di una eccitazione che gli dia ancora un barlume di vita; a lui che, sin dalla giovane età, ha vissuto tutto ciò che per un nobile era possibile vivere.

Moravia sembra rimarcare, nella quinta scena del primo atto, proprio la condizione interiore del protagonista attorno al quale ruota il suo cerchio umano, subordinato, genuflesso, senza possibilità di alcuna opposizione o riscatto.

Il personaggio mi appariva come l'incarnazione della coscienza flaccida, testimonianza assoluta dell'abuso di potere che cerca nel piacere del male la sua ragion d'essere. Una ragione imperscrutabile per Olimpio, che cerca di stare dietro ai ragionamenti del padrone:

FRANCESCO: Oh, come potrò mai farmi capire da un uomo non soltanto ragionevole, ma anche privo del tutto d'immaginazione? Ma, non vedi Olimpio, che c'è relazione tra l'innocenza di Beatrice e l'eccesso delle punizioni che le infliggo?

OLIMPIO: Perdonatemi, ma non vi seguo più.

FRANCESCO: C'è relazione, e questa relazione nasce da me e in me, perché non sono capace di sentirmi vivo se non attraverso l'esercizio della crudeltà. Ma già, tu pensi che soltanto il colpevole debba essere punito. Non puoi capire che si preferisca punire l'innocente.

Moravia ipotizza una delle tante 'logiche' della perversione, che a giudicare dalle parole di Francesco Cenci, sembra muoversi su coerenze imperscrutabili per la 'coscienza normale'; coerenze che in quanto tali 'esigono', comunque, la compiutezza, l'andare fino in fondo. Infatti, un po'più avanti nel dialogo con Olimpio, il padre di Beatrice afferma:

Io andrò invece in fondo all'ingiustizia. Ciò che mi fermerà, in tutti i casi, non sarà la prudenza bensì la soddisfazione.

Dunque l'"esercizio della crudeltà' diventa l'unica ragion d'essere per Francesco Cenci. La settima scena è tutta basata su questa ragione. Il padre incalza Beatrice e la costringe, con la falsa promessa di riportarla a Roma, a confessare la verità sulla lettera da lei scritta, in cui chiedeva aiuto al fratello maggiore. Completamente irretita, illusa dalla perfida promessa, Beatrice finisce per confessare. A quel punto si palesa il massimo godimento di Francesco Cenci che levandosi la maschera, addita la figlia come 'traditrice, mentitrice, ingrata e cattiva'. Aggiungendo, più avanti:

Ma, sai che dissi ad Olimpo allorché mi informò che una delle serve si lamentava del trattamento quassù? Gli dissi: 'Se si lamenta ancora, buttala giù dai merli'. Non so chi mi tenga dal non fare lo stesso con te.

BEATRICE: Ora vi riconosco, non siete mio padre, siete un avaro, un vizioso e un assassino. E io non sono vostra figlia. Da questo momento voi avete spezzato il legame di sangue che ci univa. Buttatemi pure dai merli, se lo desiderate. Farete bene, in tal modo avrete ucciso una nemica, non una figlia!

FRANCESCO: Ah, delle minacce? (*egli afferra Beatrice per i capelli. Beatrice si ferma e lo guarda*).

BEATRICE: Voi vi pentirete di tutto questo.

Riflettevo spesso su questo passaggio centrale della drammaturgia di Moravia che, naturalmente, ha dovuto porsi il problema della rottura irreversibile; come quella tra padre e figlia (ma potremmo estendere l'esempio ad altre relazioni) si rompe definitivamente, trasformando la vittima in un nemico pronto a distruggere l'altro. È il momento in cui Beatrice ha piena coscienza dell'esercizio di crudeltà del padre; il riconoscimento della vera 'essenza' dell'altro. Da quel momento, per la giovane donna, il legame di sangue non costituirà più un ostacolo.

Moravia sembra suggerirci che quando la vittima prende coscienza della sua reale collocazione nella relazione, quando, cadono le sovrastrutture culturali, le sudditanze, l''io' e il 'tu' si dispongono ad un aperto conflitto. Beatrice, ad un costo altissimo, riporta la relazione su un asse di simmetria. Il debole si dispone alla guerra.

Ogni conflitto porta sulle spalle un limite oltrepassato, oltre il quale si estende l'infinita strada del crimine. Con il suo esercizio di crudeltà Francesco Cenci ha portato la figlia al suo stesso livello.

Marzio, maestro di chitarra, sembra avere più coscienza degli altri, ma non abbastanza per impedire l'evolversi del dramma. Così rispondendo alla ostentata tranquillità di Olimpio, ostinato nel suo obiettivo di conquistare ad ogni costo l'amore di Beatrice, afferma:

Al vostro posto io non sarei così tranquillo. Non avete notato che ella non si dibatteva, non si ribellava (al padre che la trascinava per i capelli in camera sua), non protestava in alcun modo? Simile ad una morta lo lasciava fare. Questa passività non mi presagisce niente di buono. Ve l'ho già detto: voi vorreste che la figlia odiasse suo padre ma appena quel tanto che basti per cadervi tra le braccia; e che il padre maltrattasse la figlia ma, appena quel tanto, che basti per spingerla verso di voi. Ma il padre ha già oltrepassato questo limite e temo che la figlia stia per fare lo stesso.

Durante il periodo in cui lavoravo alle scenografie spesso mi tornavano in mente le parole di Marzio, la sua riflessione sul rapporto che intercorre tra disperazione ed innocenza. La struttura filosofica della drammaturgia di Moravia mette a fuoco questo tema. Cosa resta della vita - mi chiedevo - quando questa si trasforma in un inferno e davanti a sé la persona non intravvede nessuna prospettiva, né possibilità di relazionarsi con gli altri se non in un rapporto di totale sudditanza e apparente condivisione e quindi di solitudine? E non è forse in questa profonda solitudine che la coscienza, avendo persa ogni speranza, precipita nella follia? Il graduale annientamento della personalità operato da Francesco Cenci nei confronti della figlia si presenta perfettamente speculare all'annientamento di sé stesso; forse a dimostrazione del fatto che l'autodistruzione comporta come prima conseguenza la distruzione del mondo affettivo di chi ci sta vicino.

Per una sorta di effetto domino affioravano in me le disperazioni del mondo.

Ricordo di un uomo che aveva perso il lavoro e che seminudo si era auto incatenato bloccando il traffico in mezzo a una strada del Vomero, a Napoli. Dalla sua gola usciva un lamento simile ad un muggito, inquietante e penoso, che non dimenticherò facilmente. Il primo impulso fu quello di aiutarlo con una elemosina. Lui scosse il capo lanciandomi un'occhiata di ringraziamento e nel contempo facendomi intendere che il dramma era più profondo e non risolvibile con un gesto di umana pietà. Il suo, - come purtroppo quello di tanti altri -, era un appello disperato, simile a quello di Beatrice che scrive la lettera a suo fratello Giacomo. La disperazione sociale, di cui abbiamo sotto gli occhi quotidianamente gli effetti, si presenta come l'estensione delle dinamiche coercitive della civiltà della tecnica e del potere economico nei confronti dei singoli individui. Le disuguaglianze sociali sanciscono le asimmetrie dei rapporti umani, derivanti dalle prevaricazioni e dall'esercizio crudele del potere ai fini del controllo e del dominio dell'uomo sull'uomo.

L'uomo abbandonato a sé stesso, senza prospettiva di lavoro, di relazioni e costruzione di rapporti umani basilari, è destinato alla follia e a incamminarsi sulle strade del crimine. Vittorino Andreoli diceva che la disperazione conduce ad un paradosso esistenziale: 'si è', ma, è come 'non esserci', schiacciati su sé stessi. Soffocati dalla propria biologica immanenza, la follia apre gli scenari e i progetti di morte propria e altrui. Ciò che è contenuto in potenza nell'essere, implode su sé stesso. Naturalmente vi è distinzione tra follia clinica e follia indotta dalla disperazione esistenziale. Come ci avverte sempre Andreoli[24]:

La follia ha già a che fare con la morte, anche se non nella sua rappresentazione corporea, bensì in quella psicologica, la personalità, e in quella sociale, le relazioni. Vi sono tre morti: quella del corpo, la più emblematica e assoluta, quella psicologica, che permette al corpo di essere ancora attivo e di rivestirsi persino di eleganza, e poi la morte sociale: privati di ogni dimensione, come se fossimo

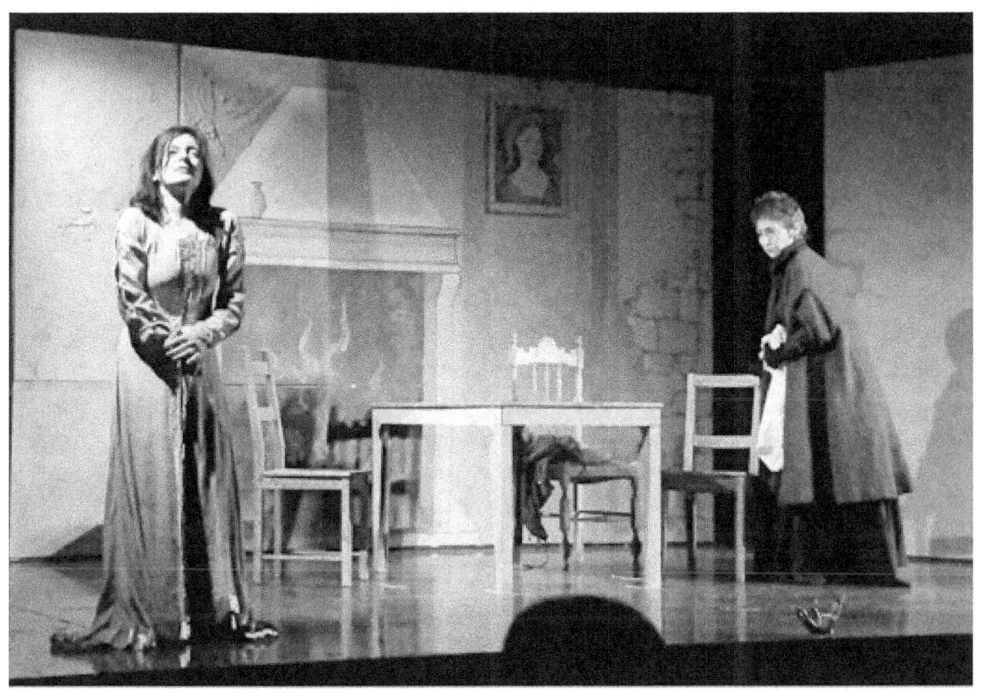

Milano, Teatro Oscar, *Beatrice Cenci* di Pacta dei teatri. In scena Annig Raimondi e Eugenia D'aquino

diventati trasparenti e, pur dentro una moltitudine, nessuno ci vedesse. Il folle è un morto che cammina e che respira. Se uccide lo fa senza disperazione, forse per stizza, è un cadavere che uccide. La follia ha già superato la disperazione e per questo vive senza vivere, vive da morta e, se uccide, uccide già morta.

Un'altra immagine si affacciava alla mia mente, durante i giorni in cui Pacta provava le scene della Beatrice Cenci; una sorta di parallelismo che, confesso, stabilivo molto arbitrariamente, tra il momento in cui Francesco Cenci trascina per i capelli sua figlia e la rappresentazione pittorica della disperazione operata da Giotto nel 1306 nella Cappella degli Scrovegni. Come è noto Giotto raffigura in affresco la 'disperatio' nelle vesti di una donna impiccata. Mi colpivano alcuni particolari come le mani chiuse a pugno a seguito dello strappo mortale e l'asta di metallo incurvata per il peso del corpo. Ma ancor più riflettevo sul piccolo mostro o demonio che nell'allegoria strappa i capelli della donna poiché col suo gesto estremo mette fine alla 'speranza': cioè una delle tre virtù teologali. Un arbitrio, il suicidio, intollerabile per la dottrina cristiana che ripone totalmente la fiducia nelle promesse di Cristo.

In fondo Beatrice si suicida interiormente nel momento in cui ha la piena evidenza dell'esercizio di crudeltà del padre, cosicché il vincolo di sangue si scioglie come neve al sole; ella diventa, come sostiene Andreoli, trasparente, ponendosi oltre la disperazione stessa in uno stato di lucida follia, 'vivendo senza vivere e uccide già morta'.

Da quel momento ella avvia la sua autodistruzione e, stando al testo di Moravia, inizia a ribaltare tutto. Pur di raggiungere il suo scopo, Beatrice trasforma gli altri negli strumenti del suo disegno. L'inganno, la perfidia, la ruffianeria, il lucido cinismo, diventano la base su cui edifica un tempio funerario. Si assiste così, da parte di tutti i protagonisti della tragedia, a un graduale crescendo di avviluppamenti terribili di sentimenti, paure, sensi di colpa, di reazione e di vendetta. Beatrice preme il pulsante di una giostra infernale che si fermerà "soltanto quando tutto sarà finito".

C'è un passaggio toccante nella terza scena del secondo quadro. Lucrezia cerca di opporsi, ma non riesce ad impedire che si porti avanti l'uccisione del marito, e come al solito si ripiega su sé stessa, rifugiandosi nel tepore dell'autocompiacimento.

LUCREZIA (affacciandosi): È l'alba. Ecco il paese con tutti i suoi tetti, ancora addormentato, non un solo camino che fumi. Tutti dormono e tutti sono più felici di me, anche i più poveri, anche i malati, anche i moribondi.

Tutti i personaggi implicati nel dramma distruggono la propria e altrui dignità.

Sappiamo che il crollo della dimensione morale, secondo la celebre etica kantiana, trasforma l'uomo in un mezzo e non in un fine. Il dramma dei Cenci sta in questo progressivo scollamento.

Lucrezia e Marzio perdono la dignità per trascinamento e per ignavia; Beatrice per essersi concessa carnalmente a Olimpio, che nelle sue mani diventa un mezzo: usando cioè sé stessa come mezzo per ottenere l'uccisione del padre; Olimpio per essersi trasformato in strumento di vendetta in vista di un prezzo, di un guadagno materiale a favore della sua povera famiglia. Da questo secondo quadro, dopo il delitto, tutto diventa moralmente putrido. Marzio s'impossessa del mantello di Francesco; addirittura, - ci fa notare Moravia -, "troppo grande e troppo lungo per lui", ingenuo, e costretto dagli altri a toglierselo per non creare sospetti nel paese. Ma l'ingenuità è anche di Olimpio che continua a ostentare sicurezza; altro non è, invece, se non falsa coscienza e delirio di onnipotenza. Fino all'ultimo egli coltiva l'illusione di poter condizionare Beatrice che, al contrario, inizia già a mostrare i segni di cedimento. La 'morte psicologica', per riprendere le parole di Vittorino Andreoli, determina la morte della propria autostima e dignità, che – ci rammenta Kant - è valore senza prezzo.

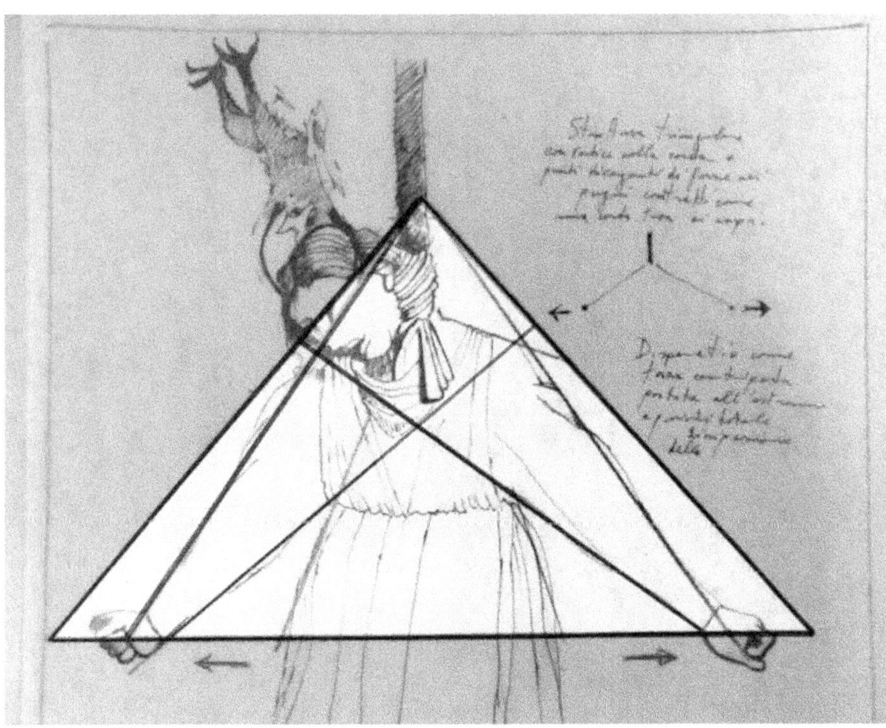

Ernesto Jannini, *La Diperatio* di Giotto, Cappella degli Scrovegni di Padova, 2003

Eppure, nonostante tutto, nell'epilogo del dramma, Beatrice avrà orrore di sé e di Olimpio; un barlume di lucidità si fa strada in una coscienza devastata, che le impedirà di partire per Roma con Olimpio che, ostinatamente, s'illudeva di poter col tempo tornare alla normalità.

BEATRICE: Tu vuoi che io viva secondo una tua idea di normalità; e non ti accorgi che non c'è nulla di così orrendo come la normalità mischiata al delitto… La tua vita normale puzza di delitto, di complicità e di ipocrisia.

Beatrice fu condannata a morte insieme a Lucrezia e al fratello Giacomo per volontà del papa Clemente VIII. Bernardo, il più piccolo dei fratelli fu costretto ad assistere alla decapitazione e condannato poi ai remi perpetui sulle galere pontificie.

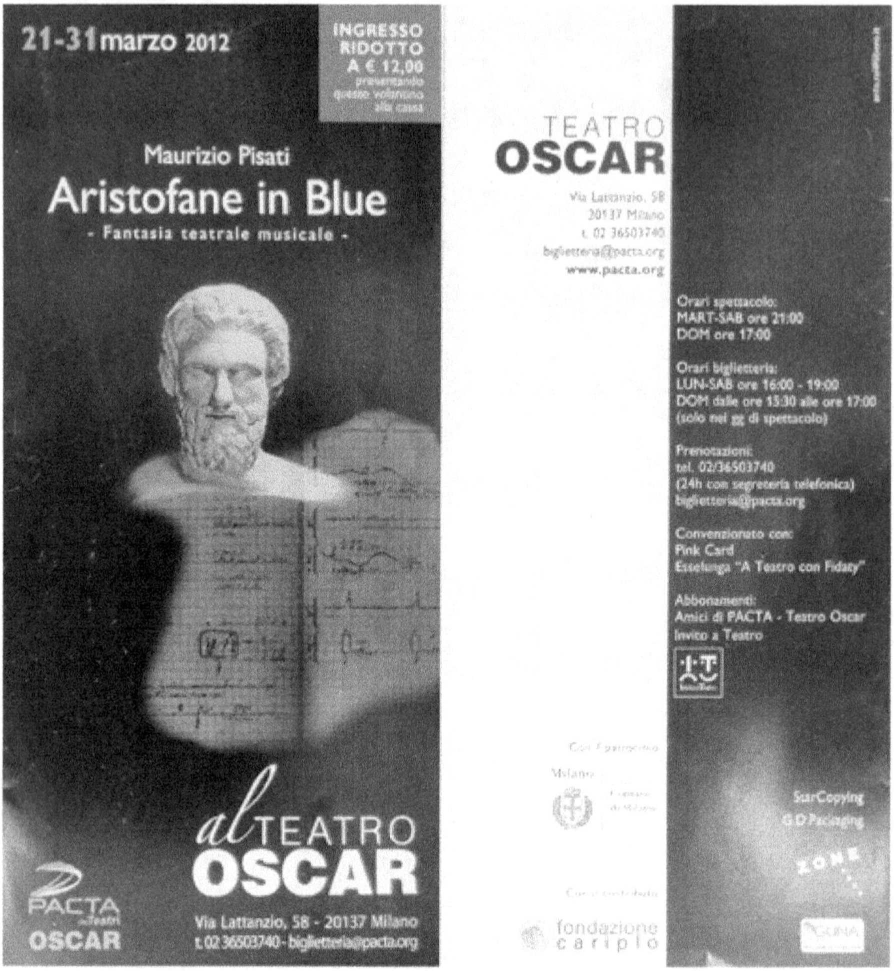

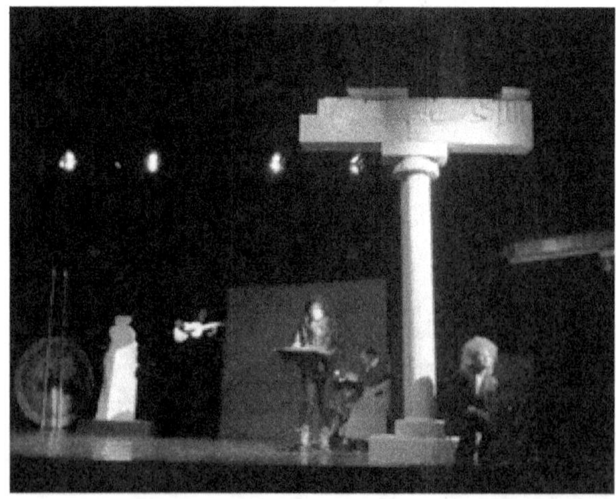

Milano, Teatro Oscar, 2012, Locandina di *Aristofane in blue*

Milano, Teatro Oscar 2012,
Aristofane in blue

Dopo la Beatrice Cenci di Moravia inizia a collaborare ad un altro spettacolo: Aristofane in Blue.

Lo spettacolo andò in scena il 21 marzo 2012 al Teatro Oscar di Milano ad opera di PACTA dei Teatri nella stagione 2012/2013, con regia di Annig Raimondi, spazio scenico e luci di Fulvio Michelazzi, leading voice e nuvole Bernardo Lanzetti, voce antica e del parlamento Riccardo Magherini, voce delle donne e della Pace Annig Raimondi, in video Alma Napolitano Violino, Andrea Montalbano Clarinetto, Nikolaos Jannakos voce di navigatore attico, Lena Kokkaliari.

Così scrive Maurizio Pisati[25] nel frontespizio del copione:

"Ogni voce tanti uomini, ogni attore una Commedia e ognuno recita il racconto, non le parti. Si intrecciano così le storie e dieci domande ad Aristofane in Blue. Ma egli è invisibile, solo mani e strumenti affiorano dal buio: blu è il colore delle domande, nero quello del silenzio da cui giungono le risposte, in musica. "Pubblico che fai lì seduto? Si parla e si ride qui di cose che accadono a voi e a me, Aristofane. Questo farai: non ti sdegnare prima di aver capito! Ma chi non griderebbe a sentire discorsi del genere? Beh, ogni persona con un po' di cervello"!

Insomma, le cose si animano, gli oggetti, i segni producono suoni o fantasie al servizio della costruzione poetica. Qui la critica è comica, il riso maschera l'impegno e nessuno si illude: il rinnovamento è lontano.

"E allora di nuovo ascoltami, pubblico mio che sempre ti osservo: questo fantastico mondo è qui, sulla scena e non è un rifugio, altrove cercheremo le alternative se la coscienza della finzione ce le insegnerà".

Dal buio poi, due personaggi impalpabili, musica e luce, portano in scena le risposte: dieci volte appaiono mani e corde in vibrazione, e dieci volte rispondono Tre Voci raccontano, domandano, mentre, sul fondo, altri gesti e suoni svelano un cinema a frammenti di segni, scritture, tracciando nell'aria ciò che l'orecchio ascolta e la parola non sa dire."

La voce di Maurizio Pisati è lieve, calda, di per sé musicale. Il daimon che alberga in lui tutto si è fatto musica, anche nei capelli, nei gesti, nel suo naturale disporsi verso gli altri. Il grande compositore ha creato una drammaturgia su Aristofane da cui affiora il suo spirito critico e ironico.

Al teatro Oscar, in via Lattanzio a Milano, dove è di stanza il Pacta dei Teatri, si svolgono le prove di questo testo molto particolare. Io partecipo come realizzatore di oggetti scenici e appronto il mio laboratorio in una stanza della corsia laterale alla platea, ascoltando le diverse battute e l'ingresso degli strumenti. Altre cose le costruisco nel mio studio, come la grande colonna e un pezzo del frontone di un tempio. Trascorro le mie vacanze natalizie immerso nella continuità di un lavoro per il Pacta. Riccardo Magherini mi passa una sedia a rotelle che io trasformo alterandone le forme, 'gonfiandola' a dismisura con delle stoffe. Sarà la sedia del dio Pluto.

Maurizio Pisati mette in scena Aristofane. Il copione che ho tra le mani è un fantastico e razionale storyboard ispirato ad alcune opere del drammaturgo ateniese: La Pace, Lisistrata, Pluto, gli Uccelli. Quello di Pisati è un teatro musicale, una Fantasia teatrale. Leggo e rileggo alcune battute. Intanto realizzo dei grandi scudi circolari, ispirandomi a quelli usati dai guerrieri opliti nella antica Grecia; però ne esagero le proporzioni per rendere il segno più presente, benché poi questi oggetti saranno collocati sullo sfondo, quasi in penombra.

In un modo o in un altro – penso – si ritorna sempre lì, agli inizi del teatro e della filosofia, si parte da quelle terre che affacciano sull'Egeo. Le suggestioni che provengono dal mondo ellenico sono tante, ma tra gli oggetti che io realizzo introduco anche dei missili da me precedentemente costruiti per delle performance, come per dire che la guerra è una costante tragica della storia umana e quindi mi persuado della necessità di una nota formale che agganci pure la nostra tormentata contemporaneità. Elaboro degli schizzi rapidi e acquerellati e li faccio vedere a Pisati e ad Annig Raimondi, che approvano convinti.

Durante le prove ascolto e riascolto Bernardo Lanzetti che interroga l'invisibile Aristofane. Il 'tonal' di Lanzetti mi piace e ogni tanto converso con lui che, negli anni Settanta, è stato una delle voci più importanti del Rock Progressivo con il gruppo Acqua Fragile e poi con P.F.M.

Bernardo è una figura centrale nello spettacolo. La mia riflessione, mentre lavoro agli oggetti scenici, si sposta sulle scelte registiche di Maurizio e Annig, che hanno voluto un Aristofane invisibile. Mi pare una giusta interpretazione, quella di non far comparire in scena l'autore delle Nuvole; meglio far parlare le sue commedie, le battute dei vari personaggi strutturate alla maniera di un contrappunto musicale, disposte su quel particolare pentagramma elaborato da Pisati, in cui le voci e i suoni della chitarra, del clarino o del violino si presentano con quella 'coscienza della finzione' che è tipico dei grandi poeti, il cui cuore è sempre al servizio della costruzione poetica. Il senso del 'frammento' è presente in quest'opera di Pisati. Anche le luci giocano in tal modo: del chitarrista s'intravedono solo le corde, punti di luce mobili e poi immagini dei video. Concorre anche la scelta registica dell'Immobile: una bella idea registica, in cui gli "Attori presenti sulla scena si immobilizzano, diventano parte dello spazio e dell'arredo, fornendo al lavoro delle luci anche le superfici dei loro corpi se necessario".

In questo grande mosaico in costruzione - ma forse l'immagine del puzzle sarebbe più appropriata - ciò che prevale è l'insorgere delle domande e delle risposte: blu le prime e nere le seconde, e la prima è rivolta direttamente alla platea: "Pubblico che fai lì seduto?".

La vena critica e ironica di Aristofane non può che concretizzarsi in molte domande che i vari personaggi si pongono e che in definitiva rivolgono alla comunità ateniese e ai governanti.

Pisati sembra far emergere l'atemporalità di certi conflitti e contraddizioni, quasi delle drammatiche costanti nel mondo della politica e della amministrazione del bene pubblico. E quindi il bisogno di pace in un mondo dilaniato dalla guerra; la ribellione delle donne esasperate dai sanguinosi conflitti, per farsi intendere – diremmo oggi – con a capo Lisistrata, proclamano 'lo sciopero dell'amore'; il sogno di altri uomini, come Pisetero ed Evelpide, che non potendo realizzare sulla terra una città vivibile, la progettano tra le nuvole; oppure il sempiterno problema della ricchezza e della sua ingiusta distribuzione, nel personaggio del dio Pluto cieco, - come sempre magnificamente interpretato da Riccardo Magherini -, che sulla mia poltrona 'dilatata' spaziava brancolando sul proscenio, rivolgendosi direttamente al pubblico, e che, una volta riavuta la vista ad opera di Cremilo, si fa portatore di una distribuzione equa della ricchezza; per non parlare dell'altro eterno problema della posizione delle donne nella politica, che Aristofane rappresentò nelle *Ecclesiazuse* (*Le donne al parlamento*), in cui Prassagora si camuffa da uomo per infiltrarsi nell'Assemblea e battersi a favore del governo delle donne a capo della città.

Il tutto è intervallato dalla tripletta delle domande che affiorano nei momenti dell'Immobile: "Chi, chi è, chi sei?" E più avanti: "Il perché sognare o inventare. Perché inventare?" E ancora: "Da dove? Da quando? Da dove, da quando l'antico potere della sapienza? Da dove da quando?"

Naturalmente Pisati evita, per non spostare l'asse della sua composizione dalla sua idea centrale, di introdurre frammenti presi dalle Nuvole, l'opera più famosa del drammaturgo ateniese. L'attacco a Socrate, portato avanti da Aristofane in questa commedia che, tra l'altro, non ebbe il successo che l'autore sperava, è troppo evidente e circostanziato al personaggio 'scomodo', trattato come un chiacchierone, un imbonitore, un corruttore di giovani. Il che avrebbe portato altrove.

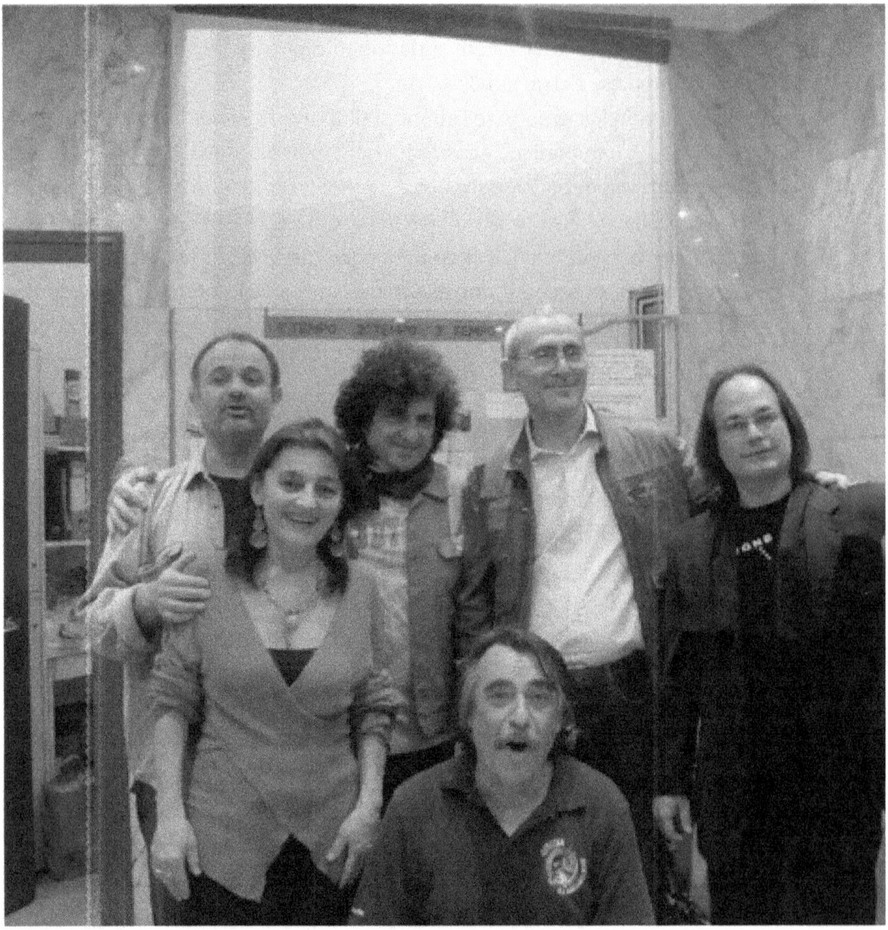

Milano, Teatro Oscar, Pacta dei Teatri,2012. Da sinistra: Riccardo Magherini, Annig Raimondi, Bernardo Lanzetti, Fulvio Michelazzi, Ernesto Jannini, Maurizio Pisati

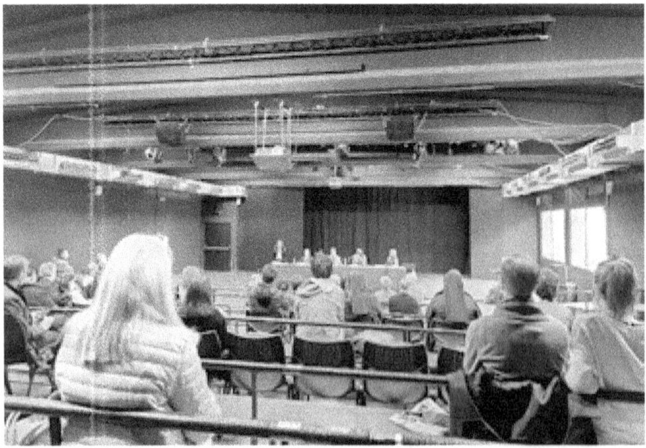

Milano 2019, Teatro Pacta. Presentazione della programmazione 2019

Nell'autunno del 2016, nella nuova sede del PACTA dei teatri in via Ulisse Dini 7 a Milano, assisto alla conferenza stampa di inaugurazione del primo Teatro Metropolitano di Milano, alla presenza dall'ex sindaco Giuliano Pisapia, dell'Assessore alla Cultura Filippo Del Corno, del Presidente della Commissione Cultura Paola Bocci e del Direttore Settore Gestione Amministrativa Patrimonio e Programmazione della rete scolastica di Città metropolitana Claudio Martino, il direttore artistico Annig Raimondi e la presidente Maria Eugenia D'Aquino.

Dopo aver vinto il bando indetto dalla Città Metropolitana, il Pacta ha rimesso a nuovo, e in sicurezza, lo spazio storico, con una sala di trecento posti per spettacoli di prosa, musica e danza; uno spazio carico di storia, quale fu il Centro di Ricerca per il Teatro[26] .

Questo nuovo spazio teatrale si presenta come 'teatro cerniera' fra l'offerta culturale di Milano e la provincia, "Un luogo d'incontro e convivialità" – chiarisce Annig Raimondi su Zero Milano – "per diverse iniziative ma, soprattutto, un punto di riferimento per le tante associazioni che collaborano con noi come ScenAperta Altomilanese Teatri, con la quale, a partire da questa stagione, intensificheremo la circuitazione dei rispettivi spettacoli."

L'anno precedente, Giuliano Pisapia, in un incontro, aveva esortato tutti a collaborare affinché questa location storica ritornasse ad essere un punto di riferimento importante per Milano.

Per quanto mi riguarda, interpretai le parole come un atto concreto da realizzare negli spazi. Cosi proposi a Fulvio Michelazzi e ad Annig Raimondi un mio progetto artistico per il foyer d'ingresso: una installazione 'site specific' sul tema di Dioniso. Si trattava d'intervenire sulla brutta pavimentazione quadrata col cemento a vista, sotto la rampa di scala che conduce al mitico Salone del piano superiore, dove si svolgono gli spettacoli.

Nell'ingresso del foyer spiccano le pareti altissime, con ancora incollati i manifesti di tutti gli spettacoli del passato. Un brivido per chi ama il teatro e sa cosa significhi la storia della sperimentazione teatrale del secolo scorso. L'occhio sale e scende su queste pareti, i nomi eccelsi sono tanti: La *trilogia antica* di Andrei Serban, *OMSK* di Santagata Morganti, *Oplà siam vivi* di Maurizio Paroni De Castro, *Filarmonica Clown* di Bolek Polivka, *Ha da' passà 'a nuttata* di Leo De Bernardinis, *I pittori di Cricot 2* di Tadeusz Kantor, *Il Paradiso* di Federico Tozzi, Jöel Jouanneau Bechett en *Attendant GODOT*, *Gerolamo* e le sue marionette, *Confronti teatrali* workshops e seminari, *Winnie, dello sguardo* da "Giorni felici" di Samuel Beckett di Pier' Alli e musiche di Sylvano Bussotti: soltanto per citarne alcuni.

Le immagini di questi manifesti, insieme alle voci degli attori provenienti dal salone di sopra, durante le prove, sono stati i miei compagni per tutto il periodo in cui ho realizzato la mia installazione. Nelle ali laterali del foyer appronto alcuni

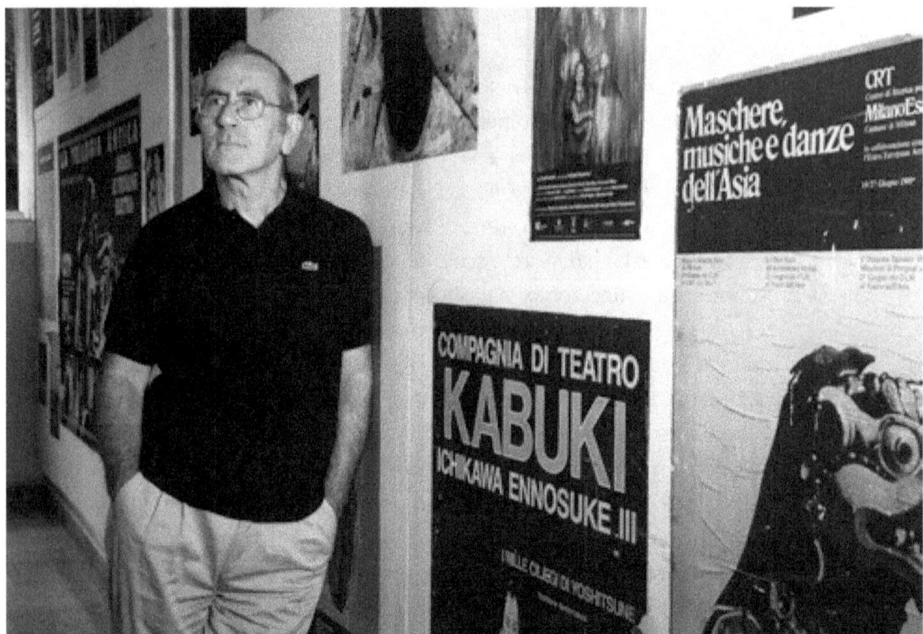

Milano 2017, Ernesto Jannini al Teatro Pacta di Milano

tavoli da lavoro ed apro ufficialmente il 'cantiere'. Ci sono settimane in cui lavoro con una certa continuità, alternate ad altre in cui sono assorbito da vari impegni artistici.

La costruzione di Dionysus' Place è lenta e per certi versi faticosa, ma l'idea di trasformare lo spazio m'intriga e le soluzioni creative giungono man mano.

Durante tutto il periodo che mi ha visto impegnato, ho avuto molti piacevoli colloqui con Riccardo Magherini, Annig, Fulvio Michelazzi, Eliau Ferreira e Eugenia D'Aquino, sempre molto presi dalla preparazione degli spettacoli.

L'opera si completa con un bellissimo progetto sonoro di Maurizio Pisati, dal titolo Latomia di Pacta, le cui linee teoriche riporto integralmente nelle prossime pagine.

Nel 2017, in concomitanza della conclusione dell'installazione site specific dedicata a Dioniso, d'accordo con Annig Raimondi, decidiamo per l'inaugurazione di una mia mostra all'interno del teatro, nei cui spazi si possono incontrare altre due mie opere: *I figli invisibili di Pulcinella* e *Pesca notturna a Juan Les Pins*.

L'esposizione è accompagnata dai contributi critici di Alessandra Pioselli e Maddalena Mazzocut-Mis che riporto qui di seguito.

04.11 JANNINI E IL TEATRO
di Alessandra Pioselli

Dionysus'Place è un'installazione permanente che illumina il foyer del Teatro Pacta[27]. Il teatro è un luogo caro a Ernesto Jannini che ha praticato la dimensione della scena in molti modi possibili come attore, artista, scenografo. Nel 1975 a Napoli egli partecipa a fondare il gruppo degli *Ambulanti*, portando nelle strade azioni dotate di una valenza fantastica e poetica, che rimettevano in circolo un immaginario popolare e archetipico originato dal tessuto sociale e antropologico in cui avvenivano. L'esperienza di Ernesto Jannini artista "ambulante" ironico e politico, surreale performer di strada, non si comprende senza l'incontro fondamentale negli anni Settanta con il teatro di Gennaro Vitiello e con l'adesione a una cultura sperimentale che cercava forme critiche di remissione in circolo del ruolo dell'artista in una realtà sociale attraversata da profondi mutamenti. La piccola mostra che accompagna l'installazione Dionysus' Place offre un assaggio di questa esperienza teatrale e performativa dell'artista attraverso una selezione di immagini fotografiche documentarie.

Dionysus' Place è un'installazione definita dal suo autore "teatro nel teatro" ed è costituita da materiali caldi e freddi: argilla cotta da un lato - la maschera di Dioniso e le statuette dei satiri -, le schede elettroniche e i neon, dall'altro. Ernesto Jannini ha sempre utilizzato materiali poveri come la stoffa maglina; in fondo, anche i microcircuiti denudati appaiono "povera" e basica tecnologia, privi del luccicore dell'eterno e del perfetto funzionamento. Portati allo scoperto, tuttavia, tali circuiti elettronici rimandano al pulsare dell'energia invisibile e sottesa che connota il flusso incessante di informazioni per cui sarebbero predisposti. L'artista li impagina come se fossero un testo che scorre su una rotativa. Giace accanto un frammento testuale tratto da *I Persiani* di Eschilo, richiamo per eccellenza alle origini del teatro. Il tempo scivola su questa sorta di pagina idealmente in movimento che lega assieme Eschilo e il presente, le contraddizioni e le crisi della storia e della contemporaneità. Costituito dalle parole antiche della tragedia greca e dai dati moderni della tecnologia, questo "nastro infinito" sembra accompagnare gli spettatori lungo le scale fino allo spazio della finzione: il teatro, mediante il quale "gli uomini possono penetrare in una dimensione plurale trascendente", come scrive l'artista. Dionysus'Place è un'opera che mette in scena il sentimento del flusso, della trasformazione, del passaggio e della metamorfosi. La maschera di Dioniso ne rimane il vigile simbolo.

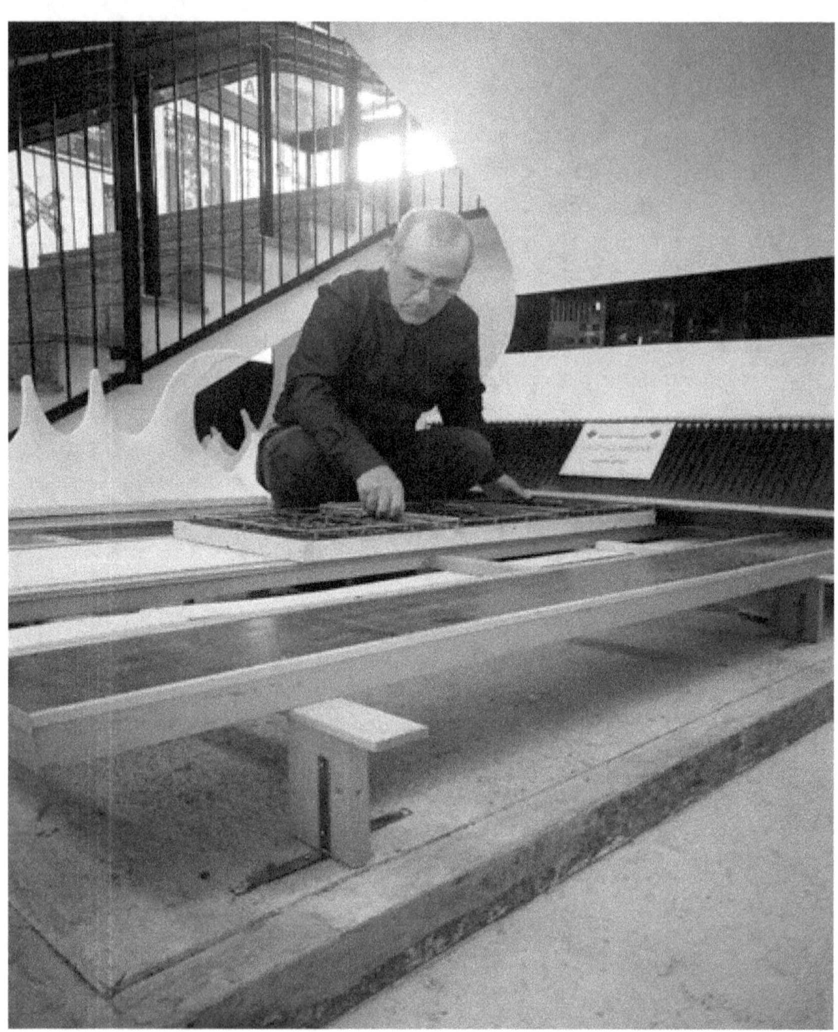

Ernesto Jannini durante l'allestimento di *Dionysus' Place*

04.12 TRA CIELO E MARE, TRA CAOS E FORMA
di Maddalena Mazzocut-Mis[28]

"Quest'arte non può sembrarmi governata da leggi fisse, immutabili, universali e, in qualche modo, magiche"[29]. Così dice Gennaro Vitiello, maestro di Jannini, riguardo a quella 'palestra di vita' che è stata, per Ernesto, il teatro. Un'arte, quella del teatro, che nella sua possibilità di contaminazioni ma soprattutto nella sua pratica, nello studio costante, nella applicazione dell'idea al materiale umano e non solo, si riflette nel lavoro artistico di Jannini a più livelli. Non c'è magia (anche se il risultato può stupire il fruitore) e non ci sono leggi fisse e universali. C'è la plasmabilità della materia, la duttilità della mano, la plasticità del materiale al fine di adeguarsi all'idea. In due parole c'è la 'contaminazione' e il 'fare'.

Contaminazione

La "Pesca notturna"[30], ispirata da una notte stellata a Juan Le Pins, mentre alcuni pescatori attendono pazientemente il frutto del loro lavoro, è contemporaneamente un mare dove fluttuano sospese delle boe e un cielo stellato dove un sistema di pianeti si svincola dalla possibilità di essere incastonato in un cielo di stelle fisse. Suggestioni contraddittorie e conflagranti generate da un insieme di elementi leggeri, come le bolle trasparenti, e di elementi metallici più spessi e pesanti, che tuttavia lasciano passare l'aria e il riflesso di una luna non necessariamente piena. Sfere armillari sospese che contengono altre sfere, feti astrali, in un continuo rimando tra macro e microcosmo. Contaminazione tra determinatezza – generata dalle simmetrie, dal giochi di forme precise e ricorrenti – e indeterminatezza interpretativa demandata all'immaginazione del fruitore; contaminazioni di mondi marini, celesti e trascendenti, luoghi di approdo della tensione artistica di Jannini. Contaminazioni tra natura e cultura, natura e artigianato, natura e tecnologia: ancora contrasti e coincidenze. Interrogativi che divengono forma e sistema.

Fare

L'oggetto diventa interrogativo: la domanda che l'arte rivolge al fruitore e che non ha mai una sola risposta. "Dionysus Place" è uno spazio polimorfo, aggregante nella sua freddezza settoriale. Schede di fotocopiatrici, circuiti retroilluminati di un verde prato che tuttavia nega l'accesso alla natura; onde fisse, eppure in movimento che in un ritmo triadico scandiscono il fluttuare di un mare tormentato, ma allo stesso tempo ordinato. Sabbia morbida e ondulata sotto la maschera di Dioniso e sotto i satiri che compongono un teatro che nasce dallo stesso spirito dionisiaco.

Il fare dunque: ciò che ogni artista tiene velatamente segreto, ma che rappresenta la sua reale pratica compositiva, il vero e proprio lavoro. Un procedere ricco di sorprese e compromessi. Il fare è un'azione sottilmente qualitativa dove l'immaginazione, dionisiaca, si placa all'interno di una forma apollinea. Una forma che per Jannini è sempre ordinata. Mobile, ma ordinata. Nulla di questo processo ha dei codici definiti, come suggeriva Vitiello, stabiliti una volta per tutte. La tecnica artistica non è mestiere. Perciò lo stesso caos può rappresentare, sotto un determinato punto di vista, il motore dell'arte. Il caos dionisiaco frenato, bloccato in una forma fissa che ammalia.

Ed è proprio sulla fisicità dei materiali (i circuiti, la sabbia, l'argilla, ecc.) e sui mezzi meccanici (i vari tipi di strumenti che piegano il materiale al volere dell'idea) che si costruisce l'arte di Jannini, per arrivare alla produzione di una forma metamorfica nella libertà della sua espressione.

Metamorfosi

È lo stesso Jannini a ricordarci (e qui cito) che "il dio, il grande Dioniso, colui che raggiunge la grandezza nelle metamorfosi, se ne sta lì, immobile, riflesso nella dilatata pupilla dei suoi seguaci, beati ed esaltati. Eppure tra metamorfosi e immobilità c'è una esaltante promiscuità. Tanto più cangiante tanto più immobile nell'atto della visione suprema. Così il movimento annulla sé stesso nel risultato finale dell'estrema contemplazione. E la comunione tra il dio e gli adepti suggella la potenza primigenia del soffio vitale che è in tutti noi".

L'elemento della contaminazione diventava gioco della metamorfosi, capace di consentire alla forma di manifestare la propria libertà, che è il risultato di un ordine soggiacente al disordine e di un disordine che solo a tratti sporadicamente prova a riemergere dall'ordine.

Un ordine che è il risultato del contenimento straripante di una pulsione plasmante. Insomma un Dioniso che, con il suo occhio eccitato ed eccitante, mette in moto un mare di ghiaccio e una grande macchina metà rotativa e metà organetto: da rotativa, essa imprime segni enigmatici sulle spalle di un gigante; da organetto suona il lamento della sconfitta (*I persiani* di Eschilo).

E allora emerge un ulteriore aspetto, imprevedibile nell'ordinata apparenza delle forme, di Jannini: il dolore e la lacerazione. Nulla sembra sofferente se non quelle parole greche che si nascondono ai più.

Chiudo citandolo: "Le albe ed i tramonti che si levano sulle nostre città, sui nostri clan, si tingono del colore di un disagio profondo, una irrequietezza che si traduce in angoscia, che cerchiamo di nascondere con le forme più estreme di vitalismo o con i luccichii della tecnologia. Ciò nonostante la risposta all'enigma dell'esistenza resta continuamente disattesa"[31].

Quella 'tecnologia' che riluccica nelle sue opere solo perché illuminata artificialmente; quella 'tecnologia' che di fatto è inerme, ferma, sconfitta. Sconfitta come i Persiani, perché non dà risposte. Dioniso resta a guardare ricordando che dietro ogni forma, benché compiuta e definita nei suoi contorni, c'è il caos.

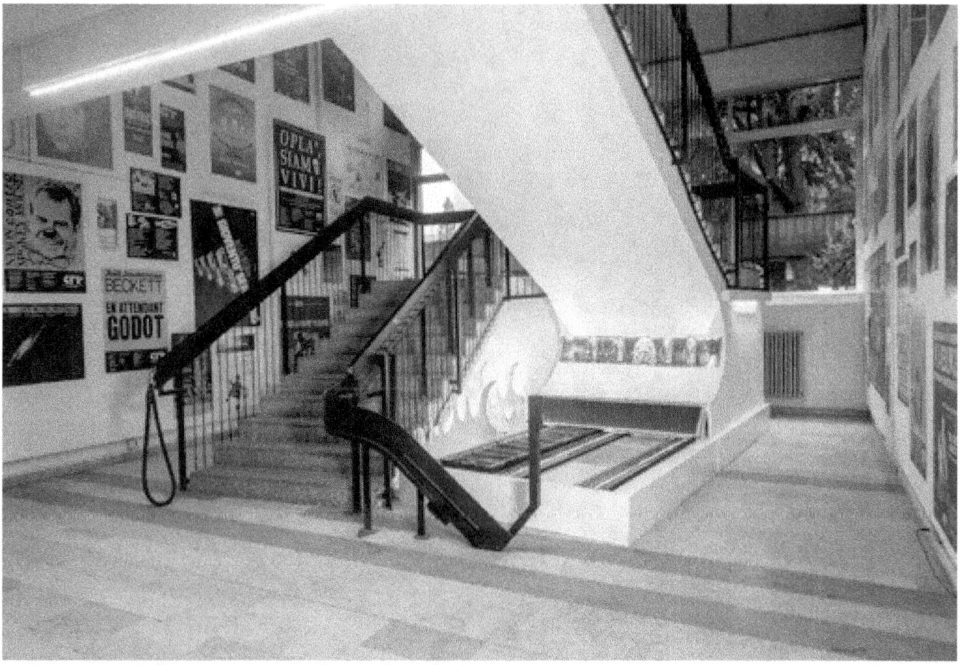

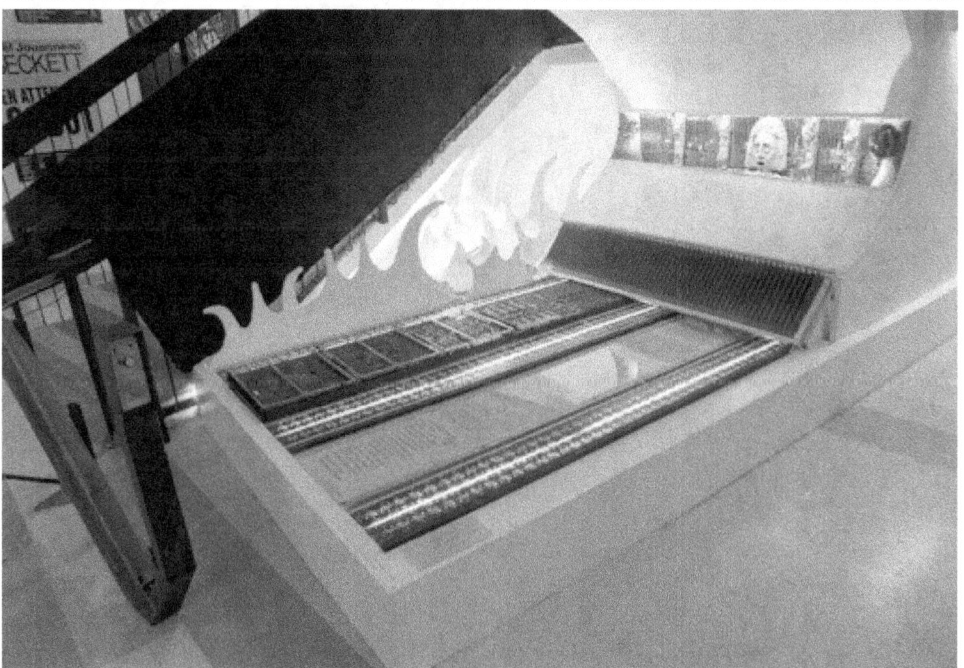

Dionysus'Place, Installazione site specific al Teatro Pacta di Milano, 2017

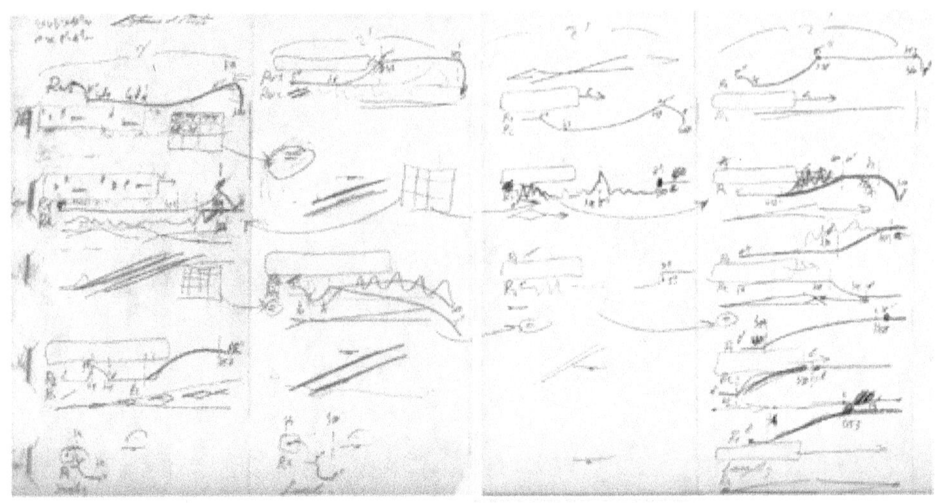

Maurizio Pisati, *Latomia di Pacta*

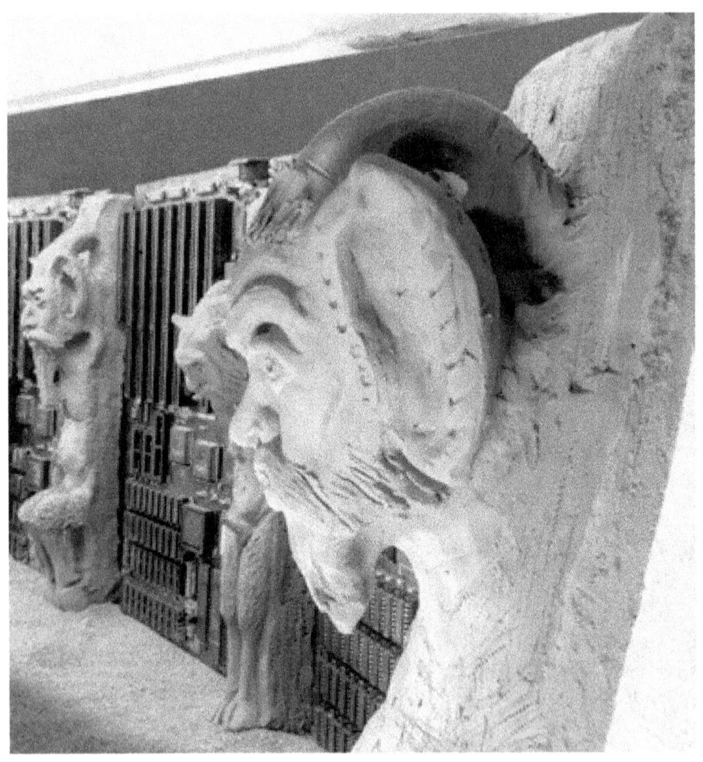

Dionysus'Place, particolare dei Satiri

04.13 LATOMIA

Maurizio Pisati stimolato dalla mia installazione, che man mano vedeva formarsi nel foyer del teatro, mi disse che era interessato a comporre un'opera musicale da inserire all'interno del mio lavoro; una musica che facesse corpo unico con le variegate componenti linguistiche dell'opera. Quando il compositore arrivava al Pacta, impegnato nei vari spettacoli messi in scena, ogni tanto si fermava e mi interrogava sul mio procedere, sulle modalità da me adottate per dar corpo al tutto. Così, dopo un po' compose la sua *Latomia*. Una partitura molto particolare generata da sequenze di numeri che danno origine a ritmi di suoni distillati.

Un tessuto musicale che prende spunto dalle immagini contenute nell'installazione come le onde, la bocca spalancata di Dioniso e i Satiri e le schede verdi elettroniche che creano binari paralleli.

* * *

Latomia di Pacta per Dionysus'Place
di Maurizio Pisati

PACTA Salone, Milano 2017

Vedevo l'opera formarsi di mese in mese. Non sempre incontravo l'autore, ma la grotta - questo mi pareva quando lo vedevo là sotto accucciato al lavoro - acquisiva a poco a poco una forma nuova.

Considerando la collocazione, la situazione acustica, e sperimentando alcuni suoni, mi tornava alla mente la Latomia del Paradiso a Siracusa e il suo Orecchio di Dionigi. In quella cava, si dice, il tiranno imprigionava i nemici e segretamente li ascoltava grazie alla risonanza eccezionale del luogo.

Da lì anche noi udivamo le voci degli attori in prova, dalla sala aperta, o dal foyer, divisi per parti, per scene, o chissà perché, e intanto l'antro si arrotondava, diventando una nuova cassa armonica dentro Pacta.

Poi alcune figure sono apparse e una di esse ha dato il titolo all'opera: non già il Dionigi o Dionisio della mia suggestione, bensì Dioniso, la divinità.

E così, forse per caso - ma proprio forse, e come solo in un Teatro può accadere - due nomi simili e con storie differenti giungono qui a convivere per la visione e l'ascolto.

Non so cosa farà Dioniso, il dio in scena, ma il mio tiranno Dionigi è confuso dalle infinite risonanze del suo stesso orecchio e si perderà, nell'antro carcerario o nella bocca infinitamente aperta della divinità.

Quasi una guida acustica I

Ora, passante, soffermati ad osservare ascoltando, o viceversa. E poi muovendoti cambia prospettiva, che sarà visiva e sonora.

ONDE

Questa musica si struttura in 4 'onde' di 2 minuti ciascuna. Ogni 8 minuti ricomincia. Questi tempi sono riconoscibili da alcuni segni che possiamo attendere con l'orologio in mano, o provare a intuire o riconoscere. Ogni onda è una fantasia sul luogo acustico di questa opera di Jannini, e i suoni sono immersi in un riverbero artificiale che si muove tra i 5″ e i 16″, come detto poco sopra a proposito dell'Orecchio di Dionigi.

DISTANZA, DINAMICA

A questo riverbero 'principale' se ne sovrappongono altri, con altre misure, altre simulazioni di luoghi e pareti, le quali hanno a loro volta diverse qualità di riflessione.

Sono riverberi 'dedicati' (a ogni suono il suo), lunghi, esagerati, o brevi, talvolta assenti: sommandoli, alcuni suoni sembrano venire da lontano, o lontano propagarsi, altri invece da vicino, quasi dalla scena.

Ogni onda è, quindi, l'intreccio combinatorio dei parametri di 'distanza', 'profondità', 'riverberazione', 'dinamica', relazioni numeriche in parte reali, in parte cercate e manipolate per organizzare i suoni. Ascoltiamo la musica e il suo riverbero, sentiamo l'ambiente farsi così grande da sommergere ogni cosa. Anche questa sarà una misurazione: lì sapremo che due minuti sono passati e la prossima onda sta per iniziare.

ACQUA

Ci addentriamo a poco a poco nei meccanismi dell'organizzazione musicale. Tra breve non avremo più parole collegate in modo discorsivo, ma solo numeri, ed è quindi meglio dare qualche ultima suggestione:

Anzitutto si suggerisce un ascolto curioso, attento ai suoni e, intanto, alla verifica di ciò che la poesia in queste righe ci presenta come propria 'architettura'.

Poi dirò che nelle 'onde' 1, 2 e 4, vi sono segnali d'acqua. Nessun tentativo di descrivere, anzi, semplicemente l'acqua somigliava ai timbri scelti e come loro è stata trattata: somme di frequenze, ritmi, respiri, parametri fisico-acustici. Insomma non è il mare caldo e confortevole e neppure quello in tempesta. Sono due gocce d'acqua (che sì, si somigliano anche), ma due di numero, e una lunga sotterranea cantilena scrosciante.

Forse crederemo di averne udite più di due, ma non è così. Ugualmente potrà sembrarci di sentire più volte il mare e anche questo non sarà vero: una sola volta lungo tutta la quarta onda, e poi da capo.

BOCCA, TEATRO, RITO

La poetessa Marina Cvetateva immaginava la bocca "come una caverna", ed Ernesto Jannini dice qui che "la bocca aperta della divinità è un antro". Aggiungo che i suoni che qui ascoltiamo sono 'in' scena, contribuiscono alla costruzione del 'rito' del Teatro. Il compositore immagina e costruisce un mondo sonoro prima inesistente, ma qui la sua stessa invenzione è migrata verso relazioni numeriche, dimensioni, tempi, frequenze, cellule ritmiche. La loro stesura musicale e il loro ascolto sono diventate il rito, che termina con un sacrificio immaginifico e immaginario: il tiranno Dionigi confuso dalle infinite risonanze del suo stesso orecchio.

FINE DEI RACCONTI

Eccoci quindi alla fine dei discorsi. Come promesso, i prossimi dati non saranno più 'raccontati' però, unendoli alle parole fin qui lette, proviamo a considerare tutto come una mappa: osserviamola, verifichiamola con lo scorrere della musica, come un cruciverba o un gioco enigmistico.

Questi numeri, inoltre, non sono neppure completi: ognuno di essi presuppone e nasconde una parte ben più ponderosa di altri parametri che qui non sarà illustrata, per non trasformare queste righe in un libretto di istruzioni. Quindi, dicevamo, ora solo numeri, parametri, e neppure tutti. Buona lettura e buon ascolto.

Quasi una guida acustica II

Orecchio di Dionigi (Latomia del Paradiso, Siracusa)
alt. 23 m: pretesto numerico, scomposizione in due numeri: 2/3 larg. 5-11 m: interpretato come 5 + [6, 7, 8, 9, 10] + 11 (cioè 5 e 11 come ribattuti in figure, e gli altri in ammassi eterogenei) prof. 65m, a "S": interpretato come il disegno di una sinusoide (+ variazioni della sinus.) riverbero16": interpretato come limite massimo (e somma di 5+11)

Dionysus's place (una lettura personale)
3 file di schede verdi: tre linee verticali incorniciano tutto
2 file interne: 1 di testo, una di banchi memoria orizzontali
4 file di onde: 4 linee parallele in gruppi di 3 [(1,2,4) (1,3, sample) (1,2,3) (1,2,3,4+sample)]
Spazio: lontano è il mare, fuori dal "piano di lettura", Rev 1 e 2, loro variazioni e intreccio. Rito, visione: Satiri e Dioniso allineati in un luogo-palco: la loro visione, ascolto, stupore, fanno il teatro:
da cui 4 PROCESSI (quadrato, quattro canali, quattro processi...non in serie, sovrapposti e intrecciati)
- *processo 1*- Riverbero si forma e cresce sino a 16" per 4 volte (4 file di onde):

ognuna 60 batt, 2'00": 4 onde di 2' ciascuna (quindi loop generale ogni 08')

- *processo 2*- scarica di 23 sovrapp. a figure di 2 e 3: 23 (alt. OdD) /2+3 (2 file interne + 3 schede verdi)

- *processo 3*- ribattuti di 5 e 11 (+ 6,7,8,9,10 sovrapposti) mentre Rev: da 5" a 16":

da 5 a 11: le larghezze di OdD: Rev da 5" a 16" (5+11=16): MaxRev: 16"

[Rev1: 16=Send 100% (-70dB); 5=c.a-24dB]; [Rev2: sim., 0"/10", EarlyRefl. evid. e corte)

- *processo 4*- variazioni della conformazione della sinusoide: OdD 65m, andamento a "S"

All'ascolto 4 ONDE di 2' l'una. In ognuna Rev.1 si riforma, cresce, *sovrasta* i suoni stessi che lo generano:

- 1a onda: *genera l'ambiente*, l'aria, oggetti percussivi con riverberi-ambienti-distanze diverse

- 2a onda: *genera le altezze*

- 3a onda: *genera il ritmo*, alcune altezze iniziano ad ordinarsi

- 4a onda: *genera il "mare", parvenze di armonia* e melodia. Ed è un luogo.

Can 1: PELLE

Traccia guida per 'onde' di 60 battute/2'00"

Random ritmico programmato in ogni momento di ogni "onda", non loop (cioè: on/off non-random)

Dati Random: Sync; Rate 1/12; Offset-1; 2 Ripetizioni in 3 tempi; a distanza di -7semitoni

Random pitch programmato da ZONE "z_Rand" con altezze random aggiunte/sottratte

Can 2: LEGNO

Rev con sole early refl.

Corta. Loop. Per scarica di 23 + 2 e 3

Ripetizione programmata di singole frequenze: intervallo ½; offset 9/16; su griglia di 1/6; trasposizione di

-1semit.; con altezze "inserite" (ripetiz. non mixate con segnale originale ma solo sostitutive)

Random ritmico programmato in ogni momento di ogni "onda", non loop (cioè: on/off non-random).

Dati Random: Sync; 1/16; offset 0; Ripetizioni infinite in 3 tempi; a distanza di +7semitoni

Random pitch: z_Rand (come Can 1)

Can 3: BATTENTE E SUPERFICIE DI SINTESI ("zone_ Mallet") pulviscolo con Rev variabile

Lung. = tracce Can.1. Per ribattuti di 5 e 11 (+6,7,8,9,10 sovrapposti)

Random pitch: z_ Rand (come Can 1)

Random ritmico programmato in ogni momento di ogni "onda", non loop (cioè: on/off non-random).

Dati Random: Sync; 1/12; offset 0; 1 ripetizione; in 2 tempi; a distanza di +12semitoni

Can 4: NOISE

Campione risintetizzato, 2 Sinus; LFO 0.28/30.0 Hz

Rada, lunga come tracce canale 1, Mai loop, per collegamenti samples, Rev 1, Rev2, Dly ritmico con ricampionamento periodico

04.14   DIONYSUS'PLACE

Dunque, con l'inserimento della composizione musicale di Maurizio Pisati l'opera ha acquisito un ulteriore respiro. Il tempo si è fermato e questi suoni distillati mi accompagnano alla chiusura di tutta la composizione. In verità ho impiegato parecchi mesi per realizzare *Dionysus'Place*. A conclusione dell'opera, ho avvertito la necessità di continuare il lavoro con la parola, osservando la stessa installazione con distacco totale, come se non fossi stato io a realizzarla. Il testo l'ho successivamente inviato a Maddalena Mazzocut-Mis. Insomma, lo spazio di Dionyso è uno spazio in cui si celebra il terribile della vita, ma anche il rito di purificazione che Dioniso iniziò ad affrontare grazie a sua nonna Rea che lo avviò ai Misteri. Si afferma che il mito di questo dio sia all'origine del teatro, forse perché la storia di Dioniso è una storia di trasformazioni, di sangue continuo; non fosse altro che da bambino il dio fu fatto a pezzi dai Titani per ordine di Hera e bollito in un calderone. In realtà tutto ciò, come sostiene Elèmire Zolla nel suo bellissimo *Archetipi Aure Verità segrete Dioniso errante*, edito da Marsilio nel 2016 :

"…È la storia della vite, di cui si spiccano i grappoli e poi gli acini dai chicchi, per cuocere infine il mosto e ispessirlo nei forni (ne è rimasta traccia nelle pitture di Ercolano). Zeus punì i Titani fulminandoli e dalle loro ceneri si estrasse l'uomo, che cela in sé una particella del Dioniso divorato. I neoplatonici divulgarono l'interpretazione cosmogonica della fiaba: Dioniso, dio creatore e autosufficiente, commise lo sbaglio di osservarsi, raddoppiandosi, entrando in un regime dualista e rinunciando alla beata unità. Così il cosmo fu degradato dalle antinomie. Nel suo commento al *Timeo*, Proclo afferma che, guardandosi allo specchio, Dioniso "produsse tutte le pluralità" (33b). Una concezione viceversa unitaria e plenaria della realtà fece dire a Eraclito :[…] e fuori da tutte le cose ne sorge una sola, e fuori da una cosa sola sorgono tutte" (14 A27). Così pensando si colgono nitidamente i contatti che legano fra loro i contrari, e non ci si lascia ingannare dal fatto che si oppongano l'uno all'altro. Il dionismo è appunto questa concezione unitaria, che affranca dalla visione "plurale". All'unitarietà l'uomo può giungere perché ha in sé un frammento di Dioniso…".

Ebbene, il mito ci dice che Dioniso ritornò in vita grazie alla nonna Rea e all'intercessione di Persefone; fu poi affidato ad Adamante e Ino sua moglie che lo tenne nascosto negli alloggi delle donne. In fondo quella di Dioniso - in parte effeminato, con la sua lunga storia, la sua pazzia indotta da Hera accortasi degli inganni - è la storia della tragedia. Il mito, in un certo senso, 'anticipa' gli sviluppi della tragedia greca, che porterà sul piano umano il 'terribile' delle vicende divine, (si pensi ad Adamante che impazzito, sempre ad opera di Hera, uccide il figlio Learco scambiandolo per un cervo; la pazzia delle Menadi e il loro girovagare sul monte Citerone che, spinte dalla potenza del vino, fecero a brani l'"oppositore" Penteo re di Tebe, la cui madre, Agave, lei stessa, gli staccò la testa; e per un verso anche la storia delle 'imprese militari', come quella di Alessandro Magno che, come Dioniso, conquisterà addirittura l'India fondando città.

Pertanto da tutte queste suggestioni del mito di Dioniso e dalla mia stessa opera mi decisi a scrivere quanto segue.

* * *

"Il pollice scivola docile sulla morbida argilla, plasmando le immagini che emergono dall'informe materia. Affiorano volti di satiri, raggrinziti e beffardi, dagli sguardi obliqui puntati sull'attonito viso di Dioniso. La bocca aperta della divinità è un antro, un buco nero, che attira a sé desideri e speranze di nuove visioni. Quegli occhi strabuzzati del dio, del resto, a che rimandano se non a colui che ha osato vedere, spingersi fino in fondo all'abisso per raccogliere un po' di luce? Vedere e poi vedere, ancora, e reggere lo sguardo e lo sgomento, senza cedere.

Il dio, il grande Dioniso, colui che raggiunge la grandezza nelle metamorfosi, se ne sta lì, immobile, riflesso nella dilatata pupilla dei suoi seguaci, beati ed esaltati. Eppure tra metamorfosi e immobilità c'è una esaltante promiscuità. Tanto più cangiante tanto più immobile nell'atto della visione suprema. Così il movimento annulla sé stesso nel risultato finale dell'estrema contemplazione. E la comunione tra il dio e gli adepti suggella la primigenia forza del soffio vitale che è in tutti noi.

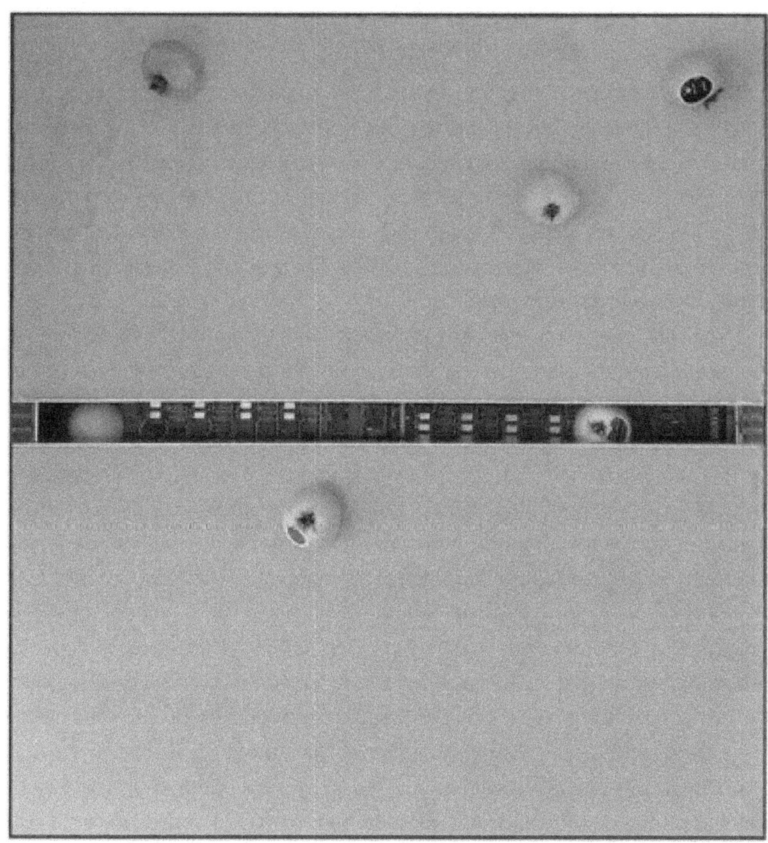

Migrazioni nostalgiche,2018, hardware, vernici e resine su tavola, cm 81 x 91

Gli sguardi si dilatano, ma c'è chi, attraverso quella suprema visione e contemplazione della divinità, oltrepassa la soglia del puro e semplice vedere. Ora, oltre la soglia, le cose trasudano d'incanto, appaiono diverse. Pur rimanendo sé stesse, sembrano parlare una lingua prima sconosciuta. La potenza del dio ha aperto gli occhi dello spirito. Quel vento che accarezza la pelle è pure esso un messaggio divino e l'acqua che scorre negli alvei dei fiumi è il limpido sangue della natura. Dioniso è ovunque, la sua travagliata origine, il suo doppio parto e il suo smembramento li ritroviamo nell'infinita varietà del mondo. Ecco un'altra esaltante promiscuità: il molteplice e l'unità; l'uno, il tutto, e l'infinita sua partizione.

Nei campi e sugli assiti di un palco ancor umido di pioggia si svolge la Danza, il Rito eterno del Teatro. È un'unica danza, simile alle eterne onde del mare. In verità tutto il mondo proteiforme manifesta l'energia primigenia. Ma tutto sfugge, all'occhio di chi è lontano dal divino. E il dio non ama essere ingannato.

Consapevoli della sua forza a lui ci si affida e in lui si trova estremo appagamento.

Ora Dioniso corre per i campi. La sua corsa è un'offerta al mondo degli enti. Una lieve, saltellante danza di satiri gli gira attorno. Il teatro è tutto lì, in quella corsa e in quei salti di zampe biforcute, che lasciano tracce visibili soltanto per gli occhi che sanno vedere: scrittura misteriosa, di segni preziosi lasciati sull'umido suolo o sulle rive fangose dei fiumi da zoccoli biforcuti. Il grande scrittore Dioniso ed i suoi scriba cornuti, sulle rive argillose e sui cretti dei fiumi, tramano le storie da raccontare.

Inizia così il teatro, tra alberi e campi, tra danze e libagioni. I devoti aspirano al dio, alla suprema visione per carpire il senso più profondo della vita. Pur di raggiungere la divinità, l'uomo, il Grande Attore, inizia i riti sacri, le danze nelle quali riscopre sé stesso e la sua origine. Col teatro racconta sé stesso. Danza, musica e parole creano immagini potenti. È un rito, il teatro, un grande rito che accoglie in sé la più esaltante promiscuità tra movimento e stasi dove il tutto si ripete, ad ogni singola rappresentazione. Scatenate creature che arrancano ai piedi del dio, gli attori, a ogni dramma sono chiamati alla visione. Si contempla la vita dell'uomo che oscilla tra l'efferato e la risata, tra la dannazione e la rinascita. La parola sgorga trasfigurata dal petto dell'attore e si deposita nell'anima del pubblico. Questa comunione sacra, questo lascito generoso che l'attore compie non è che la prova della sua fedeltà al dio della visione e i gesti e le parole si articolano e assurgono a danza. Questa offerta ai fedeli fruitori, in attonito ascolto, si rivela preziosa. L'occhio interiore si dilata in un'acuta auto-percezione e vede oltre il recinto dei gesti quotidiani che imprigionano la vita, immiserendola in un vuoto copione. Quale alto rischio quello di perdersi in una unica forma. La pupilla del dio si espande a dismisura e ci concede uno sguardo oltre la soglia. Miele e vino e fermenti di grano edulcorano il sangue e la linfa. Nelle vene dei seguaci-fruitori scorre una dolce melodia che li accompagna con docile mano fin su il limite estremo di quella soglia visionaria, oltre la quale si spalanca la suprema appercezione: visione intima e, per ognuno, unica e indissolubile percezione dell'evidenza assoluta dell'essere. Ora le cose non appaiono fuori, né dentro la mente; ora tra fuori e dentro c'è una unione indissolubile, perfetta coincidenza e l'essere è Uno, molteplice ed Uno. Ora tutto va rifatto, ricostruito. Il Teatro è un rito e in questo rito si rinnova di volta in volta la stessa tensione verso il dio. I satiri negli angoli della nicchia occhieggiano e i loro sorrisi beffardi alludono agli incompiuti tentativi degli adepti, a quei fedeli che pensano di raggiungere il dio con poco sforzo. Quali acute risate echeggiano tra i boschi, stridule e irriverenti per quelli che si illudono e che ripiombano al di qua dell'esistenza. Insieme a sileni e ninfe, i satiri seguono il dio e conoscono gli umani fallimenti, la potenza della vita, che divide inesorabilmente coloro che iniziano il cammino e coloro che arretrano, ustionati dai primi bagliori del dio".

04.15 IL CONFLITTO

Il teatro, come si accennava all'inizio di questo racconto, è pure quello che riguarda la guerra, gli scontri di sangue per difendere o offendere. Ma si sa che la guerra è 'latente' nell'animo umano e che l'armonia delle relazioni è un obiettivo alto da raggiungere.

È impossibile non riflettere sul conflitto nei rapporti umani. Aprirsi al 'sociale' significa tener conto delle dinamiche relazionali. La costruzione del 'sociale' passa per un profondo lavoro su di sé in cui dovremmo essere disposti a rivedere tutto. Naturalmente tutto ciò genera un campo di alta tensione ma, come sostengono gli psicologi, anche quando si è in conflitto con sé stessi la cosa è positiva. Rimescoliamo le cose e, se siamo disposti, possiamo rivedere i nostri orientamenti di vita. Possiamo entrare in quel particolare stato emotivo a cui diamo il nome di 'agitazione'. E in effetti, per me, questo è un periodo in cui sento tutta l'importanza di questo stato; non nel senso di una agitazione per così dire superficiale, ma uno stato profondo; nel modo Indicato da Sergio Givone[32]:

Non si tratta di un concetto. Semmai di uno stato emotivo. Però uno stato emotivo molto particolare. Esso non appartiene al flusso di coscienza, perché ne rappresenta l'interruzione. Non s'inscrive nel continuum della vita, perché lascia intuire la discontinuità, l'ambiguità e la vaghezza dell'io. E non è un vissuto, ma esperienza in cui tale vissuto si fa incerto, perde i propri contorni, sfugge alla presa di una definizione elementare. Che cosa accade dunque quando ci sentiamo agitati, del tutto incapaci di fissare il nostro malessere e la nostra sofferenza a un contenuto qualsiasi, sbattuti di qua e di là fra fenomeni che non si lasciano afferrare ma ci trascinano in un vortice d'indeterminazione?

Givone sostiene, citando Hans Blumenberg e Wittgenstein, che l'agitazione ha a che fare con il linguaggio e il 'mondo della vita'[33]:

Il mondo della vita è insieme la sostanza del mondo e la sua negazione, è la regione del poter essere e l'essere inattuale, è il movimento fra l'al di là e l'al di qua del linguaggio. Qualcosa come un limite. O un discrimine – per cui si dà interruzione, salto. Al di qua del limite c'è il mondo: mondo che è tutt'uno con il linguaggio, mondo che il linguaggio dice sensatamente, mondo-linguaggio. Al di là del limite c'è il mondo della vita: mondo che si sottrae al linguaggio, mondo che il linguaggio non può dire, mondo che è altro dal linguaggio. Sul limite sta l'agitazione. Potremmo definirla come la forma vuota del passaggio fra l'indicibile e il dicibile.

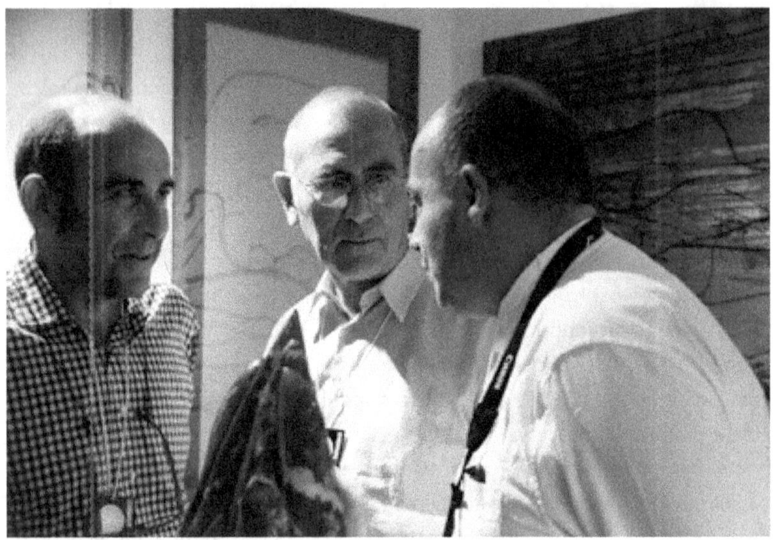

Roberto Zizzo, Ernesto Jannini e Umberto Cavenago al *NoPlace 4* di Santo Stefano di Magra (SP), 21 aprile 2018. Foto di Marcella Germano

Sospeso su questo limite tra l'indicibile e il dicibile, 'decido' di andare avanti per la mia strada. Appronto sistemi provvisori di pensiero, tecniche elementari, artifizi e quanto altro per procedere nella ricostruzione del Senso.

È il lavoro dell'arte.

L'agitazione troverà il suo antagonista nel silenzio, in un tipo di sospensione del tutto differente che conduce all'ascolto profondo, pur anche della mia stessa agitazione. Un occhio supremo che osserva tutto.

Quest'occhio vede riemergere dal fondo di me stesso immagini annichilenti, che m'impongo di non rimuovere.

Vedo il mondo delle relazioni umane, quel movimento interno al soggetto, che si dispone costantemente alla guerra e che porta allo scontro, alla distruzione morale e fisica dell'altro; all'azione di rapina di un territorio, compreso i valori religiosi o artistici, oltre all'efferata azione dello stupro, del rapimento, della prigionia. Affiorano nella mia mente le immagini di uccisione di bambini, di città distrutte, di cimiteri devastati, chiese spogliate, di campi bruciati.

Annichilisco difronte al parricidio e ad ogni tipo di delitto, compresa l'indifferenza con cui l'assassino posta sui social il suo crimine.

C'è qualcosa in me che si oppone radicalmente al pensiero della coscienza anestetizzata di tutti i mafiosi-ndranghetisti con o senza coppola; all'estrema violenza contenuta nei freddi calcoli di chi truffa costantemente il prossimo, o di chi opera un paziente perfettamente sano; a chi scarica bidoni di scorie nucleari nel mare Nostrum e poi la sera guarda la tv sorseggiando uno spritz.

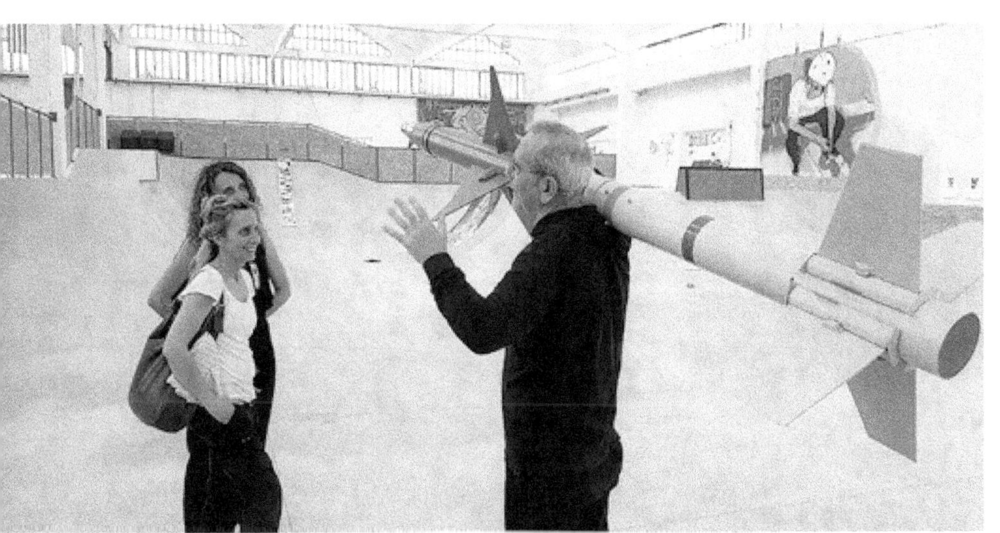

Santo Stefano di Magra 21 aprile 2018, *NoPlace 4*, performance di Ernesto Jannini

Soffro all'idea della intollerabile leggerezza di chi ammorba quotidianamente la coscienza di tutti con programmi televisivi al cui confronto la spazzatura è una cosa nobile; di chi, per pochi soldi e per disperazione, manda i figli e le figlie a prostituirsi; di chi acceca l'anima dei giovani con la droga e le sue variazioni e poi la sera rimbocca le coperte delle proprie 'creature'. Tremo nel profondo al pensiero di chi scherza col fuoco nei laboratori chimici manipolando segmenti di DNA, germi e quanto altro; di chi pensa che la foresta amazzonica sia di proprietà di un solo paese e fa quel che vuole; di chi avvelena con consapevolezza il nostro cibo; di chi costruisce con la massima intelligenza armi di distruzione di massa, ancorché missili terra aria pronti a colpire il bersaglio al millimetro.

Così, per un movimento interiore assolutamente apotropaico, ho deciso di costruire un 'missile terra aria'. Che altro ho potuto e voluto fare in questi anni se non andare in mezzo alla gente con queste armi apotropaiche e dialogare con tutti coloro che mi venivano incontro.

Ho iniziato i miei 'Progetti di Guerra' nel 2006 e continuo ad andare avanti apportando variazioni alle azioni performative. Ho dovuto, però, fare appello a tutte le mie risorse creative, per rendere questa azione poetica valida al massimo. Così, a fronte di una mia reale e innata capacità di equilibrista, ho iniziato a portarmi sul naso uno dei miei missili e a tenerlo in equilibrio, mentre riuscivo nel contempo a recitare alcune poesie della Vita Nova di Dante. E sì, perché il mondo della vita non è fatto soltanto di efferatezza, ma anche di

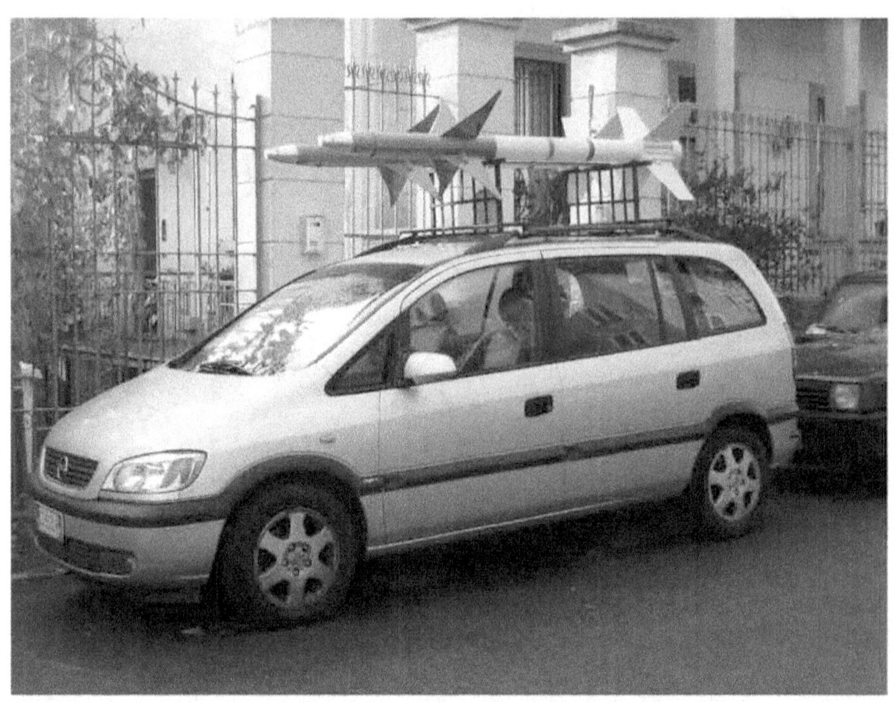

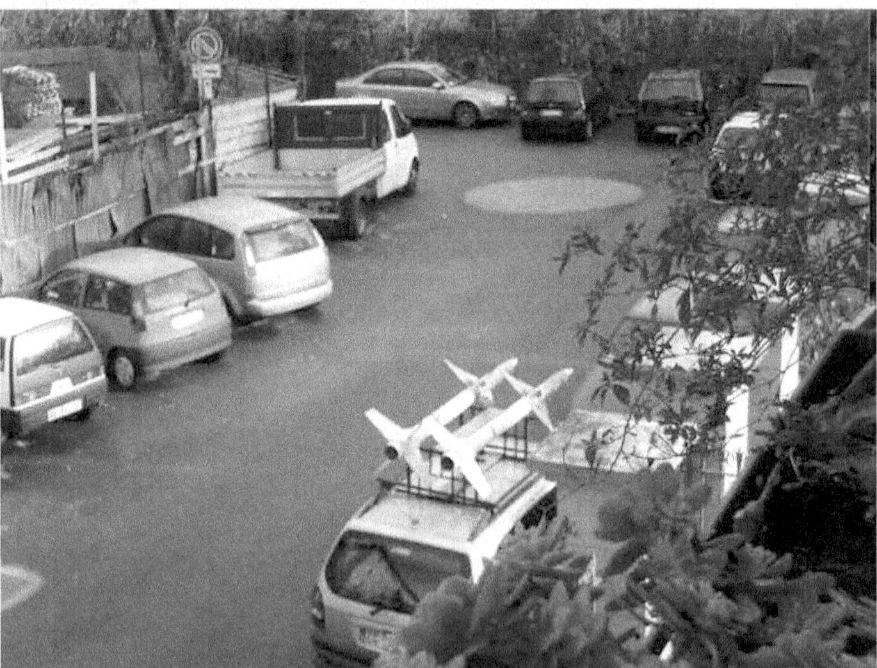

Progetti di guerra, Milano 2007

poesia, dell'incredibile capacità umana di portarsi nelle vette più alte della contemplazione. E così, tra poesia e dolore, tra il sangue delle guerre e le rime gentili sgorganti dalla illuminata coscienza di Dante, mi offro al pubblico, in una azione poetica perenne, che non troverà mai fine, poiché l'oscillazione tra agitazione e contemplazione mi accompagna in un percorso di conoscenza.

04.16 VIA COL VENTO 2012. Intervista a Jannini

In occasione della mostra collettiva VIACOLVENTO (Phon d'autore) tenutasi al Museo Bambina Torre dell'Orologio di Vittorio Veneto nel maggio giugno del 2012 curata da Edoardo Di Mauro, attuale Direttore dell'Accademia Albertina di Torino, il critico Daniele Capra intervistò gli artisti partecipanti. La mostra era incentrata sul tema dei 'phon', questi ultimi messi a disposizione da Daniela Grava, titolare dello spazio Il Pettine.

* * *

L'idea di fare un'opera con un phon fa sorridere. È solo un caso o pensi che l'arma dell'ironia non debba mai mancare in un tuo lavoro?

Il 'sorriso' è una forma di elevazione spirituale. Sappiamo che ci distingue dagli altri esseri viventi, ma non attesta nessuna supremazia: soltanto la tensione trascendentale di noi umani, il bisogno di andare oltre la 'semplice' vita biologica: anche nel caso in cui, col sorriso, vogliamo esprimere un giudizio liquidatore.
Mi piace pensare che il sorriso sia stato, agli albori dell'evoluzione, una delle prime forme d'interattività creativa.
La pratica di far rientrare un oggetto in un contesto linguistico ha ormai più di cento anni, e ciò è sia un bene che un male: intendo dire che la questione è come 'dare nuova linfa' a questo procedimento che, è inutile nasconderlo, da troppo tempo presenta i suoi acciacchi. Il punto è quello d'immettere correnti di aria fresca negli spostamenti semantici: cioè far circolare nel mondo dell'arte 'entità estetiche' che presentino una necessità trascendentale; come il sorriso, di cui si parlava. Del resto nessuno sorride per caso, o per forza. Il sorriso 'forzato', infatti, è una forma di coercizione insopportabile. È un discorso che si potrebbe applicare anche allo sport, o nel nostro caso, all'arte.
Intendo dire che l'elevazione del mondo dello 'spirito', come si diceva una volta, cioè l'Arte, viene sempre più spesso, tradotta per conto di terzi, facoltosi, in rapporti materiali di forza. Huizinga avrebbe sostenuto tutto il contrario: cioè elevare "i rapporti materiali di forza alla sfera dello spirito".

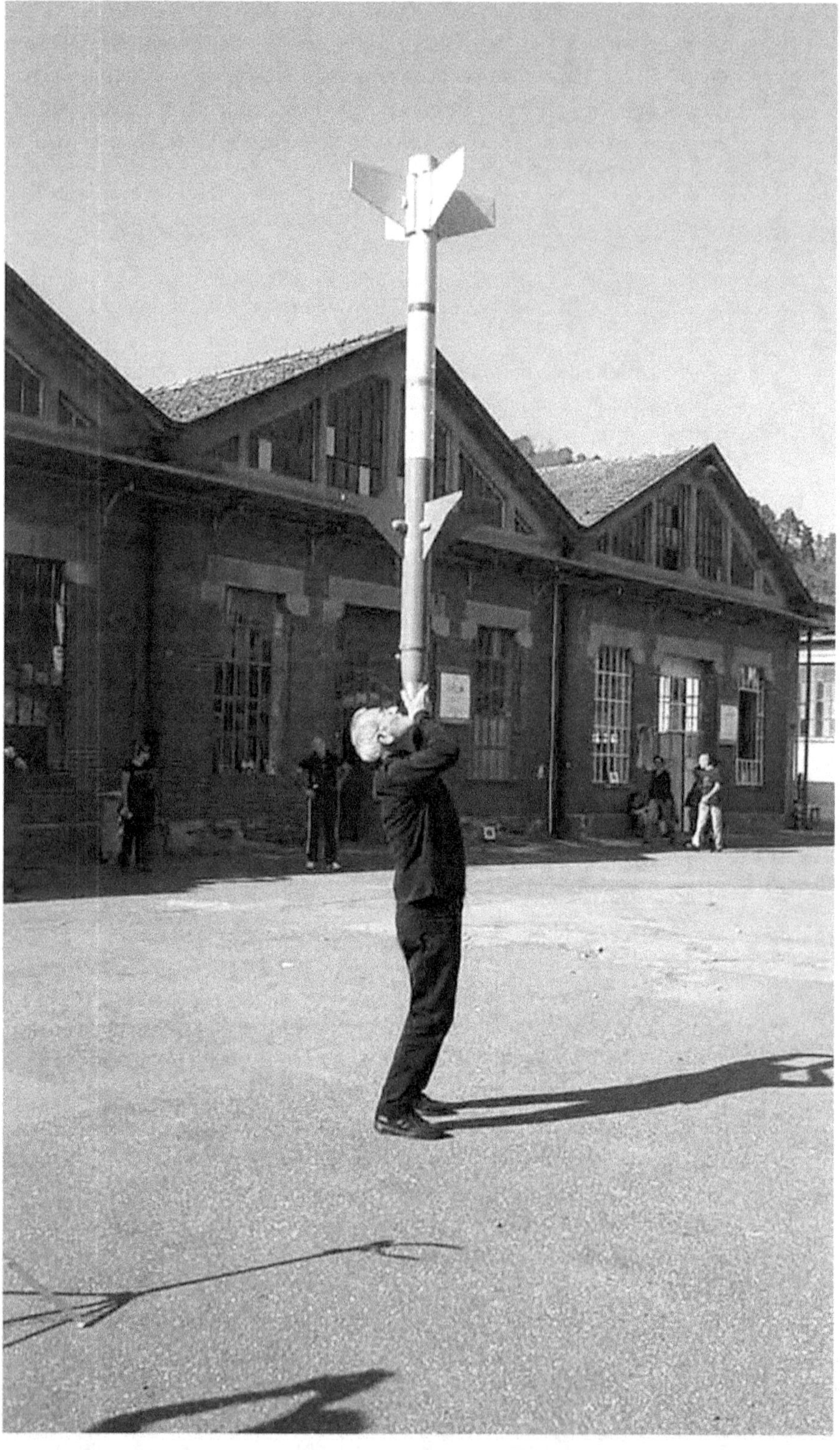

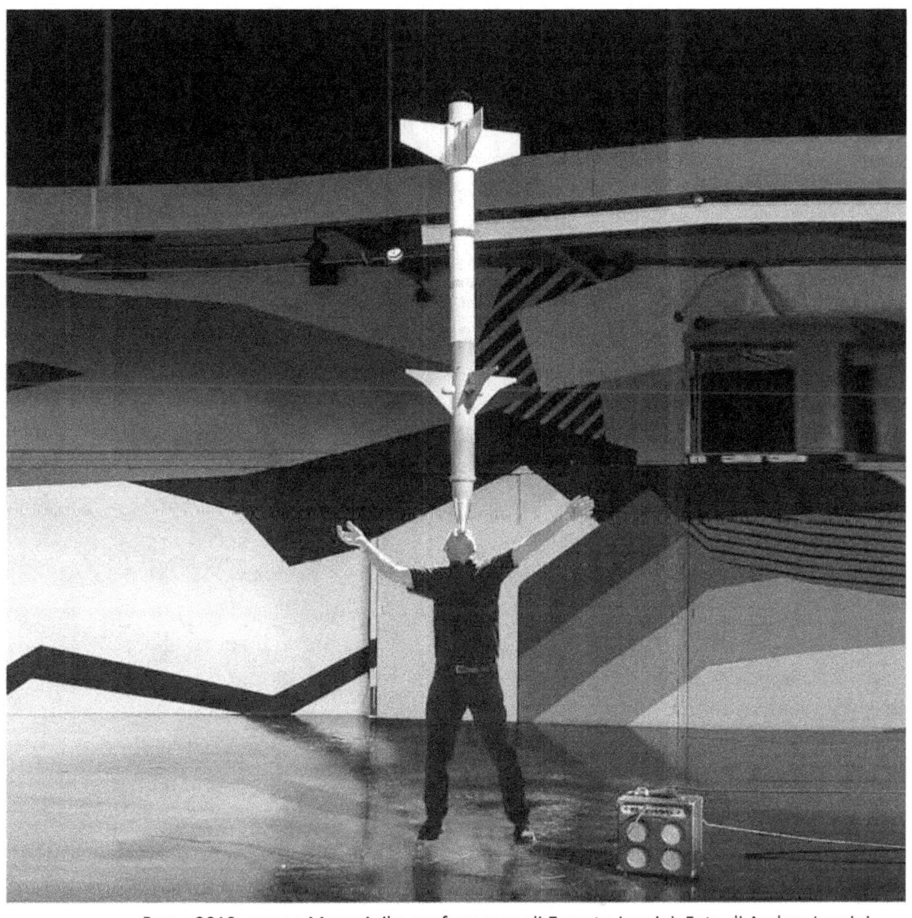

Roma 2019, museo MacroAsilo, performance di Ernesto Jannini. Foto di Andrea Iannini

A sx: Santo Stefano di Magra 21 aprile 2018, *NoPlace*, performance di Ernesto Jannini

Ma così va il mondo: nel senso dell'attuale 'mondo' dell'arte, incentrato su questo assurdo paradigma. E quindi non meravigliamoci se spesso e volentieri si ride per forza.

Il phon e il 'caso'? Beh... In un certo senso potrei rispondere con un gioco di parole, dicendo che a parte qualche caso, il caso non esiste: è uno dei tanti concetti-limite, come 'infinito', 'nulla', nei quali gli uomini amano crogiolarsi, dando eccessivo credito alle lusinghe della nostra mente razionale e alle sue proiezioni. In realtà, quando cambi coerenze, cioè quando esci dal piano razionale e ti sposti nella dimensione estetica, ti accorgi che il 'caso' è spesso legato alla 'necessità', come nel mondo fisico e nell'evoluzione (Jacques Monod docet); anche quando accidentalmente cade una macchia sulla tela, o si rompe qualcosa dell'opera (vedi il Grande Vetro di Duchamp). Sta a te recuperarne il senso. E il senso non è dato a priori.

Per quanto riguarda l''ironia' devo dire che anche nelle mie opere più fredde, più mentali, come *Panchina Cavour 1997*, l'ironia ha giocato un ruolo destabilizzante, di distacco dalle più comuni immedesimazioni. Penso che l'ironia, anche mio malgrado, sarà sempre presente nei miei lavori: è una delle mani invisibili che sollevano il velo di maya. Nell'opera che presento alla mostra *Viacolvento,* ho immaginato il soffio d'aria, che esce dal 'phon', materializzarsi in un ammasso armonico d'imprevedibile sostanza. Il 'phon' non l'avevo mai utilizzato, anche se è da un po' che lavoro con gli oggetti quotidiani: come la caffettiera, le tazzine, le terrine, il mestolo, la cappa da cucina, ultimamente esposti alla Giarina di Verona, nella mostra *Casa La Vita* curata da Valerio Dehò[34]. Quanto più l'oggetto è comune, tanto più mi affascina lo slittamento improvviso che da esso si può ottenere. Dietro al volto tranquillo della quotidianità c'è il risvolto di ciò che Freud e Heidegger chiamavano 'unheimlich', la cui radice 'heim' vuol dire 'casa'; intendo riferirmi a quella particolare esperienza in cui all'improvviso, proprio a casa, ti senti spaesato, turbato: è il cosiddetto 'perturbante', che può affiorare attraverso l'ironia, e portare all'angoscia; ma, il perturbante può avere anche una valenza mistica: come quando ti guardi nello specchio, e ti sorprendi,

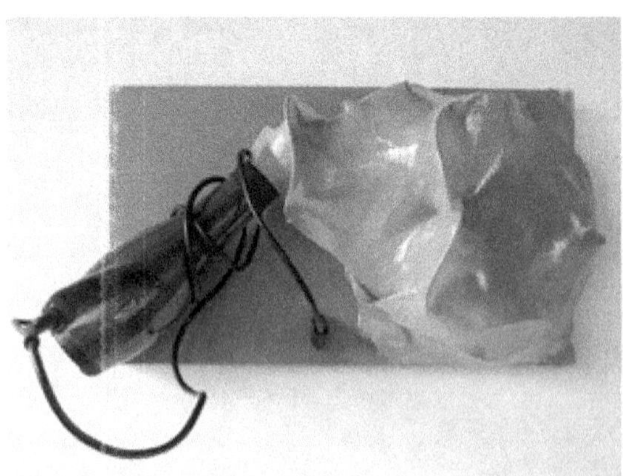

Vittorio Veneto 2012,
Rassegna arti visive, *Viacolvento*
2012 cm 46,5 x 27,5 x 25

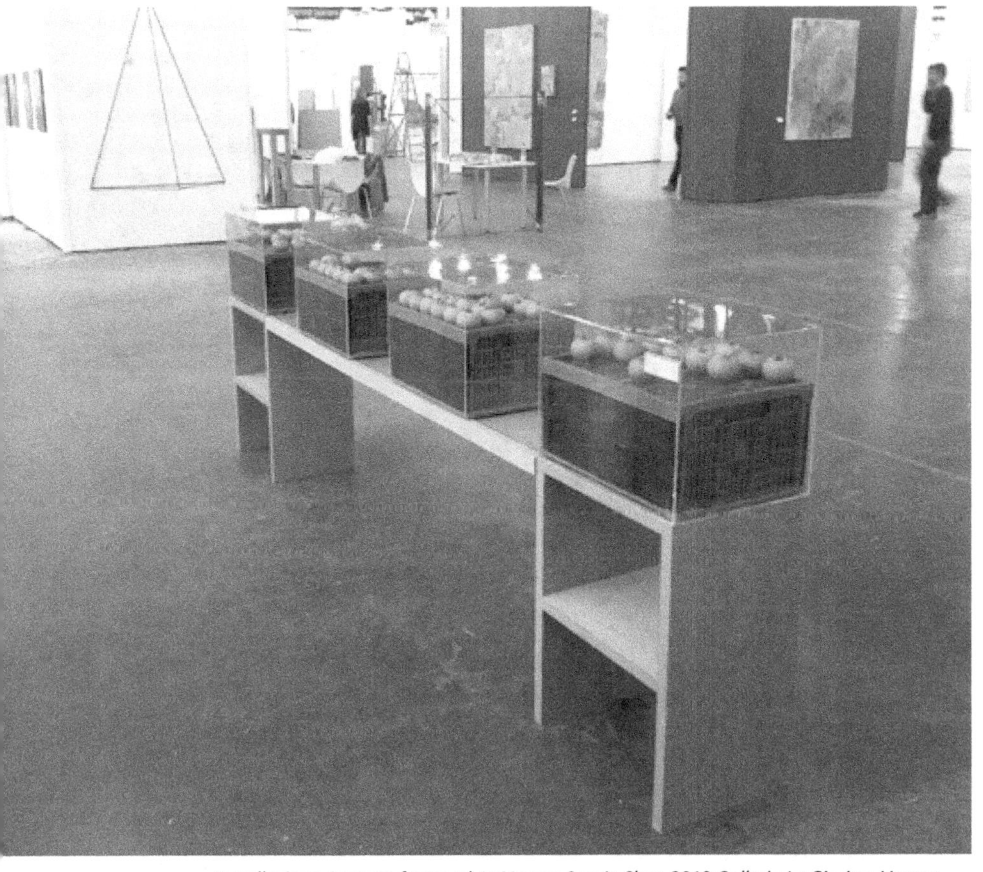

Installazione Cassette frutta ad ArtVerona Spazio Slam 2013 Galleria La Giarina, Verona

perché è come se li vedessi per la prima volta. In termini esoterici e simbolici il perturbante è una 'soglia', poiché da accesso all'enigma della creazione, anche quella del mondo artificiale degli oggetti.

Non trovi che al giorno d'oggi l'arte sia diventata un po' troppo seria?

Magari! Vedo in giro molto accademismo. Certo! Gli artisti buoni ci sono, ma ci vorrebbero sistemi di filtraggio 'seri'. Non basati soltanto sui parametri economici… La serietà è la linfa vitale dell'arte. Bisogna soltanto mettersi d'accordo sul significato della parola, dato che siamo assediati - per dirla con George Steiner - anche da "una cultura secondaria e parassitica"[35], che di serio non ha nulla.

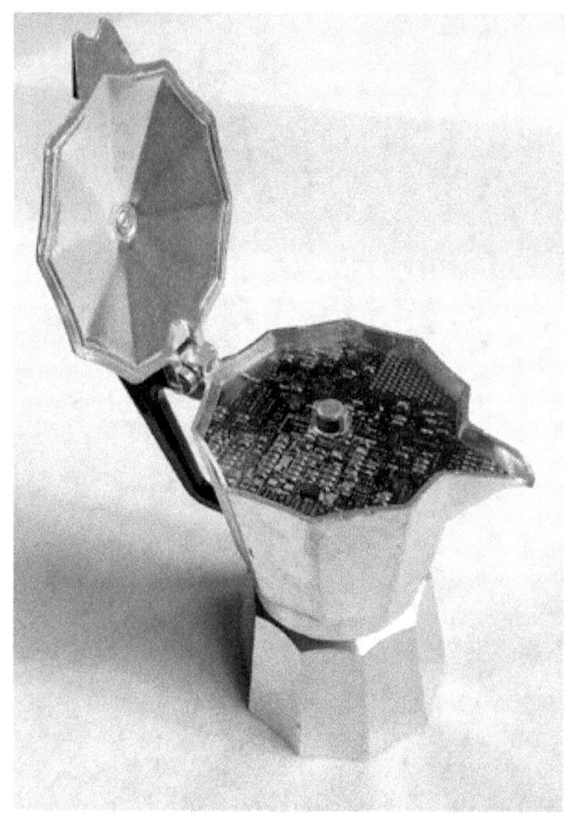

Caffettiera n°3, 2005

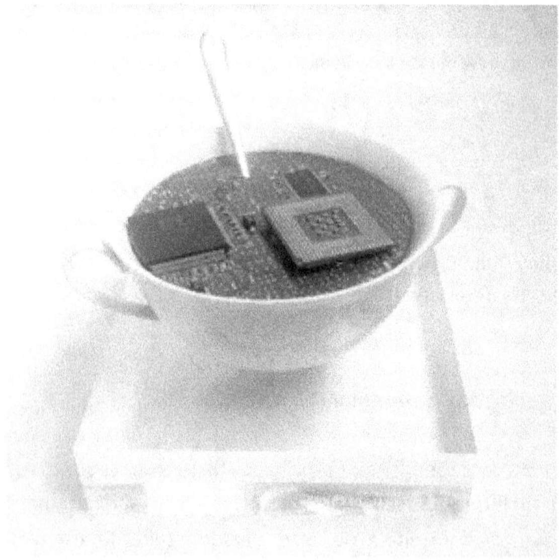

Tazzina A, 2016
Collezione privata, Milano

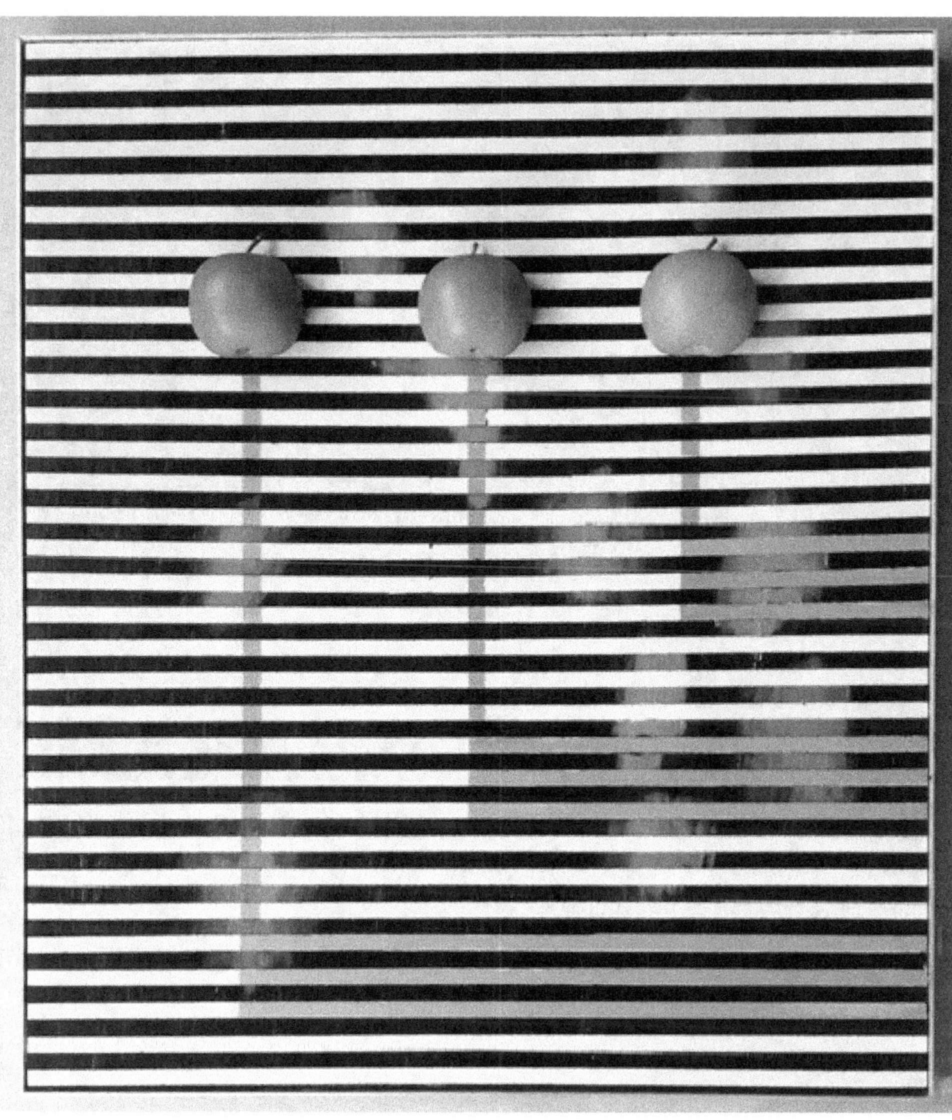

Metafisica delle mele, 2017
cm 59,5x 52,5
Collezione privata, Milano

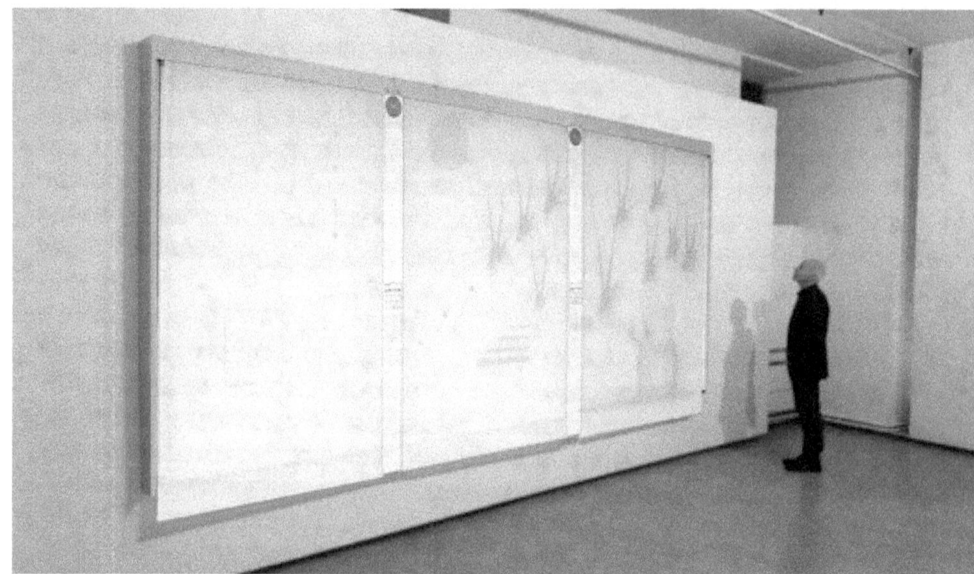

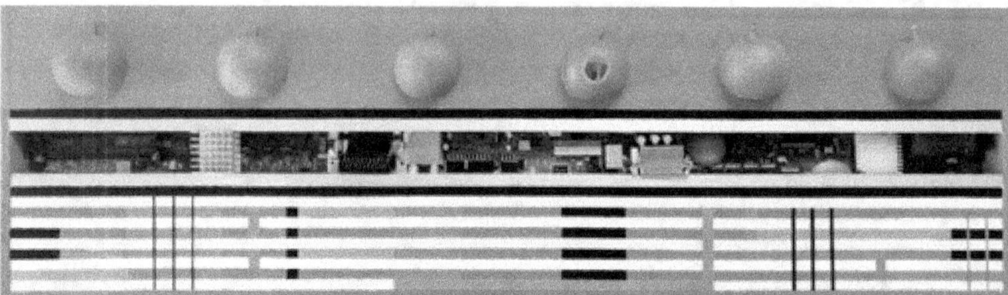

Ernesto Jannini, *Cantico delle creature* 2018 cm 450 x cm 205
Courtesy La Giarina di Verona

Mele, 2020, cm 90 x25 similfrutta, hardware e acrilico su tavola
Collezione privata, Milano

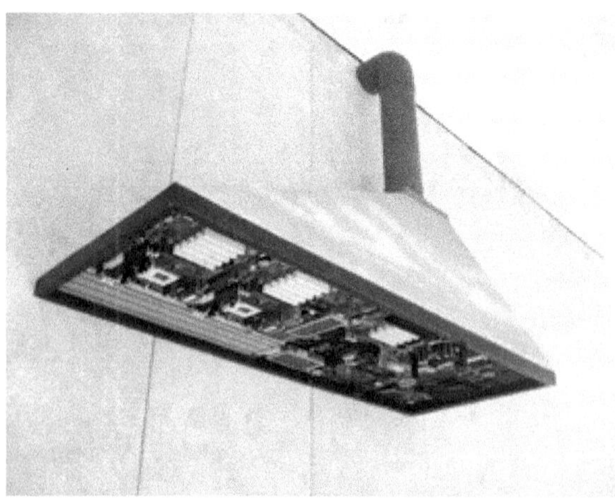

Cappa Jannini, 2012

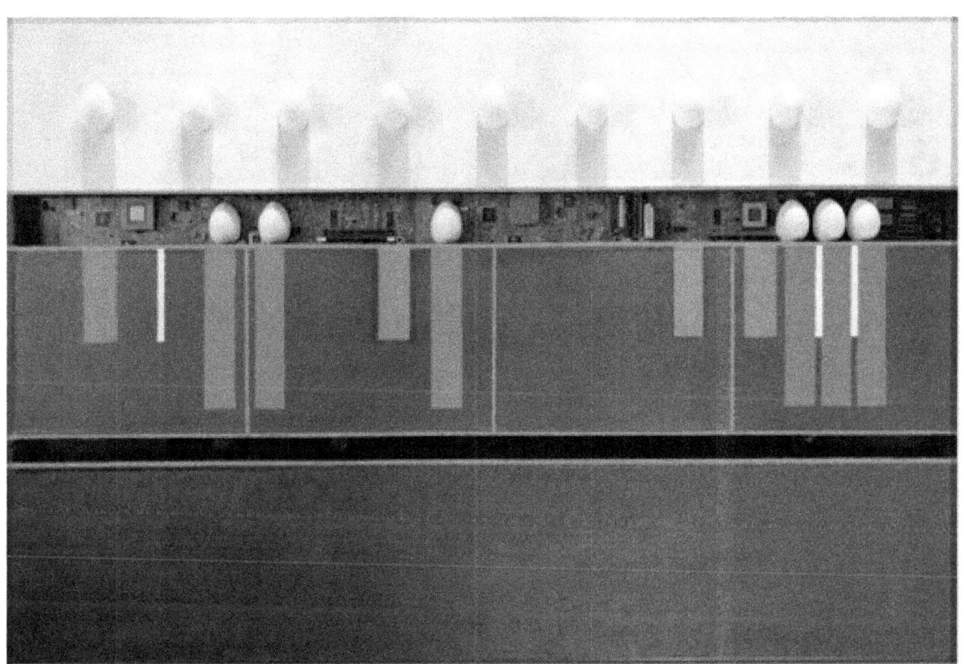

Trasportatore, 2020 acrilico, hardware e cemento su tavola, cm 131,5 x cm 85

E allora? L'arte è diventata troppo seria? In realtà stiamo parlando di una storia vecchia. Quando, nel 1971, Hans Haacke denuncia, o se vogliamo, crea 'attenzione' sul legame tra la speculazione edilizia e i sostenitori del Guggenheim Museum, e quindi l'incompatibilità con la 'mission' dello stesso, che dovrebbe garantire il valore dell'estetica, Thomas Messer, il direttore di allora, gli blocca la mostra.

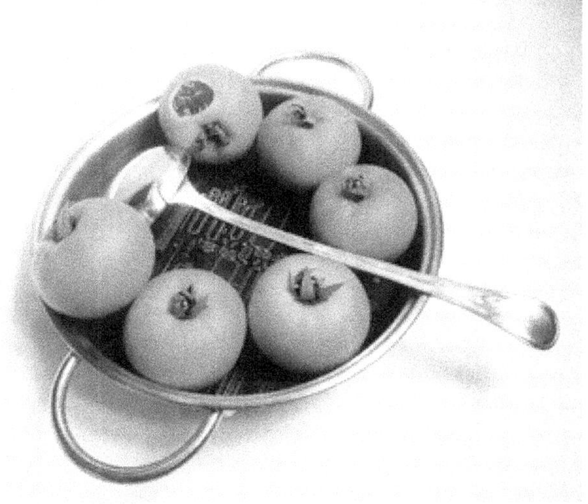

Mestolo, 2005 cm 25 di diametro x 6,5 di h. similfrutta e hardware su acciaio

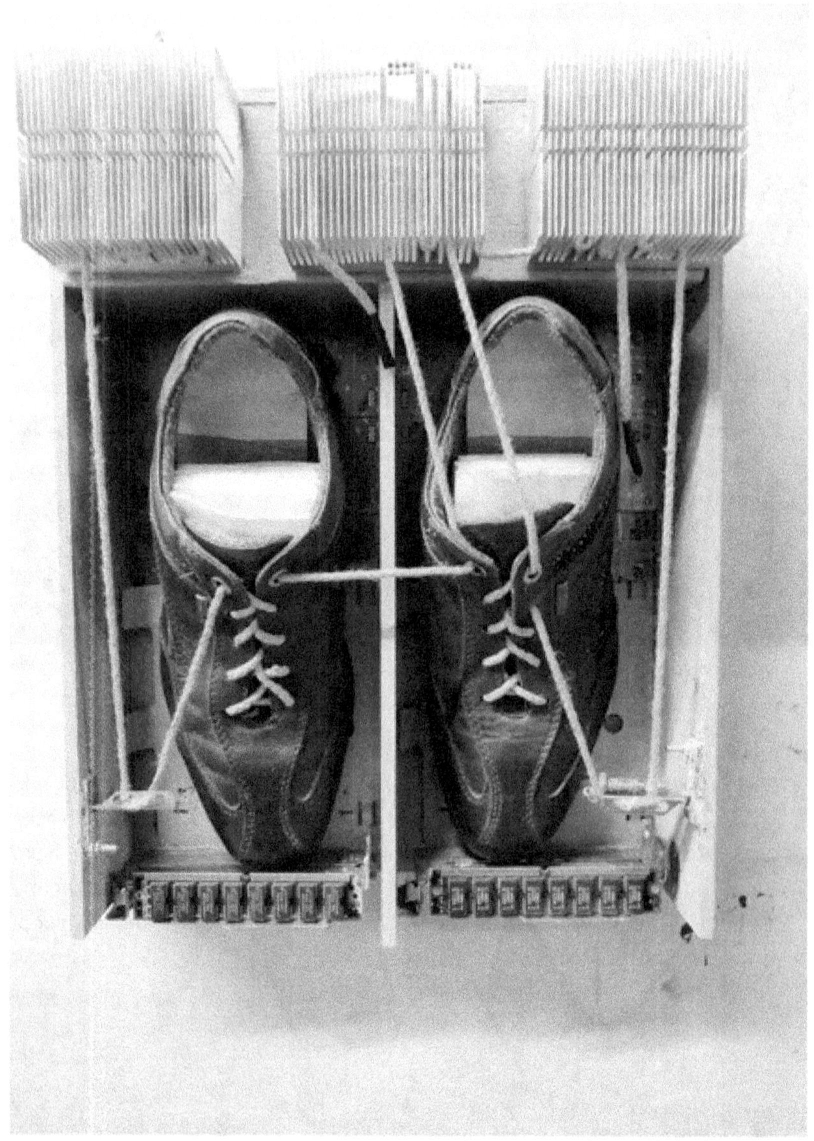

Ernesto Jannini, *L'impossibile passeggiata di Emily*, 2019

Il fatto è che ci sono artisti 'seri'che sono interessati più ai processi creativi che agli eventi, all'attualismo, o a quella fenomenologia che Hans Magnus Enzensberger, a suo tempo, definì effetto 'alka seltzer'.

Ma chi, oggi, può ergersi a detentore della verità? Non siamo tutti in viaggio, impegnati nella traversata nel deserto? La cosiddetta fine della modernità, con ancora vicino le pene e le gioie del postmodern, ci vede lottare con i mulini al vento, con tempeste di sabbia che offuscano la vista, e rendono ridicole e pretenziose le urla che si levano dalle varie corporazioni di critici negletti e da artisti da strapazzo; tutti con l'illusione di stigmatizzare la storia dell'arte, o forse, inconsapevolmente, la storia del mercato.

Ma c'è un nuovo orientamento etico verso il quale sono attratto e che mi obbliga ad un rapporto consapevole con il dio denaro. E l'arte ha a che fare col denaro, ed è un tema serio. E nessuno è indenne dalle mille tentazioni. Col denaro, però, si fanno opere eccelse, o guai mostruosi, sprechi intollerabili, eticamente ed ecologicamente insostenibili. Il denaro è necessario, ma è un documento giuridico che attesta un 'potere'. Io penso che il potere - qualunque potere, anche quello dell'arte - sia giustificato quando è messo al servizio del più alto sviluppo di sé e degli altri. Per contro, se il potere è concepito, e esperito, come mezzo di prevaricazione, di speculazione e di soffocamento dell'alterità, allora si configura come energia negativa, tesa a distruggere quell'unità-totalità, inscindibile nella sua realtà di coscienza operante, che è l'uomo.

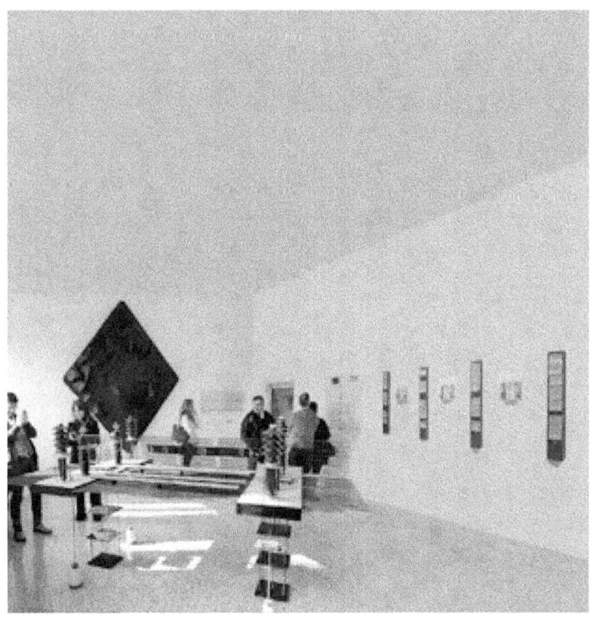

Sala personale di Ernesto Jannini al museo *Space* di Lugugnana-Portogruaro

Beh... Farei opera di bonifica. Toglierei il novantacinque per cento delle sculture che infestano le piazze del mondo e, cosa più importante, riporterei in vita la biodiversità estinta. Darei degna sepoltura alle mucche, agli squali, alle farfalle usate da Damien Hirst, agli scheletri e ai cavalli di Cattelan, gli scarabei di Jean Fabre, e, come gli indiani navajo, chiederei al Grande Spirito di avere pazienza per tanta insostenibile leggerezza. Inizierei la mia opera, che sfrutta la luce del sole, non inquinante, non infestante, disattivabile facilmente, da collocare esattamente tra la Terra e la Luna e visibile a distanza. In sostanza toglierei, restituirei, riparerei: farei un lavoro in levare, e non in battere, forse perché a me piace il jazz, lo sto studiando umilmente, e per questo, se fossi il papa della musica, nominerei santo il maestro Jamey Aebersold, e tanti altri che, santi, in musica già lo sono. Inoltre, alla mia bacchetta, chiederei di trasformarmi in un dio del vento per regolare le correnti ascensionali e portare un po' di clima caldo in questa epoca di passioni fredde.

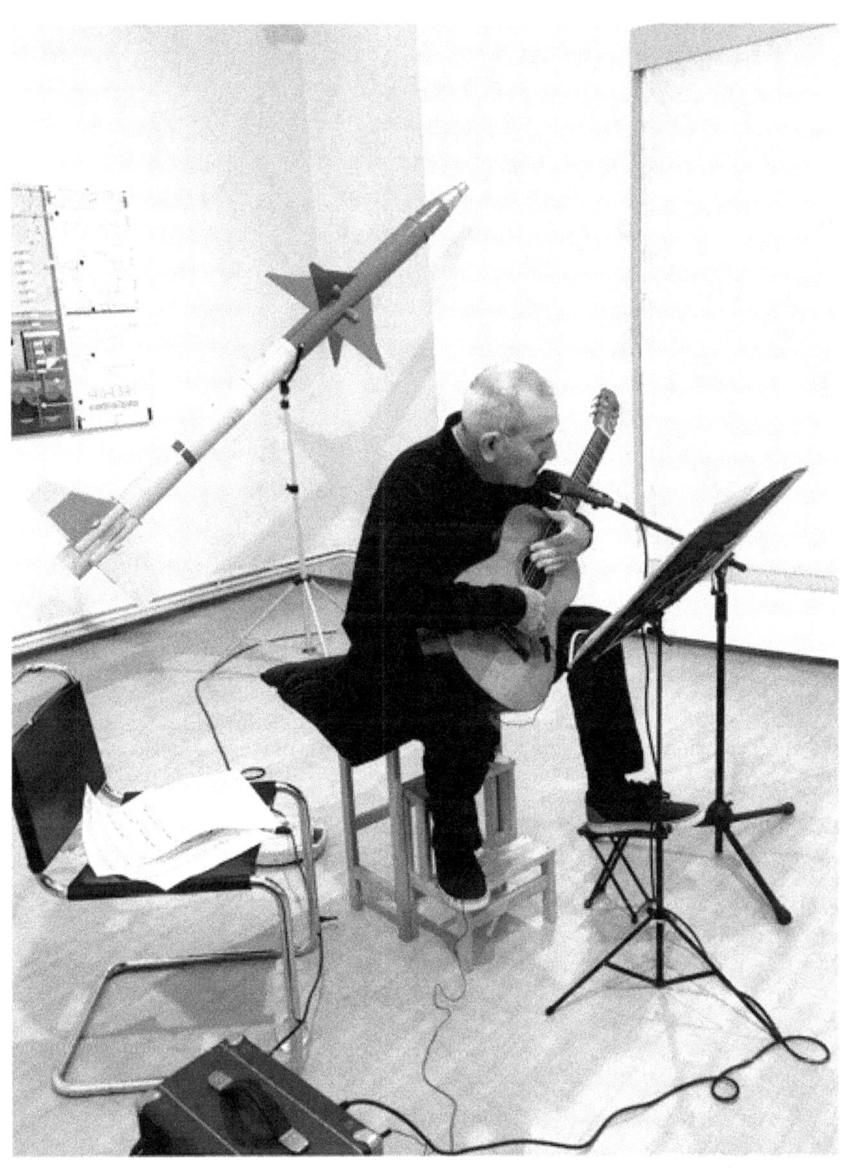

Verona 2018, Galleria la Giarina. Ernesto Jannini con i suoi *Canti di Eso* all'interno della mostra *Theatrum* ,Clara Brasca, Ernesto Jannini, Adriano Nardi

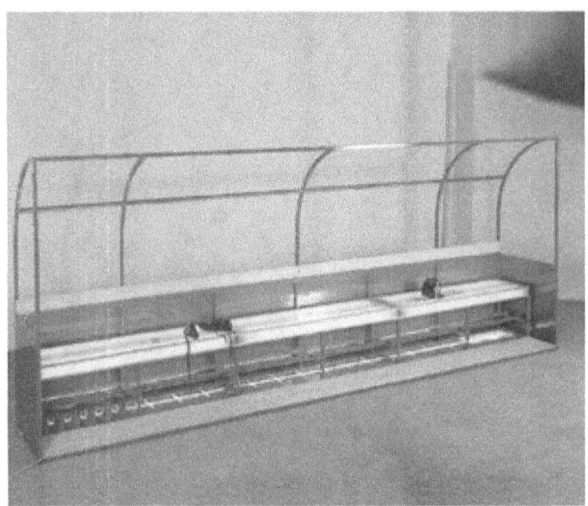

Ernesto Jannini, *Panchina Cavour*, 1997. Collezione Museo
Roberto Bilotti Ruggi d'Aragona di Rende

1. Neologismo coniato dall'autore in occasione della mostra omonima presentata
dal 12 aprile al 28 giugno 2008 Presso la galleria La Giarina di Verona. Il testo,
presente nell'omonimo catalogo, è stato il punto di partenza per altre esposizioni,
tra cui: *Percorsi di vita* presso il Centro Unione Coscienza di Bergamo il 4 aprile
2008; successivamente *Equilibridi*, mostra antologica al Castel dell'Ovo di Napoli
dal 20 ottobre all'8 novembre 2009; *Equilibridi, Dal Calzino al missile*, Fondazione
Passarè di Milano, 20 dicembre 2018.

2. Josè Ortega y Gasset, *La disumanizzazione dell'arte. Per un ragionamento sull'arte
contemporanea*, Luca Sossella Editore, Roma 2005.

3. Johan Huizinga, *Homo ludens*, trad.it. di C.von Schendel, Il Saggiatore, Milano
1949.

4. Enzo Tiezzi, *La bellezza della scienza*, Raffaello Cortina Editore, Milano 1998.

5. Hans Jonas, *Il principio di responsabilità*, Einaudi editore. Torino, 1990.

6. Peter Halley, *Scritti sull'arte ed altro*, Tema Celeste Editore, 1990.

7. Josè Ortega y Gasset, op.cit.

8. Lionello Venturi, *La via dell'impressionismo. Da Manet a Cèzanne*, Einaudi
Editore, Torino 1994.

9. Josè Ortega y Gasset, op. cit.

10. Appunti per la mostra personale alla Boutique Borsalino di Parigi, marzo 2006.
Testo presente nel catalogo della mostra *Equilibridi* presso la galleria La Giarina di
Verona,2008.

11. Tra la vasta letteratura in merito alla storia del teatro a cui il lettore può attingere a piacimento, segnalo l'eccellente volume di Paolo Puppa, *Teatro e Spettacolo nel secondo Novecento*, Editor Laterza, Roma-Bari, 1990.

12. Antonio Scarano si è diplomato nel 1984 al seminario di Diano Marina con Mal Waldrom e Giorgio Gaslini. Ha partecipato a numerosi festival nazionali ed internazionali di jazz e come arrangiatore ha ottenuto il terzo posto assoluto alla Coppa del Jazz 1985 della Rai. Ha inciso 3 CD e 2 LP e i suoi brani sono stati eseguiti da numerosi jazzisti italiani ed alcuni americani. Attualmente insegna presso il Cpm di Franco Mussidda e sta lavorando alla composizione di Metrò Nivasci, operina fiaborealistica su libretto di V.Pezzella.

13. Per i dati bio-bibliografici dei singoli componenti del team il lettore può agevolmente attingere dalla Rete. Rimando a: pacta.org/team.

ANNIG RAIMONDI: Dal 1977 al 1979 Scuola di Teatro J.Lecoq – Milano, diretta da Kuniaki Ida e Marina Spreafio - 1981 Autunno Musicale di Como Monica Pagneux (Scuola di Jaques Lecoq Parigi) seminario di educazione corporale e improvvisazione – Ruth Oppenheimer (Actor's Studio) seminario di voce e recitazione - 1982 Fortezza di Montalcino (SI) Festival Internazionale dell'Attore diretto da Glauco Mauri, corso per attori e cantanti tenuto da Cathy Berberian - 1985 Teatro Verdi di Milano, corso di recitazione e analisi del testo tenuto da Dominique De Fazio, membro dell'Actors Studio di New York - 1986 Firenze – corso di teatro con Gabriella Bartolomei - 1988 Museo Internazionale delle Marionette di Palermo, corso specialistico per attori tenuto da Yoshi Oida, regista e attore di Peter Brook. Co-fondatrice del Teatro Arsenale di Milano, di cui per 14 anni (1994/2007) è stata presidente e direttore artistico. Nel gennaio 2008, fonda PACTA dei Teatri di cui è direttore artistico. Marzo 2010 Direttore del Teatro Oscar di Milano. Da ottobre 2012 è consulente del Comune di Limbiate (MB) in qualità di direttore artistico del Teatro Comunale.

MARIA EUGENIA D'AQUINO: Attrice, è presente dal '84 sulle scene milanesi e in tournèe con un repertorio di vastissimo di prosa, teatro musicale, ecc, che si rinnova ogni anno e che spazia dal classico al contemporaneo, passando con disinvoltura da ruoli, comici, tragici e impegnati. Da Euripide, Shakespeare, Schiller, Pirandello, Ionesco, Pinter, Bukowski, Sartre, Céline, Copi, ecc. fino ai nuovi autori della drammaturgia italiana e inglese. Agli inizi del 2008, con il nucleo storico della Compagnia del Teatro Arsenale, fonda la nuova associazione PACTA dei Teatri, che gestisce il Teatro Oscar a Milano Oltre che attrice, ama definirsi "agitatrice culturale", difatti ai suoi impegni principali di interprete, affianca: - progettazione di appuntamenti culturali che coinvolgono il teatro in diversi luoghi della città - laboratori di teatro all'interno dei programmi didattici di diverse scuole della provincia - lezioni per preparare audizioni di teatro, imparare a parlare in pubblico, conoscere i primi rudimenti dello stare in scena - collaborazioni con diverse società di consulenza e di formazione, all'interno di progetti sul change management organizzativo e culturale. Nel 2002 inventa il progetto TeatroInMatematica - ScienzaInScena, unico nel suo genere in tutta Italia, di cui cura la direzione artistica, e, insieme a Valentina Colorni, Riccardo Mini e agli attori della Compagnia, dà vita a una rete fittissima di spettacoli, incontri, workshop, di intersezione tra Scienza e Arte. Il Progetto, nato con l'apporto di Alberto Colorni, si avvale ora della consulenza scientifica di una nutrita schiera di matematici del Politecnico di Milano tra cui, Renato Betti, Tullia Norando, Paola Magnaghi, Roberto Lucchetti, Giulio Magli, Elio Piazza, ecc. Inoltre, nel contesto più ampio di ScienzaInScena, collabora stabilmente con INAF – Osservatorio Astronomico di Brera.

RICCARDO MAGHERINI: Inizia la sua carriera artistica nel 1976 entrando nella
Scuola d'arte drammatica "Paolo Grassi", diplomandosi nel 1979. Fin dal
1977 incomincia a confrontarsi con il teatro convenzionale e istituzionale,
con quello delle compagnie autogestite e di ricerca e con il teatro ragazzi.
Studia inoltre Commedia dell'Arte con Gian Campi, Renzo Fabris e Ferruccio
Soleri: è questo l'ambito in cui ha raggiunto il maggior livello di specializzazione,
sia come attore sia come drammaturgo e perfino come mascheraio e costumista.
Fino al 2002 si dedica all'attività teatrale soprattutto come attore, lavorando con
Giorgio Strehler, Walter Pagliaro, Marina Spreafico, Guido De Monticelli,
Giampiero Solari, Antonio Sixti, facendo parte della prestigiosa compagnia del
"Piccolo Teatro di Milano" e poi dei gruppi teatrali "Gruppo della Rocca", "Teatro
di Porta Romana", "Teatro Litta" e "Teatro Arsenale". Dal 1987 è membro fisso del
Teatro Arsenale di Milano, lavorando in qualità di attore e regista. Anche presso il
Teatro Arsenale continua le sue collaborazioni come scenografo. Ha all'attivo
alcune regie, nonché è autore di alcune pièce: tra queste
ricordiamo *Gipangkiko, Tofano Innamorato, Casi, Pulp - le ultime ore di Buk
Cinaski* (per lo più adattamenti teatrali tratti da opere letterarie). Dal 1990 avvia la
sua carriera cinematografica e televisiva, lavorando per Maurizio Nichetti, Silvio
Soldini, Ugo Gregoretti, Fosco Gasperi e Fausto Pisani. Dal 1990 insegna tecniche
di costruzione delle maschere e tiene seminari sulla Commedia Dell'Arte e le sue
maschere in Italia e in Irlanda. In televisione è principalmente noto per il ruolo
della guardia notturna dell'azienda Vittorio Ubbiali nella sitcon Mediaset Camera
Cafè. A partire dal 1991 avvia anche la sua attività di pedagogo, insegnando
recitazione.

FULVIO MICHELAZZI: Socio fondatore di PACTA arsenale dei teatri, tecnico
delle luci, collabora con la testata Back Stage; fondatore di Officinafaberlucis,
autore delle luci (light designer), progettazione di illuminazione scenografica
nell'ambito dello spettacolo, degli eventi, delle manifestazioni fieristiche,
dell'architetturale e del Museale.

MAURIZIO PISATI: Nato nel 1959 a Milano, compositore e performer col proprio
gruppo *ZONE*. È presente con propri lavori in festival d'Europa, Australia, USA,
Giappone, America Latina. Sue composizioni sono state premiate in concorsi
nazionali e internazionali (tra cui: Gaudeamus Amsterdam'86, Contilli Messina'83,
Icons Torino'86, Petrassi Parma'89, Brecht Milano'85, Bucchi Roma'83), hanno
ottenuto uno *Stipendienpreis* a Darmstadt Ferienkursen für Neue Musik'88 e
la *Japan Uchida Fellowship*'98, sono pubblicate da Casa-Ricordi, trasmesse da
emittenti radiofoniche di tutto il mondo, sono incise su CD Ricordi-Fonit Cetra,
Edipan, BMG, Kairos, Victor Japan, Cavalli Records Bamberg, Silta Classic,
Almendra, LimenMusic e LArecords, etichetta indipendente da lui fondata nel
1997. Per un ulteriore approfondimento sulla produzione musicale del
compositore rimando a:www.mauriziopisati.com.

14. Testo pubblicato su JULIET Art Magazine n° 135 dicembre-gennaio 2008. "*Per
farla finita col giudizio di dio*" di Antonin Artaud. Repliche dal 17 gennaio al 3
febbraio del 2008. Traduzione di Paolo Bignamini, regia Annig
 Raimondi, con: Riccardo Magherini, Annig Raimondi, Yumi Seto. Installazioni
sceniche Ernesto Jannini, musiche Maurizio Pisati, disegno luci Fulvio Michelazzi,
ideazione video Virginio Liberti, costumi Ambra Rinaldo,
 assistente alla regia Patrizio Belloli, realizzazione video Acqua-Micans group,
direttore tecnico Marco D'Amico, organizzazione Nicoletta Balestreri, ufficio
stampa Matteo Torterolo, collaboratori Claudia e Antonia D'Onghia.

15. Straordinario passo di una lettera che Artaud scrisse da Rodez a Henry Parisot (noto traduttore delle opere di Lewis Carrol) il 6 ottobre 1945 contenuto in: Antonin Artaud, *Al paese dei Tarahumara e altri scritti*, Adelphi Editore, Milano1966.

16. Ibidem.

17. Ibidem.

18. Antonin Artaud, *La ricerca della fecalità*, in *Per farla finita col giudizio di dio*, 1947.

19. Ibidem.

20. Antonin Artaud, *Van Gogh. Il suicidato della società*, Adelphi Editore, Milano1988.

21. Divorzio al Teatro Arsenale. Raimondi & C. se ne vanno: in La Repubblica, 14 febbraio 2008.

22. MASSIMO LORETO: si è diplomato con medaglia d'oro nel 1974 all'Accademia dei Filodrammatici di Milano . Ha prevalentemente frequentato il teatro classico (Eschilo, Sofocle, Euripide, Goldoni, Molière, Brecht, Ibsen, Pirandello, ecc.) interpretando ruoli da protagonista o comunque di rilievo all'interno di compagnie primarie (Teatro Stabile di Torino, Teatro Stabile di Bolzano, Teatro Stabile dell'Aquila, Teatro Stabile del Veneto, Gruppo della Rocca, Compagnie private di Lucio Ardenzi, Teatro Franco Parenti, Compagnia privata di Giulio Bosetti, Compagnia privata di Glauco Mauri, ecc.) diretto da numerosi registi e primi attori, quali Aldo Trionfo, Lorenzo Salveti, Antonio Calenda, Giancarlo Sbragia, Guido De Monticelli, Franco Parenti, Andrèe Ruth Shammah, Gianfranco De Bosio, Massimo Navone, Walter Manfrè, Beppe Navello, Flavio Ambrosini, Glauco Mauri, Giulio Bosetti, ecc.Nel 2003 ha ricevuto il Premio Borgio Verezzi per l'interpretazione del personaggio di Balanzone ne "Il bugiardo" di C. Goldoni, allestito dal Teatro Carcano di Milano per la regia di Giulio Bosetti. Ha anche recitato testi di autori moderni e contemporanei quali Botho Strauss, Brian Friel, Copi ecc. Intensa la sua attività radiofonica con la RAI e con la RSI (Radio della Svizzera Italiana). Ha partecipato ad alcuni sceneggiati RAI degli anni '80 per la regia di Mario Morini. Nel cinema ha lavorato, fra gli altri, con Marco Bellocchio (Marcia trionfale), Peter Del Monte (Piso Pisello), Maurizio Nichetti (Domani si balla), Michel Ribet (La galette du roi). Ha tenuto corsi di recitazione e di dizione poetica in importanti scuole di teatro: Scuola d'Arte Drammatica Paolo Grassi, Scuola del Teatro Stabile del Veneto, Scuola di A. Galante Garrone di Bologna, Scuola dell'Antoniano Di Bologna. (Da Wikipedia).

23. ANTONIO ROSTI: regista e attore si è diplomato alla Scuola d'Arte Drammatica "Piccolo Teatro" di Milano, nel 1977. Ha lavorato, come attore, con Maestri di grande prestigio quali Dario Fo, Carlo Cecchi e Franco Parenti. Ha fatto parte di varie Compagnie, in particolare: Stabile di Genova, Veneto Teatro, Teatro di Porta Romana di Milano, Teatro Litta, Teatro della Cooperativa, Associazione Teatro Libero. Negli ultimi anni è soprattutto presente in molte delle produzioni di Pacta dei Teatri (Teatro Oscar). Ha firmato la regia di diversi spettacoli. Di alcuni ne è anche l'autore. Ha tenuto laboratori a Campo Teatrale, Emisfero Destro Teatro e al Teatro Litta, dove tuttora insegna recitazione. (da: www.emisferodestro.it)

24. Vittorino Andreoli, *Il lato oscuro*, Rizzoli Editore, 2002.

25. Maurizio Pisati (vedi nota 13) firma la regia di questa 'fantasia teatrale musicale' nel marzo del 2012. Un'opera di teatro musicale, dove – come recita il comunicato stampa- la musica è IN scena e non DI scena.

26. CRT (Centro di Ricerca Teatro). Storica casa del teatro d'avanguardia fino ai primi anni Novanta. Costruito intorno alla fine degli anni Sessanta, all'interno di un complesso scolastico, il Crt Salone è una sala dotata di grande profondità e prossimità del pubblico alla scena. Questa particolarità della struttura permette una comunicazione immediata con gli spettatori. Il Crt Salone ha ospitato negli ultimi venticinque anni spettacoli di grande rilevanza connotandosi a Milano e in Italia come polo della ricerca. Contrapponendosi alla centralità del teatro dell'Arte, la posizione appartata del Salone permette incontri più riflessivi e raccolti. (da rapido.it).

27. Alessandra Pioselli ricopre il ruolo di direttore dell'Accademia di Belle Arti G. Carrara di Bergamo dal 2010. Insegna Storia dell'arte contemporanea presso la stessa Accademia e Arte pubblica al Master in economia e management dell'arte e dei beni culturali del Sole24Ore (Milano). È, inoltre, critico d'arte, curatore e giornalista pubblicista. Collabora con Artforum (New York). Si occupa di ricerca storica e critica in prevalenza attorno a temi e progetti inerenti alla dimensione civica e urbana dell'arte. Nel 2015 ha pubblicato *L'arte nello spazio urbano. L'esperienza italiana dal 1968 a oggi,* Johan & Levi, Monza. (accademiabellearti. bg.it).
28. Maddalena Mazzocut-Mis, Professore Ordinario di Estetica ed Estetica della Musica e dello Spettacolo presso l'Università degli Studi di Milano. Drammaturga. Corsi, progetti e spettacoli. Numerose pubblicazioni al suo attivo tra cui *Estetica* (con Elio Franzini), Bruno Mondadori, 2010; *Il senso del limite*, Feltrinelli Editore, 2009; *Lineamenti di estetica*, Feltrinelli, 2015; *Mostro. L'anomalia e il deforme nella natura e nell'arte*, Feltrinelli Editore, 1992; *Philosophy of Picture: Denis Diderot's Salons,*"2018.

29. Ernesto Jannini, *Palestre di vita. Omaggio a Gennaro Vitiello*, Ombre Corte, Verona 2017.

30. Il titolo esatto dell'installazione è: *Pesca notturna a Juan Les Pins*. Seconda versione del 1996.

31. Testo inedito di Jannini tratto dai "Canti di Eso" elaborati in forma letteraria e poetica dall'autore per le sue performance rientranti nel suo teatro d'artista.

32. S.Givone, in: *Estetica e filosofia dell'arte. Un'identità difficile*. A cura di Alexander Di Bartolo e Filippo Forcignanò. Contributi critici di F.Desideri, S. Givone, G.Moretti, G. Scaramuzza, F.Vercellone, Albo Versorio Editore, Milano 2005, p.20. Rimando a tutto l'interessante capitolo: *Perché raccontare*.

33. Op.cit.

34. *Casa La Vita*. Galleria La Giarina, Verona [22 ottobre – 31 dicembre 2011] con opere di Enrico Baj, Ernesto Jannini, Ben Patterson, Silvano Tessarollo. A cura di Valerio Dehò.

35. George Steiner, *Vere presenze*, Garzanti Editore, Milano 1992.

Ringraziamenti

Desidero innanzitutto ringraziare Cristina Casero, a lei va la mia più profonda gratitudine, per la pazienza e l'affettuosa disponibilità che mi ha mostrato in tutto il periodo della gestazione del presente volume, per i suoi suggerimenti e le preziose indicazioni ricevute.

Un vivido e fondamentale ringraziamento lo rivolgo a Cristina Morato della galleria La Giarina di Verona che da tanti anni sostiene con convinzione e profonda stima la mia ricerca artistica. A lei va la mia totale ammirazione per il progetto culturale che porta avanti con vera passione e lungimiranza. Così pure per tutti i ricercatori e i critici, 'compagni di viaggio', a partire da Renato Barilli, Roberto Borghi, Boris Brollo, Maria Campitelli, Viana Conti, Martina Corgnati, Enrico Crispolti, Valerio Dehò, Edoardo Di Mauro, Maddalena Mazzocut Mis, Lucilla Meloni, Luigi Meneghelli, Luca Palermo, Gabriele Perretta, Alessandra Pioselli, Elisabetta Scantamburlo, Maurizio Sciaccaluga, Stefano Taccone, Roberto Vidali, Emma Zanella.

Un sentimento profondo di calda amicizia lo rivolgo al Teatro Pacta di Milano che mi ha dato l'opportunità di collaborare agli spettacoli con la realizzazione di oggetti scenici e scenografie. Il mio più alto apprezzamento lo rivolgo ad Annig Raimondi, Eugenia D'Aquino, Riccardo Magherini, Fulvio Michelazzi, Maurizio Pisati, Viola Venegoni e tutto lo staff della segreteria.

Sono grato a Maurizio Maccarini, ricercatore in Economia e Gestione delle Imprese presso il Dipartimento di Scienze Economiche e Aziendali dell'Università di Pavia, nonché ai carissimi amici e collezionisti Raffaella Banfi, Jole, Giorgio e Benedetta Stendardi, per la stima e il sostegno concreto dimostratomi in questi anni.

All'amico di lunga data, antropologo e saggista, Stefano De Matteis non posso che rivolgere un pensiero particolare essendo stato tra i primi ad invogliarmi a dar corpo a questa raccolta di scritti.

A mia moglie Elena Rigotti e a mio figlio Andrea, un grazie di cuore, per i loro incoraggiamenti e per aver condiviso con me il progetto sin dall'inizio.

Inoltre, la mia riconoscenza va alla Dott.ssa Nadia Marchettini dell'Università degli Studi di Siena con cui mi sono ripromesso di incontrarmi, per proseguire il dialogo sugli orizzonti aperti da Enzo Tiezzi, scomparso nel 2010, che con i suoi preziosi libri mi ha aperto la mente alle 'meditazioni scientifiche'.

A Giulio Calegari, paletnologo, archeologo e artista, e a sua moglie Cristina Ansaloni, restauratrice, va la mia ammirazione per l'antica amicizia che ci lega e il 'laboratorio permanente' che continua a produrre spunti preziosi, indispensabili per la ricerca artistica. Ringrazio altresì la cara amica, professoressa Elisa Corini, vera alleata dei miei progetti di scrittura, per i suoi suggerimenti e l'aiuto costante che mi offre.

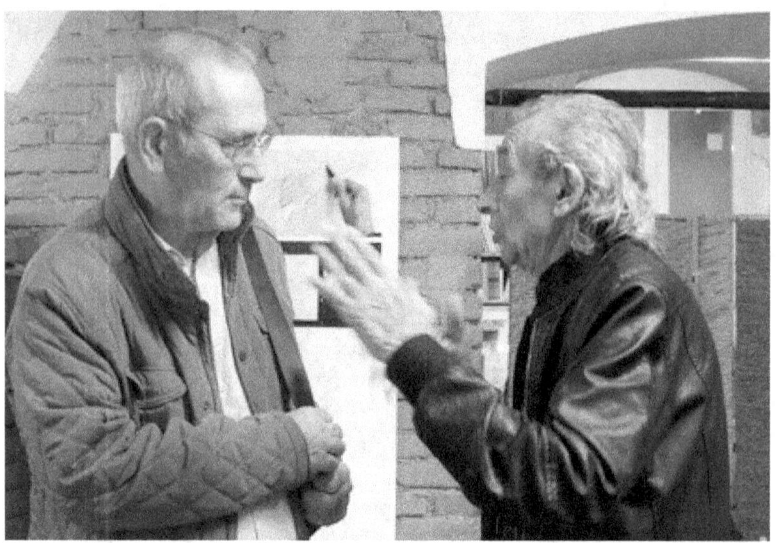

Milano, 17 aprile 2019, Libreria Popolare di via Tadino. Ernesto Jannini con
Giovanni Rubino   alla mostra *Farememoria*. Foto di Marialuisa Pani

Ernesto Jannini è nato a Napoli il 22 ottobre 1950 vicinissimo al Bosco di Capodimonte, parco straordinario e vero polmone verde, noto per la reggia borbonica e la sua eccezionale Pinacoteca. Fin da piccolo Jannini frequenta questa straordinaria raccolta di capolavori, trovandosi al cospetto di Pieter Brughel, Tiziano Vecellio, Caravaggio, Raffaello Sanzio e tutta la pittura dell'ottocento napoletano con Antonio Mancini, Giacinto Gigante, Antonie Sminck Pitloo, i quali costituiscono il primo fondamentale impatto emotivo nei confronti dell'arte, una prima eccezionale scuola di formazione artistica.

Terminati gli studi al Liceo Artistico Jannini s' iscrive alla Facoltà d'Architettura che frequenta per due anni seguendo i corsi di Aldo Loris Rossi. In quegli stessi anni, tramite l'architetto, e suo mentore, Leonardo Rossi conosce Riccardo Dalisi, docente della cattedra di architittettura. La didattica di Riccardo Dalisi diventa per Jannini una scuola insostituibile, un percorso formativo ricco di scoperte. L'architetto propone agli studenti percorsi curricolari eccentrici, fuori da ogni protocollo. Jannini entra in questi gruppi per sperimentare nuovi modi di fare ricerca; penetra con coraggio nci quartieri del sottoproletariato della periferia e da inizio ad un laboratorio creativo basato sull'utilizzo di materiali poveri, e di una tecnica povera, come andava teorizzando Riccardo Dalisi in quegli anni sulle pagine di Casabella.

Dopo due anni abbandona la Facoltà d'Architettura e s' iscrive al corso di Pittura all'Accademia di Belle Arti. Segue i corsi in maniera irregolare e si dedica al teatro di Gennaro Vitiello, incontrato nello studio di Riccardo Dalisi nel 1971. Gennaro Vitiello, personalità dalla forte sensibilità e profonda cultura teatrale e letteraria, dopo aver fondato il teatro Esse, da origine alla Libera Scena Ensemble, gruppo di teatro sperimentale che lo porterà a girare per l'Italia e l'Europa.

Vitiello applica magistralmente la maieutica grotowschiana. Tra le case dei pescatori, a Torre del Greco, avviano uno dei laboratori di teatro sperimentale tra i più all'avanguardia d'Italia. Organizzano un festival internazionale di teatro in collaborazione con il Teatro di Varsavia; producono oggetti scenici disegni e scritti. Vitiello traduce dal tedesco l'Empedocle di Friedrich Holderlin, messo in scena con scenografie realizzate dallo stesso Riccardo Dalisi. Lo spettacolo è presentato nei teatri di Germania e Polonia, e in Italia, tra cui il Teatro Grande negli scavi di Pompei, il Teatrino di Corte a Palazzo Reale di Napoli, a Salerno, Palermo. Il regista mette in scena altri due spettacoli: L'*Urfaust* di W. Goehte e *Un matrimonio di interesse* di Federico García Lorca. Siamo agli inizi degli anni settanta e agli inizi di quella politica culturale del decentramento che porterà, in un crescendo continuo, la creatività degli artisti dai grandi centri alle periferie, in quei piccoli paesi della Campania che più avanti saranno tragicamente segnati dal terremoto.

Contemporaneamente al teatro Jannini non trascura di elaborare un suo particolare linguaggio plastico, utilizzando stoffe, vecchie calze, cortecce, barattoli, posate; e l'urgenza di dare spazio e far crescere le sue personali idee lo porterà a lasciare il teatro per dedicarsi completamente agli studi di Pittura. Nel corso dell'ultimo anno d'Accademia, insieme a Marta Alleonato, Silvio Merlino, Carlo Fontana, Annamaria Jodice, Claudio Massini, Roberto Vidali, costituisce il gruppo degli Ambulanti con il quale partecipa alla *Quadriennale di Roma* del 1975 e alla *Biennale di Venezia* del 1976. Sono gli anni in cui gli artisti lasciano gli studi per dedicarsi ad un contatto diretto con la gente, attraverso performance singole e azioni di gruppo, oppure con happening coinvolgenti e fortemente provocatori.

Alla Biennale di Venezia del 1976 Jannini si presenta all'interno dei Giardini Napoleonici con una scultura ambulante fatta di vimini e stoffe coloratissime: è *Il Pesce Rosso* con cui passeggia per Venezia provocando curiosità tra la gente.

Nel 1978, insieme a Silvio Merlino, viene invitato dalla galleria Pari e Dispari di Rosanna Chiessi, di Cavriago di Reggio Emilia, a partecipare al Festival di performances, musica e poesia. Rosanna Chiessi, autentica esploratrice dei più significativi talenti internazionali, propone in quegli anni incontri con artisti e musicisti americani ed europei. Jannini e Merlino incontrano Giuseppe Desiato, Joe Jones, Bob Watts, Charlotte Moorman, Giuseppe Chiari, Geoff Hendricks, Luigi Mainolfi e tanti altri, in una atmosfera festosa e ricca di discussioni e spunti creativi. Il mitico cortile della Chiessi diventa il luogo di performance e d' interventi irripetibili, come del resto il teatrino Dante di Cavriago.

Jannini assembla una enorme pila di scatoloni e con essa insieme a Merlino, trasformato in uomo-uccello, si aggira per Cavriago.

Nel 1979 partecipa insieme agli Ambulanti alla Biennale di Gubbio curata da Enrico Crispolti. Nella Piazza dei Consoli installa una porta del gioco del calcio che fa da cornice ad un rituale ermetico e surreale.

Nell'agosto del 1980 si conclude il ciclo napoletano. L'artista, nella piazzetta antistante al Museo Archeologico, mette in atto una delle sue ultime performance coinvolgendo la gente in un ermetico Gioco dell'equilibrio.

Nel 1980 Jannini lascia Napoli mentre il suo grande atelier di Capodimonte viene distrutto da un gigantesco incendio.

Si sposta a Como e poi in provincia, a Lurate Caccivio. È invitato in Austria, a Linz, a partecipare al Festival Textilgestaltung dove si presenta con un'installazione realizzata con centinaia di triangoli colorati, gli stessi che, in una precedente esposizione, aveva collocato nella piazza S. Fedele di Como. È del 1982 l'altro spettacolare intervento sui vetri di una scuola pubblica di Olgiate Comasco: una immagine magica che si staglia nella sera richiamando una moltitudine di persone, un'intero paese in festa.

Dal 1984 al 1987 inizia il ciclo dei cosiddetti Scudi. L'artista crea strutture leggerissime e forti con i vimini, che piega e modella con il fuoco, e su di esse tende stoffe dilatanti che imprime di sabbia e colla.

Nel 1987 si trasferisce a Milano e apre lo studio nell'ex galleria di Franco Toselli, in via De Castillia. Nello stesso anno viene invitato da Franz Paludetto alla mostra Equinozio d' autunno, a Rivara. La mostra raduna artisti di varie tendenze e s' inaugura il giorno del suo matrimonio con Elena Rigotti. Partecipa alla mostra con i suoi grandi scudi, *Le Ombre dei Padri*, attualmente di proprietà del GAM di Gallarate.

Dal 1988 in poi incomincia a subire il fascino di nuovi materiali e di nuovi oggetti che entrano prepotentemente nelle sue nuove composizioni. Passa giornate intere a smontare pezzi di componenti elettroniche, di schede e microchips che trova all'interno di macchine fotocopiatrici e computers in disuso nei cimiteri dell'elettronica che costellano la grande metropoli. Jannini si appropria di isolatori di porcellana, di cavi elettrici, di semafori, di bobine, e li assembla in lavori di notevoli dimensioni. Ad Auronzo di Cadore, alla mostra Koinè a nord est curata da Boris Brollo presenta tre gerle gigantesche, colme di farina, alla cui sommità troneggiano enogmatiche forme simboliche. È questa, un'installazione carica di forza espressiva, che segna il passaggio al nuovo ciclo degli anninovanta.

Nel 1990, segnalato da Renato Barilli, partecipa alla Biennale di Venezia: Aperto 90. Alle Corderie spiccano i lavori di J. Koons, K. Noland, A. Bicherton, W. Delvoy e il Gran Foury. Jannini presenta un'installazione di forte impatto emotivo sul tema di Cartesio, di Mogli, immagine tratta da un vecchio libro di Kipling, e alcuni primi lavori ispirati al tema dei *Nidi di rondine*.

Renato Barilli, commissario per la sezione italiana, in catalogo, teorizza il concetto di barocco freddo, riferendosi al clima generale che si respira in quegli anni e conclude il suo lungo excursus teorico su Gianantonio Abate, Stefano Arienti, Ernesto Jannini, Umberto Cavenago.

Nello stesso anno, presentato in catalogo da Gabriele Perretta espone un'ampia selezione di lavori alla galleria Noacco di Chieri. Nel 1991 partecipa ad Anninovanta, mostra curata da Renato Barilli nelle sedi di Rimini, Bologna, Cattolica.

Nel 1992 tiene una personale alla galleria De Zaal di Delft, in Olanda. Nel 1993 porta a maturazione il tema dei *Nidi di rondine*, già esposti alla Biennale di Venezia del 1990. Sempre nello stesso anno partecipa alla mostra *Rentrèe* ad Ancona.

Nel 1996 insieme all'artista Giulio Calegari dà vita al Convegno Convergenze: Arte - Scienza. È il punto d'inizio per un laboratorio permanente indirizzato ad una approfondita ricerca tra artisti sui temi più scottanti delle diverse discipline.

Nel corso di tutti gli anni novanta il lavoro di Ernesto Jannini subisce una sorta d'illimpidimento concettuale, come testimoniano, pur nella loro voluminosità le installazioni esposte alla Giarina di Verona nel 1996 nella mostra *Four rooms* (*Pesca notturna a Juan LesPins*) e a Torino alla Promotrice nel 1997, alla mostra *Va pensiero* curata da Edoardo Di Mauro con l'opera *Panchina Cavour*.

Nel 2000 vince il Premio d' Arte Lissone con l'opera *Well!Now help to get out of the wood,* realizzato con un suggestivo manto di microcircuiti e silicone.

Nel 2001, alla mostra *Paradiso perduto* curata da Maurizio Sciaccaluga presso la galleria La Giarina di Verona espone piccole opere costituite da frutta artificiale, in parte tagliata, che nascondono all'interno un filamentoso reticolo dei microcircuiti.

Nel 2002 partecipa ad *Una Babele postmoderna* curata da Edoardo Di Mauro negli spazi del Palazzo Pigorini e nella galleria S. Lodovico di Parma. L'artista espone una lunga enigmatica passerella di microcircuiti illuminati e ispirata al celebre quadro di Manet: *Le dejeuner sur l'herbe*. Jannini scandisce le estremità di questo segmento di luce verde con una mela tagliata, il cui interno è anch'esso invaso dalla tecnologia, ed un bastone dei non vedenti.

Nel 2004 gli viene dedicata una importante Antologica al MAGA di Gallarate.

Nel 2006 collabora con il Teatro Arsenale di Milano progettando la scenografia per lo spettacolo *Per farla finita col giudizio di dio* di Antonin Artaud (regia di Annig Raimondi, in scena con Riccardo Magherini e Yumi Seto, Video Virginio Liberti e musiche di Maurizio Pisati, andato in scena dal 16 novembre al 17 dicembre.

Nel 2009 con il Teatro Pacta degli Arsenali realizza le scenografie della *Beatrice Cenci* di Alberto Moravia con regia di Annig Raimondi. Con la stessa compagnia si impegna nella messa in scena delle scenografie di *Aristofane in Blue* con la regia di Maurizio Pisati.

Nel 2009 presenta una nuova *Antologica* al Castel dell'Ovo di Napoli curata da Gabriele Perretta e nel 2011 partecipa ad *Un'altra storia: arte in Italia dagli anni ottanta agli anni zero* curata da Edoardo Di Mauro. Con Andrea Gorla della Mediago Film realizza il video *Bellini* presentato a *Step 09* nella Fabbrica del Vapore di Milano.

I *Progetti di guerra* sono performance che l'artista va elaborando di anno in anno insieme ai *Canti di Eso*, opera letteraria e musicale in via di formazione, che va intesa come *teatro d'artista*.

All'attività strettamente artistica Jannini affianca una produzione teorica, con scritti, recensioni e saggi, in collaborazione con varie testate.

Dionysus' Place
Tra arte e teatro dagli anni Settanta agli anni Duemila
di Ernesto Jannini
a cura di Cristina Casero

Postmedia Books 2021
212 pp 122 ill.
ISBN 9788874903061

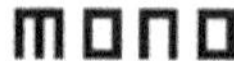

Finito di stampare nel mese di maggio 2021
presso *Ebod*, Milano

Postmedia Srl
Milano
www.postmediabooks.it